Wolfgang Löhr *(Kapitel 8)*
Dr. Thomas Rau *(Kapitel 9)*
Daniel Roth *(Kapitel 1–7)*
Ernst Schneider *(Kapitel 2–7)*
Michael Wagner *(Kapitel 9)*

9 Wege zur optimalen Regelung der Unternehmensnachfolge

UNSER WISSEN
FÜR IHREN ERFOLG
FORUM

Bibliografische Information der Deutschen Bibliothek

Die Deutsche Bibliothek verzeichnet diese Publikation in der Deutschen Nationalbibliografie; detaillierte bibliografische Daten sind im Internet über http://ddb.de abrufbar.

FORUM VERLAG
HERKERT GMBH
Postfach 13 40
86408 Mering

FORUM

Tel.: 08233/381-123
Fax: 08233/381-222
E-Mail: service@forum-verlag.com
Internet: www.forum-verlag.com

Satz: Fotosatz Hartmann, 86441 Zusmarshausen
Druck: Kessler Druck + Medien, 86399 Bobingen
Printed in Germany 2011
Angaben ohne Gewähr
ISBN: 978-3-86586-249-5

Vorwort

Liebe Leserinnen und Leser,

Unternehmensnachfolge bei mittelständischen Familienunternehmen ist eine der wesentlichen Existenzfragen der deutschen Wirtschaft – und für den Unternehmer eine der schwierigsten Herausforderungen, die er in seinem wirtschaftlichen Leben zu meistern hat. Die Anforderungen an die Beratungspraxis sind dabei ebenfalls hoch – nicht nur die wirtschaftlichen Rahmenbedingungen, sondern auch das rechtliche und steuerliche Umfeld verändern sich ständig. Welche Konsequenzen falsche Entscheidungen haben können, lässt sich kaum treffender als am Beispiel von Shakespeares König Lear darstellen, der sein Königreich unter seinen Töchtern aufgeteilt hat. Die Realteilung mündet in einer Katastrophe, sodass der ehemalige Herrscher als blinder und vermögensloser Greis über die Heide irren muss.

Um die Frage nach der „richtigen" Konzeption einer Unternehmensnachfolge beantworten zu können, sind vorgestanzte Antworten fehl am Platz – die Lösung des Problems verlangt nach genauso individuellen Antworten, wie es den vielgestaltigen Formen deutscher Familienunternehmen und dem sich immer hektischer wandelnden rechtlichen und steuerlichen Umfeld entspricht. Dieser Prämisse folgt auch dieses Buch. In neun Kapiteln stellen Ihnen die Autoren die aus ihrer Sicht wichtigsten Kernbereiche der Unternehmensnachfolge vor, weisen auf entsprechende Probleme hin und machen praxisnahe Lösungsvorschläge. Dabei kommen auch betriebswirtschaftliche und psychologische Besonderheiten zur Sprache. Dass nicht auf alle erdenklichen Fragen eine Antwort gegeben werden kann, liegt in der Natur der Sache und ist selbstverständlich auch dem Anspruch geschuldet, den Leser möglichst zeitsparend zu informieren.

Für weitere Hinweise und Anregungen sind die Autoren dankbar.

Viel Freude beim Lesen wünscht Ihnen Ihr
Ernst Schneider, im November 2011

Dokumentenservice

Alle im Buch abgedruckten Vorlagen werden parallel zur Auslieferung des Werks in digitaler Form an die in der Bestellung angegebene E-Mail-Adresse versendet.

Bei Übermittlungsproblemen (z. B. einer fehlenden oder fehlerhaften E-Mail-Adresse) wenden Sie sich bitte an unseren Kundenservice:

Mo–Do von 08:00–17:00 Uhr und Fr von 08:00–15:00 Uhr

Telefon: 08233 / 381-123
E-Mail: service@forum-verlag.com

Die Autoren

Wolfgang Löhr

Wolfgang Löhr ist als Rechtsanwalt, Fachanwalt für Steuerrecht, vereidigter Buchprüfer und Steuerberater bei Sonntag & Partner – Wirtschaftsprüfer, Steuerberater, Rechtsanwälte – in Augsburg tätig.

Schwerpunktmäßig befasst er sich mit den Themen Steuergestaltung (insbesondere Umwandlungsrecht), internationales Steuerrecht, steuerzentriertes Gesellschaftsrecht, Konzernsteuerrecht sowie Unternehmenskauf und -verkauf (M&A).

Wolfgang Löhr ist Geschäftsführer der S & P GmbH Wirtschaftsprüfungsgesellschaft, Lehrbeauftragter an der Universität Augsburg und Mitglied der Wirtschaftsjunioren Augsburg e. V. und der Juristischen Gesellschaft Augsburg e. V.

Dr. Thomas Rau

Dr. Thomas Rau ist Rechtsanwalt bei Sonntag & Partner – Wirtschaftsprüfer, Steuerberater, Rechtsanwälte – in Augsburg und befasst sich mit den Rechtsgebieten Kapital- und Personengesellschaftsrecht, europäisches Gesellschaftsrecht, Kapitalmarktrecht sowie Handels- und Wirtschaftsrecht.

Schwerpunktmäßig berät er zu den Themen M&A, Compliance, Vertragsgestaltungen, Aktienrecht, Handelsrecht und Wirtschaftsrecht.

Dr. Thomas Rau ist Lehrbeauftragter der Universität Augsburg und Mitglied der Juristischen Gesellschaft Augsburg, der Alumni-Vereinigung der Juristischen Fakultät der Universität Augsburg und der Gesellschaftsrechtlichen Vereinigung.

Daniel Roth

Daniel Roth ist Volljurist und Publizist. Nach dem Studium der Rechtswissenschaften an der Universität Augsburg und der Ludwig-Maximilians-Universität in München war er für diverse Rechtsanwaltskanzleien tätig, bevor er sich 2006 als Fachautor selbstständig machte. Seitdem ist der renommierte Publizist als Chefredakteur und Autor diverser juristischer und betriebswirtschaftlicher Newsletter, verschiedener Fach- und Sachbücher sowie zahlreicher Publikationen in wissenschaftlichen Magazinen und Onlinediensten in Erscheinung getreten.

Ernst Ulrich Schneider

Ernst Schneider ist Jurist und Publizist. Er studierte Rechtswissenschaften und Europarecht in Heidelberg und Saarbrücken sowie Informationswissenschaften in Potsdam. Er war in der Thüringer Staatskanzlei, am Bundesfinanzhof und für verschiedene Ministerien und Verbände tätig. Im Jahr 2000 gründete er das Redaktionsbüro Schneider, das seitdem eine Vielzahl juristischer Fachbüchern, -zeitschriften und Einzelbeiträge publiziert. Daneben ist er als Unternehmensberater mehrerer mittelständischer Unternehmen tätig. Seit 2009 ist er Herausgeber und Autor des Standardwerks „Das neue GmbH-Recht“ (Forum Verlag Herkert GmbH).

Michael Wagner

Michael Wagner ist Rechtsanwalt bei Sonntag & Partner – Wirtschaftsprüfer, Steuerberater, Rechtsanwälte – in Augsburg und befasst sich mit den Rechtsgebieten Gesellschaftsrecht (insbesondere Aktienrecht), Kapitalmarktrecht und Steuerrecht.

Schwerpunktmäßig beschäftigt er sich mit der Beratung und Betreuung von kapitalmarktorientierten Aktiengesellschaften, insbesondere bei Hauptversammlungen und Kapitalmaßnahmen. Zudem begleitet er Private Equity-Transaktionen und berät bei der Unternehmensgründung als auch beim Unternehmenskauf.

Michael Wagner ist Geschäftsführer der S & P family office GmbH in Augsburg und Mitglied des Aufsichtsrates der 4C Group AG in München.

Stichwortverzeichnis

Kapitel 1 – Familieninterne Nachfolge

Kapitel 2 – Familienexterne Nachfolge

Kapitel 3 – Unternehmensveräußerung an Dritte – Verkauf gegen Entgelt

Kapitel 4 – Betriebsverpachtung und -vermietung

Kapitel 5 – Unternehmensnachfolge bei freiberuflichen Betrieben

Kapitel 6 – Unternehmensbeteiligungen – Unternehmensnachfolge bei Beteiligungen an einer Kapitalgesellschaft

Kapitel 7 – Management Buy-Out und Management Buy-In

Kapitel 8 – Stiftung

Kapitel 9 – Gang an die Börse (Going Public)

Inhaltsverzeichnis

Einleitung

Unternehmensnachfolge ist eines der wichtigsten Themen für mittelständische Unternehmen. Zwischen 2010 und 2014 stehen in Deutschland nach Angaben des Instituts für Mittelstandsforschung (IfM) Bonn schätzungsweise 110.000 Unternehmensübergaben an. Betroffen sind in erster Linie Familienunternehmen. Die optimale Gestaltung der eigenen Nachfolge ist eine der größten Herausforderungen, der sich ein Unternehmer oder eine Unternehmerin während ihrer Tätigkeit stellen muss.

Viele Unternehmer scheuen den ersten Schritt

Mit den Planungen zur Unternehmensnachfolge können Unternehmer gar nicht früh genug anfangen. Ohne diesbezügliche Konzeption wird

- der Bestand des eigenen Unternehmens gefährdet,
- die Mitarbeiter verunsichert und die
- Bonität des Unternehmens bei den Banken gefährdet.

Trotzdem beschäftigen sich gerade Inhaber von Familienunternehmen immer noch viel zu wenig – und v. a. viel zu spät – mit diesem Thema.

➔ Hinweis

Allein 8 % der Unternehmen werden jährlich wegen fehlenden Nachfolgern liquidiert!

Die Gründe für die mangelnde Planung sind weniger im rationalen Bereich zu suchen, sie haben psychologische Ursachen.

Psychologische Aspekte beim Generationenwechsel

Nach Einschätzung der meisten Fachleute stellt der Generationenwechsel in einem Familienunternehmen einen gewaltigen Einschnitt dar. Während in managementgeführten Unternehmen ein Wechsel der Geschäftsführung üblich ist - wenn er dort auch nicht zum Tagesgeschäft gehört -, ist die Geschäftsführung in Familienunternehmen oft über mehrere Jahrzehnte die gleiche. Umso wichtiger ist es daher, ein systematisches Gesamtkonzept für die Unternehmensübertragung zu erstellen.

Emotionen beeinflussen massiv die Nachfolgeplanung

In sehr vielen Familienunternehmen spielen Gefühle und Emotionen bei der Entscheidung für oder gegen einen Nachfolger eine große Rolle. Der eigene Sohn oder die Tochter sollen das Lebenswerk des Alteigentümers oder auch eine Familientradition weiterführen. Der Ertrag des Unternehmens für das eigene Alterseinkommen wird dabei oft hinten angestellt - schließlich kann auch ein Verkauf an Dritte die ökonomischen Bedürfnisse der Eigentümerfamilie sichern. Diese Haltung sorgt selbstverständlich dafür, dass manche Kinder schon ab ihrer Geburt als natürliche Nachfolger angesehen werden.

! Achtung

Ein Nachfolger, der eine unternehmerische Aufgabe entgegen seiner Neigungen und Fähigkeiten übernehmen muss, wird aller Voraussicht nach scheitern!

Unternehmer sollten daher die Frage, ob eine familieninterne Nachfolge passt oder ob eine externe Lösung gesucht werden muss, immer anhand eines objektiven Prozesses klären. Es lohnt sich daher, eine charakterliche Eignung des Nachfolgers anhand einer Typologie-Matrix mit den Eigenschaften des Alteigentümers zu überprüfen.

Nachfolger Eigentümer	Beobachter	Macher	Gestalter	Visionär	Genießer
Entscheider					
Handwerker					
Netzwerker					
Technokrat					
Delegierer					
Spieler					
Patriarch					

Abb. Eigentümer-/Nachfolger-Matrix

Anhand der vergebenen Merkmale wird schnell ersichtlich, ob der Nachfolger zum Unternehmen passt. Dabei ist keine 1:1-Übereinstimmung maßgeblich. Wenn es Unterschiede gibt, können diese für das Unternehmen in Einzelfällen sogar sinnvoll sein.

Veränderte Organisationsstrukturen können interne Nachfolge erleichtern

Die meisten Familienunternehmen haben eine Struktur verinnerlicht, die sich um den Alteigentümer dreht. Das ist menschlich verständlich, schadet aber selbstredend der Implementierung eines Nachfolgers. Im Idealfall arbeiten nämlich Alteigentümer und Nachfolger noch eine bestimmte Zeit kooperativ miteinander. Es ist also empfehlenswert, die Strukturen dementsprechend zu modifizieren.

Hier stehen mehrere Varianten zur Verfügung:

- Assistenzmodell
- Nachfolger ist in zweiter Führungsebene tätig
- Doppelspitze in der Geschäftsführung mit klar festgelegten Kompetenzen
- Beiratsmodell

! Achtung

Das Doppelspitzenmodell ist in der Praxis relativ konfliktträchtig. Dies gilt umso mehr, je weniger der Alteigentümer zum Loslassen bereit ist. Außerdem ist hier eine gewisse Toleranzschwelle unbedingt vonnöten.

Familiengesellschaften können bei der Nachfolge besondere Probleme aufwerfen

Nicht wenige Familienunternehmen sind gesellschaftsrechtlich organisiert. Was in der ersten Generation vielleicht besonders effizient und synergiereich funktionierte, ist häufig in der zweiten Generation ganz anders. Konfliktträchtig sind hier besonders Konstellationen, bei denen zwei oder mehrere Familienstämme entstanden sind. Geht es dann um die operative Nachfolge, ist es relativ selten, dass sich der geeignetste Kandidat durchsetzen kann. Eine entsprechende gesellschaftsrechtliche Planung in der ersten Generation hilft, solche Probleme schon von vornherein auszuschließen. Sind die Fronten verhärtet, hilft nur Verhandeln. Eine Mediation ist dabei wesentlich günstiger als langwierige gerichtliche Verfahren.

Alteigentümern ist i. d. R. davon abzuraten, die Unternehmensführung zwei Kindern gemeinsam anzuvertrauen. Hier sind Führungsrivalitäten vorprogrammiert. Nahezu alle Praktiker empfehlen, in einem solchen Fall eine eindeutige Entscheidung zu treffen – auch wenn es schwerfällt.

> **Tipp**
>
> In einem solchen Fall sind Kränkungen des Unterlegenen vorprogrammiert. Es ist daher unverzichtbar, für einen entsprechend adäquaten Ausgleich zu sorgen. Eine Alternative kann die Errichtung einer Familienstiftung sein (siehe Kapitel 8).

Familienexterne Lösungen können den gordischen Knoten auflösen

Stellt sich heraus, dass – aus welchen Gründen auch immer – eine familieninterne Variante nicht möglich ist, sollten Unternehmer nicht zögern, zu einer externen Lösung zu greifen. Auch hier gibt es Varianten, die sowohl den Interessen des Unternehmers wie auch dem der Abkömmlinge entsprechen. Infrage kommen sowohl zeitlich temporäre wie auch endgültige Lösungen.

1. Temporäre Lösung

- Einsatz einer Fremdgeschäftsführung
- Betriebsverpachtung (siehe Kapitel 4)

Hier ist anzumerken, dass der Einsatz eines Fremdgeschäftsführers eine klassische Übergangslösung darstellt. Dem Wunsch des Alteigentümers, in den Ruhestand gehen zu können, dürfte in der tatsächlichen Praxis kaum zu entsprechen sein. Es ist mehr als unwahrscheinlich, dass ein über Jahrzehnte lang aktiver Unternehmer einen Fremdgeschäftsführer in seinem Unternehmen einfach „machen" lässt.

Die Betriebsverpachtung ist diesbezüglich meist das geeignetere Instrument – hier handelt es sich nämlich um eine konkrete Betriebsaufgabe, die allerdings nach Ablauf der vereinbarten Pachtzeit wieder aufgehoben werden kann.

2. Endgültige Lösungen

- Unternehmensveräußerung an Dritte (Kapitel 3)
- Management Buy-Out (Kapitel 7)

Unter dem Gesichtspunkt der wirtschaftlichen Absicherung des Altunternehmers ist die Unternehmensveräußerung an Betriebsfremde sicherlich die beste Alternative. Der Veräußerungserlös dürfte meist zumindest für die Alterseinkünfte des Unternehmers ausreichen, während eine gescheiterte Unternehmensnachfolge durch einen Abkömmling immer gleich zwei Generationen ruinieren kann.

Dieselben Auswirkungen hat das Management Buy-In (Externes Managementteam kauft das Unternehmen), das in Kapitel 7 mit behandelt wird. Der Management Buy-Out gilt als probates Mittel, um die Existenz des Unternehmens selbst langfristig zu sichern. Allerdings sind hier in der Praxis etwas geringere Kaufpreiserlöse für den Alteigentümer zu erwarten.

Wirtschaftliche Absicherung des Alteigentümers

Die finanzielle Altersversorgung sollte neben dem familiären Aspekt immer im Zentrum der Nachfolgeplanung stehen. Gerade bei einer internen Nachfolge kleinerer Unternehmen reichen die erwirtschafteten Erlöse oft nicht aus, den Lebensunterhalt für zwei Generationen zu bilden. Es ist daher unverzichtbar, so früh wie möglich auf eine betriebsunabhängige Altersversorgung zu setzen. Sinnvolles Instrument kann hier eine steuerbegünstigte Direktversicherung sein.

Fahrplan zur Nachfolge ist unverzichtbar

Während auf der einen Seite nicht zu früh mit der Nachfolgeplanung begonnen werden kann, ist ein konkreter Zeitplan ebenfalls unverzichtbar. Die einzelnen Themenbereiche in diesem Buch sind deshalb mit einem ebensolchen Fahrplan versehen. Die Nutzung eines solchen Plans sollte aber immer daraufhin abgestimmt werden, wo und wie sich Gegebenheiten gegebenenfalls verändert haben.

Vorsorgevollmacht für Unvorhergesehenes

Gerade erfahrene Unternehmer wissen, dass Umstände blitzschnell umschlagen können. Um auch auf plötzliche persönliche Unglücksfälle wie Krankheit o. Ä. reagieren zu können, ist der Abschluss einer Vorsorgevollmacht unverzichtbar.

1. Familieninterne Nachfolge

Die reibungslose, möglichst optimale Gestaltung der Unternehmensnachfolge ist eine der größten und komplexesten Herausforderungen für kleine und mittlere Familienunternehmen. Schließlich steht jeder Unternehmer irgendwann einmal vor der schwierigen Entscheidung, ob er den Betrieb an die nachfolgende Generation innerhalb der Familie überträgt oder an externe Erwerber veräußert. In den meisten Familienbetrieben gilt die nachfolgende Generation als Optimalbesetzung für die Unternehmensnachfolge.

Unternehmer haben die Qual der Wahl

Ist die Entscheidung des Unternehmers zugunsten der internen Nachfolgeregelung gefallen, stellt sich sogleich die schwierige Frage, in welcher Form das Unternehmen auf den Nachfolger übergehen soll. An juristischen Gestaltungsmöglichkeiten mangelt es jedenfalls nicht: Die vorweggenommene Erbfolge, die Erbfolge von Todes wegen durch Testament oder Erbvertrag, die Gründung einer Familiengesellschaft – die einschlägigen Rechtsdisziplinen (Erbrecht, Vertragsrecht, Gesellschaftsrecht und Steuerrecht) eröffnen im Zusammenspiel eine ganze Reihe interessanter Gestaltungsoptionen. In diesem Kapitel lernen Sie die in der Praxis relevantesten Übertragungsformen kennen – sowohl den Betriebsübergang zu Lebzeiten als auch die Unternehmensnachfolge von Todes wegen betreffend.

Vermögensübertragung zu Lebzeiten oder von Todes wegen?

Eine verantwortungsvolle Nachfolgeregelung setzt zunächst die intensive Auseinandersetzung mit der Frage voraus, ob im konkreten Einzelfall unter Einbeziehung sämtlicher persönlichen, familiären und betrieblichen Umstände eine Regelung für den Todesfall oder eine Betriebsübertragung zu Lebzeiten sinnvoller erscheint. Die Erfahrungen in der Praxis zeigen, dass insbesondere die vermeintlich erheblichen Steuervorteile, die eine vorweggenommene Erbfolge zu Lebzeiten verspricht, viele Unternehmer zu dieser Alternative tendieren lassen – trotz des damit einhergehenden unvermeidlichen Machtverlustes.

Tipp

Unternehmer sollten sich im Findungsprozess der Nachfolgeregelung nicht von steuerlichen Vorteilen blenden lassen, die eine bestimmte Gestaltungsmöglichkeit gegenüber anderen verspricht, sondern die Unternehmensnachfolge als Gesamtpaket begreifen, das in erster Linie den Fortbestand des Unternehmens, die Versorgung sowohl des ausscheidenden Unternehmers als auch des übernehmenden Nachfolgers sowie die Sicherung des Familienvermögens bezweckt. Steueroptimierung ist sicherlich ein wesentlicher Aspekt bei der Suche nach der optimalen Gestaltungsmöglichkeit für die Unternehmensnachfolge, aber eben nur einer unter mehreren.

Letztlich geht es bei der Entscheidung über die Frage, zu welchem Zeitpunkt der Prozess der Unternehmensnachfolge stattfinden soll, um eine individuelle Abwägung der Vor- und Nachteile, die mit den jeweiligen Gestaltungsformen einhergehen. Der Unternehmer ist also gefordert – möglichst unter Zuhilfenahme professionellen Rats von einem Steuerberater und/oder Rechtsanwalt –, die persönlichen, steuerlichen, erbschaftsrechtlichen, gesellschaftsrechtlichen und betriebswirtschaftlichen Aspekte einer Unternehmensnachfolge zu Lebzeiten sowie einer Betriebsübertragung von Todes wegen miteinander zu vergleichen. Das Ergebnis des Abwägungsvorgangs wird erfahrungsgemäß stark von den individuellen Wünschen des Unternehmers, der familiären Situation und betrieblichen Faktoren beeinflusst.

1.1 Vorweggenommene Erbfolge

1.1.1 Übertragung eines Einzelunternehmens im Wege der vorweggenommenen Erbfolge

1.1.1.1 Praxisfall

Eine Erblasserin hatte ihrem Sohn ein Unternehmen - einen Einzelhandel für Herrentextilien und Herrenaccessoires - unentgeltlich im Wege der vorweggenommenen Erbfolge übertragen. Einige Jahre später errichtete sie ein Testament, in dem sie ihre Tochter und deren Kinder zu ihren Erben einsetzte und somit ihren Sohn enterbte. Nach dem Tod der Erblasserin forderte der Sohn seinen Pflichtteilsanspruch von der Schwester. Landgericht (LG) und Oberlandesgericht (OLG) wiesen die Klage des Sohnes mit der Begründung ab, dass diesem kein Pflichtteilsanspruch zustehe, weil er sich die Zuwendung des Unternehmens im Wege der vorweggenommenen Erbfolge auf den Pflichtteil anrechnen lassen müsse. Damit war der Kläger nicht einverstanden und zog vor den Bundesgerichtshof (BGH)

Das Urteil

Mit Erfolg. Der BGH hob das Urteil der Vorinstanzen auf und verwies die Sache an das Berufungsgericht zur weiteren Aufklärung des Sachverhalts und Entscheidung zurück. Nach Auffassung der Bundesrichter seien die Vorinstanzen ohne weiteres davon ausgegangen, „vorweggenommene Erbfolge“ bedeute, dass der Vorempfang ganz allgemein von dem abgezogen werden solle, was der Empfänger aus dem Nachlass zu erhalten habe, und zwar in dem Sinne, dass er endgültig auf das beschränkt sein solle, was er durch Zuwendung unter Lebenden erhalten habe. Der Bedachte habe sich die Zuwendung also auch auf seinen Pflichtteil anrechnen zu lassen.

Diese Auslegung der Instanzgerichte, der Bedachte habe sich die lebzeitige Zuwendung auch auf seinen Pflichtteil anrechnen zu lassen, sei jedoch keineswegs zwingend, so die Bundesrichter. Vielmehr könne auch gemeint sein, dass der Erblasser den Bedachten nur vorzeitig bedenken und es im Übrigen bei den rechtlichen Wirkungen der Zuwendung im Erbfall belassen wollte. In diesem Fall sei nur eine Ausgleichung der Zuwendung zwischen den Erben angeordnet. Zwar mindere auch diese Ausgleichung mittelbar den Pflichtteil, weil dieser die Hälfte des gesetzlichen Erbteils unter Berücksichtigung der Ausgleichung betrage, die unmittelbare Anrechnung auf den Pflichtteil könne aber – wie im Streitfall – zu sehr viel gravierenderen Einschnitten bei dem Pflichtteilsberechtigten führen.

Die Instanzgerichte hätten zwischen der Möglichkeit einer Ausgleichungs- und einer Anrechnungsbestimmung in dem irrigen Glauben, diese hätten dieselben Rechtsfolgen, überhaupt nicht differenziert (BGH, Urteil vom 27.01.2010, Az.: IV ZR 91/09).

Tipp

Hat ein Unternehmer mehrere Kinder und beabsichtigt, sein Unternehmen bereits zu Lebzeiten im Wege der vorweggenommenen Erbfolge auf eines der Kinder (oder mehrere Kinder) zu übertragen, so ist ihm dringend anzuraten, sich im Vorfeld sorgfältig darüber Gedanken zu machen, ob und inwieweit diese Zuwendung im Erbfall Berücksichtigung finden soll. Die schlichte Formulierung, dass es sich um eine Zuwendung im Wege der „vorweggenommenen Erbfolge" handele, birgt Konfliktpotenzial. In dem der Unternehmensübertragung zugrunde liegenden Übergabevertrag muss eindeutig klargestellt sein, was mit der Formulierung „vorweggenommene Erbfolge" tatsächlich gemeint ist (Ausgleichung, Anrechnung oder beides).

1.1.1.2 Rechtliche, steuerliche und betriebswirtschaftliche Rahmenbedingungen

a) Rechtliche Rahmenbedingungen

Umgangssprachlich versteht man unter einer vorweggenommenen Erbfolge eine Zuwendung zu Lebzeiten zur vorzeitigen Realisierung der Erbfolge. Der Übernehmer soll nach dem Willen der Beteiligten wenigstens teilweise eine unentgeltliche Zuwendung erhalten. Der Bundesgerichtshof definiert die vorweggenommene Erbfolge als Übertragung des Vermögens (oder eines wesentlichen Teils davon) durch den (künftigen) Erblasser auf einen oder mehrere als (künftige) Erben in Aussicht genommene Empfänger. Es handelt sich bei dieser Gestaltungsform um einen sogenannten Generationenvertrag, bei dem die weichende Generation bereits zu Lebzeiten ihr Vermögen (das Unternehmen) ganz oder teilweise auf die nachfolgende Generation überträgt.

➡ Hinweis

Die zivilrechtliche Einordnung einer unentgeltlichen Betriebsübergabe ist nicht ohne weiteres möglich. Grundsätzlich liegt bei der Überlassung eines werthaltigen Unternehmens ohne Gegenleistung eine Schenkung nach § 516 Bürgerliches Gesetzbuch (BGB) nahe – und zwar unabhängig davon, ob das der Übertragung zugrunde liegende Rechtsgeschäft im Vertrag als „Übergabe", „Überlassung", „vorweggenommene Erbfolge" oder „Schenkung" bezeichnet ist. Aufgrund der Tatsache, dass der Nachfolger durch die Betriebsübergabe i. d. R. Verpflichtungen und Verbindlichkeiten übernimmt und es in den überwiegenden Fällen zu der Vereinbarung von Gegenleistungen kommt, basiert die Betriebsübergabe nur selten auf einer reinen Schenkung, sondern eher auf einer gemischten Schenkung bzw. einer Schenkung unter Auflage. Sollten sich Leistung und Gegenleistung wertmäßig entsprechen, spricht einiges für eine Einordnung als Unternehmenskauf.

Betriebsübergabe ist nicht gesetzlich geregelt

Eine spezialgesetzliche Regelung der Betriebsübergabe existiert nicht. Das Zivilrecht bietet jedoch zahlreiche Gestaltungsmöglichkeiten, um diese Form der Vermögensübertragung zu Lebzeiten durchzuführen. Da die bestehenden gesetzlichen Bestimmungen die Gestaltungswünsche zumeist nicht passgenau umsetzen können, bleibt es den Vertragsparteien überlassen, den Vertragsgestalter so zu instruieren, dass er die gewünschten Rechtsfolgen der konkreten Betriebsübergabe möglichst rechtssicher im Übergabevertrag regelt.

Nachstehend erfolgt eine kurze Darstellung der in der Praxis am häufigsten vorkommenden Gestaltungsformen des Betriebsübergangs im Rahmen einer vorweggenommenen Erbfolge:

Schenkung

Erfolgt die Betriebsübergabe im Wege der vorweggenommenen Erbfolge ohne Gegenleistung, so liegt zivilrechtlich eine Schenkung vor. Es gilt dabei zwischen der Schenkung i. S. d. § 516 Abs. 1 BGB, der Schenkung unter Auflage nach § 525 Abs. 1 BGB und der gemischten Schenkung zu differenzieren. Eine Schenkung nach § 516 Abs. 1 BGB liegt vor, wenn die Beteiligten darüber einig sind, dass die Vermögensübertragung unentgeltlich, d. h. ohne Gegenleistung, erfolgen soll. Beim Schenker muss ein Rechtsbindungswille vorhanden sein, der auf eine unentgeltliche Eigentumsübertragung gerichtet ist. Der als Schenkung bezeichnete Vorgang umfasst zivilrechtlich zwei Rechtsgeschäfte. Zum einen das Schenkungsversprechen und zum anderen die Verfügung über den oder die auf den Nachfolger zu übertragenden Vermögensgegenstände. Das Schenkungsversprechen ist nach § 518 Abs. 1 BGB nur wirksam, wenn es notariell beurkundet wurde. Der aus der fehlenden Beurkundung resultierende Formmangel wird aber nachträglich geheilt i. S. d. § 518 Abs. 2 BGB, wenn der Schenker wirksam über den verschenkten Vermögensgegenstand verfügt hat, d. h. das zweite Rechtsgeschäft also rechtmäßig erfolgt ist.

➡ Hinweis

Bei der Übertragung eines Grundstücks ist die notarielle Beurkundung hingegen zwingend erforderlich. Gleiches gilt bei der Übertragung von GmbH-Anteilen; hier ist die Mitwirkung eines Notars unerlässlich.

Welche Vermögensgegenstände durch Schenkung übertragen werden, hängt in erster Linie von der Rechtsform der unternehmenstragenden Gesellschaft ab. So sind beispielsweise bei einem Einzelunternehmen Gegenstände des Betriebsvermögens Gegenstand der Schenkung, während es bei einer GmbH Gesellschaftsanteile sind. Diese Differenzierung folgt aus dem Umstand, dass anders als bei einem Einzelunternehmen, wo der Unternehmer selbst Eigentümer der Betriebsmittel ist, das Betriebsvermögen der GmbH als sogenannte juristische Person zugeordnet ist.

Schenkung unter Auflage

Die Schenkung unter Auflage nach § 525 Abs. 1 BGB ist dadurch gekennzeichnet, dass der geschenkte Gegenstand zwar unentgeltlich übertragen wird, der Beschenkte in Bezug auf den Gegenstand jedoch zu einer Leistung verpflichtet wird.

✔ Beispiel

Ein typischer Fall für eine Schenkung unter Auflage ist die Übertragung eines Unternehmens oder Grundstücks unter Vorbehalt des Nießbrauchs. Der Betriebsübergeber behält sich dabei als Auflage den Nießbrauch vor (Recht zur Fruchtziehung nach §§ 1030 ff. BGB). Ein weiteres praxisrelevantes Beispiel für eine Schenkung unter Auflage ist die Betriebsübergabe mit der Verpflichtung zu Ausgleichszahlungen an vorhandene Geschwister.

Gemischte Schenkung
Bei der gemischten Schenkung – die nach herrschender Meinung zu ihrer Wirksamkeit ebenfalls der notariellen Beurkundung bedarf – wird für die Vermögensübertragung eine Gegenleistung verlangt, die unter dem Wert der Leistung liegt, sodass ein Teil der Vermögensübertragung eine Schenkung darstellt. Voraussetzung ist, dass sich die Beteiligten über die teilweise Unentgeltlichkeit der Zuwendung einig sind. Hierbei handelt es sich um eine Mischform aus Kauf- bzw. Tauschvertrag und Schenkungsvertrag.

✔ **Beispiel**

Die Tochter übernimmt das Unternehmen der Mutter im Wert von 10 Mio. Euro unter Befreiung der Mutter von betrieblichen Verbindlichkeiten in Höhe von 5 Mio. Euro.

Die Schenkung unter Auflage und die gemischte Schenkung unterscheiden sich dadurch, dass die vom Beschenkten zu erbringende Leistung bei der Schenkung unter Auflage aus den verschenkten Vermögensgegenständen zu erfolgen hat. Es liegt insoweit keine Gegenleistung, sondern vielmehr eine von Anfang an im Umfang eingeschränkte Schenkung vor. Dies führt zu einer unterschiedlichen Steuerlast. Bei der Schenkung unter Auflage wird nur der um den Wert der als Auflage zu erbringenden Leistung geschmälerte Wert der zugewandten Vermögensgegenstände als Bemessungsgrundlage für die Schenkungsteuer herangezogen. Eine Aufteilung wie bei der gemischten Steuer in einen unentgeltlichen und einen entgeltlichen Teil findet bei der Schenkung unter Auflage nicht statt.

Die Schenkungsteuer wird auf unentgeltliche Zuwendungen unter Lebenden (Schenkungen) erhoben, während die Erbschaftsteuer bei Zuwendungen von Todes wegen anfällt.

! Achtung

Für den Fall, dass sowohl das Schenkungsversprechen als auch das Verfügungsgeschäft wegen Verstoßes gegen Formvorschriften unwirksam sind, bleibt der verschenkte Vermögensgegenstand dem Schenker zugeordnet und fällt im Erbfall in dessen Nachlass. Die frühzeitige Regelung der Unternehmensnachfolge in Form der vorweggenommenen Erbfolge ist somit hinfällig, und zwar selbst dann, wenn der vermeintliche Nachfolger das Unternehmen bereits über Jahre geleitet hat.

Gründung oder Umwandlung einer Familiengesellschaft/ Familienpool

Die Gründung oder Umwandlung einer Familiengesellschaft/eines Familienpools (siehe auch Kapitel 1.4) ist eine weitere mögliche Gestaltungsform der vorweggenommenen Erbfolge. Bei der Kapitalgesellschaft wird das Vermögen des Unternehmers dabei nur indirekt auf die von ihm ausgesuchten Nachfolger übertragen. Der Unternehmer bringt sein Unternehmen ein und verschenkt sodann Anteile an der Gesellschaft an seine Nachfolger. Der Unternehmer kann darüber hinaus sein Unternehmen auch in eine mit den Nachfolgern gegründete Personengesellschaft einbringen oder eine Familienstiftung gründen.

Die Beantwortung der Frage, welche Alternative vorzugswürdig ist, hängt von den individuellen Umständen des konkreten Einzelfalls ab, sodass sich eine pauschale Beantwortung verbietet.

Eine Betriebsübergabe, insbesondere an Abkömmlinge, hat regelmäßig erbrechtliche Auswirkungen. Vor allem wenn Geschwister vorhanden sind, stellt sich die Frage nach einer Ausgleichungspflicht, einem Pflichtteilsverzicht, einer Pflichtteilsanrechnung und nach der Vermeidung von Pflichtteilsergänzungsansprüchen Dritter. Das Pflichtteilsrecht räumt nahen Angehörigen des Erblassers eine Mindestbeteiligung am Nachlass ein. Zur Befriedigung ihrer Pflichtteilsansprüche müssen sich Pflichtteilsberechtigte im Erbfall zwar zunächst an die Erben wenden, was grundsätzlich keine Auswirkungen auf die im Rahmen der vorweggenommenen Erbfolge übertragenden Gegenstände hat. Reicht die Erbmasse jedoch nicht aus, um die Pflichtteilsberechtigten daraus zu befriedigen, können die Erben die Befriedigung der Pflichtteilsberechtigten verweigern. Die Pflichtteilsberechtigten können dann zur Kompensation ihrer Pflichtteilsansprüche von dem im Rahmen der vorweggenommenen Erbfolge Beschenkten die Herausgabe der übertragenen Vermögensgegenstände verlangen, soweit die Schenkung nicht mehr als zehn Jahre vor dem Erbfall zurückliegt. Etwaige Pflichtteilsansprüche sind vor diesem Hintergrund deshalb frühzeitig in die Planungen einer vorweggenommenen Erbfolge mit einzubeziehen.

Tipp

Der Gefahr von Pflichtteilsansprüchen kann durch den Abschluss von Pflichtteilsverzichtsvereinbarungen mit denjenigen Pflichtteilsberechtigten begegnet werden, die bei der Unternehmensnachfolge nicht berücksichtigt werden sollen. Eine Pflichtteilsverzichtsvereinbarung hat zur Folge, dass der Pflichtteilsberechtigte seinen Pflichtteilsanspruch verliert, sodass dieser bei der Planung der Unternehmensnachfolge keine Rolle mehr spielt.

Pflichtteilsberechtigte verzichten i. d. R. nicht ohne Kompensation

Die meisten Pflichtteilsberechtigten, die bei der Betriebsübergabe im Wege der vorweggenommenen Erbfolge übergangen werden, verzichten nicht ohne weiteres auf ihren Pflichtteil. Sie verlangen vielmehr eine finanzielle Kompensation für den Pflichtteilsverzicht. Der Betriebserwerber kann diese Kompensation beispielsweise durch die Übertragung von Gegenständen aus seinem Privatvermögen bewirken.

> **➡ Hinweis**
>
> Diese Art der Kompensation setzt zwingend voraus, dass der Nachfolger über genügend Mittel aus seinem Privatvermögen verfügt oder das Unternehmen über eine gute Liquidität verfügt, um solche Entnahmen unbeschadet überstehen zu können.

Unternehmensbeteiligung als Alternative

Scheitert eine entsprechende Kompensation, so bietet sich unter bestimmten Voraussetzungen eine Unternehmensbeteiligung für den Pflichtteilsberechtigten an, bei der dieser zwar am Gewinn beteiligt ist, auf die Geschäftsführung jedoch keinen oder nur geringen Einfluss hat.

b) Steuerliche Rahmenbedingungen

Einkommensteuer

Nach § 6 Abs. 3 Satz 1 und 3 Einkommensteuergesetz (EStG) erfolgt die unentgeltliche Übertragung eines Einzelunternehmens zu Buchwerten, d. h., sie kann ohne Aufdeckung von stillen Reserven erfolgen. Die gleichzeitige Übernahme betrieblicher Verbindlichkeiten ändert nichts an der Unentgeltlichkeit i. S. d. § 6 Abs. 3 Satz 1 und 3 EStG.

Die Vereinbarung von Gegenleistungen im Übergabevertrag ändert nach der von der herrschenden Meinung bevorzugten Einheitstheorie nichts an der Qualifizierung als rein unentgeltliche Übertragung, soweit die Gegenleistungen den Buchwert des Unternehmens nicht übersteigen. Gegenleistungen, die über den Buchwert des Unternehmens hinausgehen, haben eine steuerliche Teilentgeltlichkeit der Übertragung zur Folge und führen somit zu Anschaffungskosten beim

Erwerber und zur Aufdeckung stiller Reserven. Beachten Sie, dass in diesem Fall ein Veräußerungsgewinn dann wie bei einem üblichen Unternehmensverkauf zu versteuern ist gem. §§ 16, 18, 34 EStG.

Als Gegenleistungen im oben erwähnten Sinne kommen beispielsweise in Betracht:

- Abstandszahlungen
- Gleichstellungsgelder
- Abgeltung bereits entstandener Pflichtteilsansprüche
- Übernahme privater Schulden

Gewerbesteuer

Eine Gewerbesteuer entsteht bei einer unentgeltlichen Übertragung nicht. Ein Veräußerungs- oder Aufgabegewinn (§§ 16, 34 EStG) infolge einer teilentgeltlichen Betriebsübertagung unterliegt auch nicht der Gewerbesteuer.

Schenkungsteuer

Nach § 7 Abs. 1 Nr. 1 Erbschaftsteuergesetz (ErbStG) unterliegt die unentgeltliche oder teilentgeltliche Übertragung eines Unternehmens oder eines Unternehmensteils der Schenkungsteuer. Die Bemessungsgrundlage für die festzusetzende Steuer ist der sogenannte gemeine Wert des Betriebs. Die Wertermittlung erfolgt i. d. R. gemäß dem vereinfachten Ertragswertverfahren nach § 200 Bewertungsgesetz (BewG). Untergrenze ist dabei der Substanzwert gem. § 11 Abs. 2 Satz 3 BewG. Beachten Sie, dass Gegenleistungen die Bemessungsgrundlage gegebenenfalls anteilig mindern. Abhängig vom Verwandtschaftsgrad zwischen Schenker und Erwerber sieht § 16 ErbStG allgemeine Freibeträge vor. Nach § 14 ErbStG sind dabei alle Zuwendungen innerhalb eines Zeitraums von zehn Jahren zusammenzurechnen.

§ Das sagt das Gesetz

§ 16 Freibeträge

(1) Steuerfrei bleibt in den Fällen des § 2 Abs. 1 Nr. 1 der Erwerb

1. des Ehegatten und des Lebenspartners in Höhe von 500.000 Euro;
2. der Kinder im Sinne der Steuerklasse I Nr. 2 und der Kinder verstorbener Kinder im Sinne der Steuerklasse I Nr. 2 in Höhe von 400.000 Euro;
3. der Kinder der Kinder im Sinne der Steuerklasse I Nr. 2 in Höhe von 200.000 Euro;
4. der übrigen Personen der Steuerklasse I in Höhe von 100.000 Euro;
5. der Personen der Steuerklasse II in Höhe von 20.000 Euro;
6. (weggefallen)
7. der übrigen Personen der Steuerklasse III in Höhe von 20.000 Euro.

(2) An die Stelle des Freibetrags nach Abs. 1 tritt in den Fällen des § 2 Abs. 1 Nr. 3 ein Freibetrag von 2.000 Euro.

Grunderwerbsteuer

Wenn im Zuge einer Unternehmensübertragung ein Grundstück i. S. d. § 2 Grunderwerbsteuergesetz (GrEStG) oder Beteiligungen von mindestens 95 % an einer Grundbesitz haltenden Gesellschaft übertragen werden, kann Grunderwerbsteuer grundsätzlich anfallen. Übertragungen an Verwandte in gerader Linie, Stiefkinder und Ehegatten sind nach § 3 Nr. 4 und 6 GrEStG grunderwerbsteuerbefreit. Darüber hinaus sind Schenkungen gem. § 3 Nr. 2 GrEStG grunderwerbsteuerbefreit, sofern nicht Auflagen vereinbart sind, die die Bereicherung des Beschenkten mindern.

➡ Hinweis

Die Übertragung eines Unternehmens inklusive eines Betriebsgrundstücks an eine nicht nach § 3 Nr. 4 oder 6 GrEStG privilegierte Person kann nach herrschender Meinung eine Grunderwerbsteuerbelastung auslösen.

Umsatzsteuer

Die Übertragung eines Betriebs ist gem. § 1 Abs. 1a Umsatzsteuergesetz (UStG) nicht umsatzsteuerbar.

c) Betriebswirtschaftliche Rahmenbedingungen

Bewertung: Prüfen Sie die Übergabewürdigkeit und -fähigkeit des Betriebs

Bei der familieninternen Nachfolge in Klein- und Mittelunternehmen spielen betriebswirtschaftliche Aspekte eine wichtige Rolle. Die Basis für eine Auseinandersetzung mit den betriebswirtschaftlichen Gesichtspunkten einer Unternehmensnachfolge ist eine umfassende Bestandsaufnahme der betrieblichen Situation. Schließlich spielen betriebswirtschaftliche Faktoren sowohl für den Übergeber als auch für den Nachfolger eine zentrale Rolle. Die Bewertung des Unternehmens ist deshalb wesentlicher Bestandteil des Übergabeprozesses. Für die betriebswirtschaftliche Beurteilung stehen zahlreiche unterschiedliche Bewertungsverfahren zur Wahl. Die Entscheidung für ein bestimmtes Verfahren ist von verschiedenen Faktoren abhängig, z. B. Branche, Bewertungszweck, Unternehmensgröße und Erwartungshaltungen der Parteien. Unabhängig davon, welches Verfahren im Ergebnis zur Anwendung kommt, sind die nachstehend aufgeführten Kernaspekte des Unternehmens stets einer sorgfältigen Prüfung zu unterziehen:

- **bisherige Unternehmensentwicklung**
  Umsätze/Gewinne/Kosten/Liquidität/Rentabilität/Deckungsbeträge
- **Angebotsportfolio**
  Preise/Qualität/Produkt/Service/Innovationsgrad
- **prognostizierte Unternehmensentwicklung**
  Gewinnerwartungen/Reaktionsvermögen/Forschung/Wertschöpfung
- **Zusammensetzung des Vermögens**
  Reserven/Abschreibungen/Alter/Bewertung/Neuanschaffung/Ersatzinvestitionen
- **Zusammensetzung der Verbindlichkeiten**
  Belastungen/Höhe/Laufzeit/Bedienbarkeit/Konventionalstrafe/Kapitaldienst

➡ Hinweis

Es gilt, die wesentlichen Stärken und Schwächen des Unternehmens zu beurteilen. Die Analyse muss objektiv sowie frei von jeglichen personellen und familiären Einflüssen erfolgen.

So prüfen Sie die Übernahmewürdigkeit des Unternehmens

Die Übernahme eines Unternehmens muss sich für den Betriebserwerber lohnen. Doch nicht jedes Unternehmen ist es wert, übernommen zu werden. Die Frage, wann es sich lohnt, ein Unternehmen zu übernehmen, beantwortet das Institut für Mittelstandsforschung (IfM) in Bonn, in dem es die Übernahmewürdigkeit von Unternehmen wie folgt definiert:

Übernahmewürdig ist ein Unternehmen, das über eine hinreichende Substanz verfügt, um für Übernehmer wirtschaftlich attraktiv zu sein. Ein Unternehmen gilt als übernahmewürdig, wenn es mindestens einen Jahresgewinn in der Höhe eines durchschnittlichen Arbeitnehmereinkommens zuzüglich des Arbeitgeberanteils zur Sozialversicherung (derzeit: rund 49.500 Euro) sowie einer marktüblichen Verzinsung des eingesetzten Kapitals erwirtschaftet.

☑ Checkliste: Übernahmewürdigkeit des Unternehmens	JA	NEIN
Konnte der Unternehmer mit dem Unternehmen einen Jahresmindestgewinn in Höhe von 49.500 Euro erwirtschaften?	☐	☐
Hat der Unternehmer durch die Bereitstellung von Arbeitsplätzen in seinem Unternehmen Arbeitnehmern ein Einkommen gewährleistet?	☐	☐
Ist es dem Unternehmer gelungen, das Unternehmen am Markt fest zu platzieren (von der Konkurrenz wahrgenommen und vom Wettbewerb akzeptiert)?	☐	☐
Sind die Produkte bzw. Dienstleistungen des Unternehmens konkurrenzfähig (angemessener Preis, technisch auf dem neuesten Stand)?	☐	☐
Zeichnen sich die Produkte bzw. Dienstleistungen des Unternehmens dadurch aus, dass sie Alleinstellungsmerkmale aufweisen?	☐	☐
Besitzt das Unternehmen reelle Wachstumschancen?	☐	☐
Kann der Unternehmer über den Betrieb – frei von Rechten Dritter – verfügen?	☐	☐
Kann der Geschäftsbetrieb ohne den Unternehmer aufrechterhalten werden?	☐	☐
Fazit: Wenn sämtliche Fragen bejaht werden können, ist es das Unternehmen grundsätzlich wert, übernommen bzw. übergeben zu werden.		

1.1.1.3 Risiken, Schwachstellen und Gefahren

Die Unternehmensnachfolge in Form der vorweggenommenen Erbfolge birgt eine ganze Reihe finanzieller Risiken und Gefahren sowohl für den übertragenden Unternehmer als auch für den Nachfolger. Indem er sein Unternehmen bzw. seine Unternehmensbeteiligung und somit wesentliche Teile seines Vermögens auf seinen Nachfolger überträgt, verliert der Unternehmer grundsätzlich jeglichen Einfluss auf die Entwicklung des Unternehmens und somit seine bisher wichtigste Einnahmequelle. Der gesetzlich verankerte Schutz des Schenkenden in den §§ 528, 530 BGB (Verarmung und grober Undank) sichert die Interessenlage des übertragenden Unternehmers nur unzureichend.

Finanzielles Auskommen des Unternehmers hat Priorität

Der Existenzsicherung des Unternehmers ist bei der juristischen Ausgestaltung der Unternehmensnachfolge besondere Beachtung zu schenken. Primäres Ziel muss es sein, den Unternehmer im Zuge des Betriebsübergangs finanziell so abzusichern, dass er wirtschaftlich vollkommen unabhängig bleibt.

Folgende Gesichtspunkte gilt es deshalb bei der Unternehmensnachfolge in Form der vorweggenommenen Erbfolge in den Übergabevertrag aufzunehmen:

- Sicherung eines angemessenen Lebensstandards des Übergebers (und seines Ehegatten)
- Vorbehalt etwaiger Mitspracherechte des Übergebers im Falle der Unternehmensfortführung
- Interessenausgleich zwischen Betriebserwerber und etwaiger Geschwister
- unvorhersehbare Entwicklungen (z. B. Insolvenz, Tod, Scheidung)

Konkrete Vertragsgestaltung hängt von vielen Faktoren ab

Hat der Betriebserwerber Geschwister?

Wenn mehrere Kinder vorhanden sind, das Unternehmen aber nur von einem der Geschwister weitergeführt werden soll, ist bei der Gestaltung stets an einen entsprechenden Ausgleich für die übergangenen Geschwister zu denken. Hat der Übergeber nicht genügend finanzielle Mittel, um selbst für den Ausgleich zu sorgen, liegt es am Erwerber, seine Geschwister „abzufinden".

Hier gilt es, eine für alle Beteiligten möglichst zufriedenstellende Lösung zu finden. Einerseits gefährdet eine finanzielle Überforderung des Erwerbers die Unternehmensfortführung. Andererseits fühlen sich die Geschwister aus nachvollziehbaren Gründen unangemessen benachteiligt, wenn sie nicht eine Abfindung in entsprechender Höhe erhalten. Deshalb sollten vorhandene Geschwister des Betriebserwerbers grundsätzlich mindestens einen Ausgleich in Höhe des gesetzlichen Pflichtteils erhalten, ansonsten droht dem Erben des Übergebers bzw. dem Erwerber beim Tod des Übergebers eine Inanspruchnahme auf Pflichtteilsergänzung nach § 2325 BGB, und zwar zehn Jahre lang vom Zeitpunkt der Betriebsübergabe an gerechnet.

Tipp

Der Betriebserwerber hat die Möglichkeit, die Ausgleichsansprüche seiner Geschwister durch Ratenzahlungen zu erfüllen, oder er beteiligt sie als stille Gesellschafter am Unternehmen.

Ist der Übergeber finanziell abgesichert?

In aller Regel verliert der Unternehmer durch die Betriebsübergabe seine einzige Einkommensquelle. In diesem Fall ist es zwingend erforderlich, dass er seine finanzielle Existenz schützt, indem er entsprechende Gegenleistungen mit dem Erwerber vereinbart. Dabei muss sich die Höhe der Gegenleistungen zum einen nach der Leistungsfähigkeit des Unternehmens und zum anderen am Bedarf des übertragenden Unternehmers orientieren.

Tipp

In der Praxis haben sich sowohl die Vereinbarung einer stillen Beteiligung für den übergebenden Unternehmer als auch der Abschluss eines Beratervertrags bewährt. Mit einem solchen Vertrag wird der Übergeber an das Unternehmen gebunden. Der Vertrag kann zeitlich begrenzt oder an ein bestimmtes Projekt gebunden werden. Die Höhe der Beraterhonorare ist frei gestaltbar. Über dieses Instrument lässt sich eine finanzielle Deckungslücke schließen.

Ist der Übernehmer fähig, das Unternehmen zu übernehmen und erfolgreich fortzuführen?

Unternehmer zweifeln nicht selten an der Kompetenz ihres auserkorenen Nachfolgers, das Unternehmen erfolgreich fortzuführen. Um die bestehenden Zweifel zu beseitigen, bietet es sich an, eine Gesellschaft zu gründen (z. B. OHG, KG, GmbH), mit deren Hilfe der Unternehmer den Betrieb gemeinsam mit dem auserwählten Nachfolger fortführen kann. Dadurch hat der alte Betriebsinhaber die Möglichkeit, sich Mitspracherechte vorzubehalten.

Ist keine Gesellschaftsgründung angedacht, kann der Unternehmer den Betrieb zunächst an den Nachfolger verpachten. Die endgültige Übergabe des Unternehmens erfolgt dann einige Zeit später, wenn sich der Nachfolger in seiner Funktion als Pächter bewährt hat und nach Auffassung des bisherigen Betriebsinhabers bereit ist, das Unternehmen erfolgreich fortzuführen.

Mithilfe der nachstehenden Checkliste erfahren Sie, welche Gesichtspunkte zwingend zu beachten sind, um den Übergeber finanziell abzusichern.

☑ Checkliste: Gestaltungsmöglichkeiten zur finanziellen Absicherung des Übergebers	JA	NEIN
Hat der Übergeber zu seiner Absicherung und finanziellen Unabhängigkeit ein ausreichendes Vermögen zurückbehalten bzw. sich einen Nießbrauch einräumen und seine Ansprüche dinglich absichern lassen?	☐	☐
Hat sich der Übergeber ausreichend gegen nicht vorhersehbare Vermögenseinbußen (z. B. Steuernachforderungen) abgesichert?	☐	☐
Hat der Übergeber ein vorzeitiges Ableben des Nachfolgers einkalkuliert?	☐	☐
Hat der Übergeber dafür gesorgt, durch etwaige Auflagen (§ 525 Abs. 1 BGB) auf die Verwendung der Zuwendung durch den Nachfolger Einfluss nehmen zu können?	☐	☐
Hat der Übergeber einen etwaigen späteren Vermögensübergang auf Personen berücksichtigt, die er nicht bedenken möchte?	☐	☐
Fazit: Die genannten Gesichtspunkte sollten bei der Unternehmensnachfolge im Wege der vorweggenommenen Erbfolge stets beachtet werden. Um auf Nummer sicher zu gehen, sollten möglichst sämtliche Fragen bejaht werden können.		

Klare Regeln im Übergabevertrag bieten Schutz

Den besten Schutz vor bösen Überraschungen bieten rechtssichere Regelungen im Übergabevertrag, die die Interessen des Unternehmers entsprechend berücksichtigen. Im Interesse der Existenzsicherung des Unternehmers sollten die nachstehenden Gesichtspunkte bei den Überlegungen zur Ausgestaltung des Übergabevertrags mit einbezogen werden, und, falls nötig, im Vertrag Niederschlag finden:

- Vereinbarung einer **befreienden Schuldübernahme** (Unternehmer wird von allen Dauerschuldverhältnissen, Gewährleistungsrisiken und Steuernachzahlungen freigestellt)

- **Eintragung** von Nießbrauchsrechten und Wohnungsrechten in das Grundbuch (zur Sicherung vorbehaltener Nutzungen)
- **wiederkehrende Bezüge** (insbesondere Leibrenten), die den Unterhalt des Übergebers sicherstellen sollen, sind durch Eintragung einer Reallast im Grundbuch zu schützen
- Sicherung der **Zahlungsverpflichtungen** des Erwerbers durch Unterwerfung unter die **sofortige Zwangsvollstreckung** in das gesamte Vermögen des Erwerbers
- Einräumung eines **Widerrufsrechts** des Übergebers für den Fall
  - der Scheidung (bei Übergabe an den Ehegatten),
  - der Nichterfüllung von Leistungsauflagen,
  - des Versterbens des Übernehmers vor dem Übergeber,
  - der Zwangsvollstreckung in das geschenkte Vermögen und
  - der Zuwiderhandlung gegen das Veräußerungs- und Belastungsverbot.

Auch dem Betriebsübernehmer drohen Gefahren

Soll der Übergabevertrag neben der finanziellen Sicherung des Unternehmers insbesondere den Fortbestand des Unternehmens gewährleisten, so liegt der Schutz des Nachfolgers vor Pflichtteilsergänzungs-, Ausgleichungs- und Verrechnungsansprüchen im besonderen Interesse der Vertragsparteien. Als Sicherungsinstrumente kommen die nachstehenden Vertragsklauseln in Betracht:

- Pflichtteilsverzicht der anderen pflichtteilsberechtigten Erben
- Ausschluss einer Verrechnungs- und Ausgleichungspflicht seitens des Zuwendungsempfängers
- Entziehung des Pflichtteils bei entsprechenden Verfehlungen der gesetzlichen Erben
- Ausschluss oder Beschränkung des Abfindungsanspruchs
- Aushöhlung von Pflichtteilen durch den Wegfall des Pflichtteilsergänzungsanspruchs

- gesellschaftsvertragliche Klausel, nach der die restlichen Gesellschaftsanteile des Unternehmers bei dessen Tod auf den Nachfolger übergehen

1.1.1.4 Muster und Checklisten

Bei der Ausgestaltung eines – reinen – Schenkungsvertrags sollten Sie insbesondere die in der nachstehenden Checkliste aufgeführten Gesichtspunkte berücksichtigen:

☑ Checkliste: Schenkungsvertrag Unternehmensnachfolge	JA	NEIN
Enthält der Schenkungsvertrag eine detaillierte Beschreibung des Unternehmens (Inhaber, Lage, Rechtsform, Teilhaber, Inventarverzeichnis etc.)?	☐	☐
Wird das Unternehmen im Rahmen einer vorweggenommenen Erbfolge ohne Gegenleistung angeboten?	☐	☐
Enthält der Vertrag eine Klausel zur sofortigen Unterwerfung unter die Zwangsvollstreckung?	☐	☐
Wurde dem Vertrag eine Liste mit allen beweglichen Gegenständen beigefügt?	☐	☐
Regelt der Vertrag die Frage der Haftung für den Fall, dass nach dem Stichtag eine Betriebsprüfung durchgeführt wird, die nachträglich Fehler oder Nachlässigkeiten des Übergebers aufdeckt?	☐	☐
Haftet der Übergeber bis zum Stichtag der Übertragung für Umsätze und Erträge?	☐	☐
Werden Bankkonten und -guthaben übernommen?	☐	☐
Tritt der Nachfolger in laufende Vertragsverhältnisse (z. B. Arbeitsverhältnisse, Versicherungsverhältnisse) ein?	☐	☐
Wurde eine salvatorische Klausel aufgenommen, wonach die im Vertrag aufgeführten Klauseln ihre Gültigkeit behalten, auch wenn eine der Klauseln unwirksam wird?	☐	☐

Wurde vereinbart, was mit Gewährleistungsansprüchen Dritter geschehen soll, die aus dem Zeitraum vor der Übertragung resultieren, aber erst nach der Übertragung geltend gemacht werden?	☐	☐
Wurden Nießbrauchsregelungen vereinbart?	☐	☐
Wurde die Abfindung der anderen Erben geregelt?	☐	☐
Fazit: Wenn sämtliche Fragen mit „Ja“ beantwortet werden können, erfüllt der „Schenkungsvertrag Unternehmensnachfolge“ die wesentlichen Voraussetzungen.		

Betriebsübertragung im Wege der vorweggenommenen Erbfolge

Frau ... *(Name)*, geboren am ... *(Datum)*, nachstehend auch „Veräußerin“ oder „Übergeberin“ genannt,

und

Herr ... *(Name)*, geboren am ... *(Datum)*, nachstehend „Erwerber“ genannt,

vereinbaren Folgendes:

§ 1 Einzelhandel

Frau ... *(Name)* betreibt auf dem angemieteten Anwesen ... *(Straße)* in ... *(Ort)* unter der Firma ... *(Firmenbezeichnung)* ein im Handelsregister des Amtsgerichts ... *(Bezeichnung)* unter Handelsregister Abteilung HRA ... *(Nummer)* eingetragenes Einzelunternehmen, das den Betrieb eines Einzelhandels für Herrentextilien und Herrenaccessoires zum Gegenstand hat.

§ 2 Überlassung

Die Veräußerin Frau ... *(Name)*

überlässt hiermit ihr gesamtes vorgenanntes Einzelunternehmen an

den Erwerber Herrn ... *(Name)*.

§ 3 Gegenstand der Überlassung

(1) Gegenstand der Überlassung sind namentlich:

a) sämtliche Aktiva und Passiva, die in der noch aufzustellenden Bilanz des einzelkaufmännischen Unternehmens zum 31.12.... *(Jahreszahl)* enthalten sind,

b) sämtliche betrieblichen Verbindlichkeiten und Vermögensgegenstände des Anlage- und Umlaufvermögens, unabhängig davon, ob sie bilanzierungsfähig oder bilanzierungspflichtig sind, v. a. auch alle immateriellen Wirtschaftsgüter, insbesondere der Kundenstamm und der Geschäftswert,

c) sämtliche dem einzelkaufmännischen Unternehmen zuzuordnenden Verträge, einschließlich Dienst- bzw. Arbeitsverträge, Miet- bzw. Pacht-, Leasing- und Lieferverträge, Betriebsführungsverträge, Konzessionsverträge, Angebote und sonstige Rechtsstellungen. Insbesondere übernimmt der Erwerber sämtliche Rechte und Pflichten aus den bei dem einzelkaufmännischen Unternehmen bestehenden Arbeitsverhältnissen gem. § 613a BGB,

d) das Recht, die Firma mit oder ohne Nachfolgezusatz fortzuführen.

(2) Die Überlassung erfolgt mit Wirkung zum 31.12.... (Übertragungsstichtag). Ab dann gilt das eingebrachte Unternehmen als für Rechnung des Erwerbers geführt.

(3) Es werden bei der Übergeberin keine Gegenstände des Einzelunternehmens zurückbehalten.

§ 4 Rechtsgrund für Überlassung

(1) Die Überlassung des Einzelunternehmens erfolgt im Wege der vorweggenommenen Erbfolge.

(2) Der Erwerber ist nicht verpflichtet, den Wert der Zuwendung im Erbfall der Übergeberin im Verhältnis zu deren übrigen Abkömmlingen auszugleichen.

(3) Der Erwerber muss sich den Wert des überlassenen Vertragsgegenstands, soweit dieser den Wert der Gegenleistungen bzw. Auflagen übersteigt, auf seine etwaigen Pflichtteilsansprüche am Nachlass der Übergeberin zum heutigen Verkehrswert anrechnen lassen. Eine Bezifferung dieses Werts erfolgt hier nicht.

§ 5 Gegenleistungen

(1) Der Erwerber hat folgende Gegenleistungen zu erbringen:

Der Erwerber wird hiermit im Wege eines Vertrags zugunsten Dritter nach § 328 Abs. 1 BGB verpflichtet, an seine Schwester ... (Name) eine

Ausgleichszahlung

in Höhe von 300.000 € *(in Worten: dreihunderttausend Euro)* zu leisten.

Der Betrag ist in sechs gleichen Halbjahresraten zu zahlen. Die erste Rate ist fällig am ... *(Datum)*. Bei Zahlungsverzug muss der Erwerber den geschuldeten Betrag mit einem jährlichen Zinssatz von fünf Prozentpunkten über dem jeweiligen Basiszinssatz zu verzinsen. Vorfälligkeitszinsen sind nicht geschuldet. Die Ausgleichszahlung ist nur mit Zustimmung der Schwester des Erwerbers Frau ... *(Name)* abänderbar.

Für Frau ... *(Name)* gelten hinsichtlich der Ausgleichszahlung die Pflichtteilsanrechnung und der Ausschluss einer Ausgleichungspflicht entsprechend den obigen Regelungen. Sie erhält von diesem Vertrag eine Kopie zur Mitteilung der Ausgleichszahlung und der Pflichtteilsanrechnung.

(2) Der Erwerber verpflichtet sich ferner, der Veräußerin auf deren Lebenszeit als Leibrente einen monatlichen Betrag in Höhe von 1.000 € *(in Worten: eintausend Euro)* zu zahlen. Die Zahlung muss zum Ersten eines jeden Monats, erstmals zum 01.... *(Datum)* erfolgen.

Sollte sich der vom Statistischen Bundesamt berechnete Verbraucherpreisindex für Deutschland gegenüber dem Stand des Index für den laufenden Monat um 10 % oder mehr ändern, so verändert sich die Höhe der Leibrente entsprechend ab dem Zeitpunkt der Überschreitung dieser Grenze. Die Anpassung erfolgt gegebenenfalls wiederholt.

Es wird auf eine besondere Sicherstellung der Zahlung und die Festlegung eines erhöhten Verzugszinses verzichtet.

Der Ehemann der Veräußerin Herr ... *(Name)* erhält eine durch den Tod der Veräußerin aufschiebend bedingte Leibrente desselben Inhalts. Die Leibrente ist auflösend bedingt durch eine etwaige Scheidung der zwischen der Veräußerin und ihrem Ehemann Herrn ... *(Name)* bestehenden Ehe.

Die oben erwähnten Geldleistungen sind für die Berechtigten höchst persönlich, d. h. nicht vererblich und nicht übertragbar. Mit dem Tod des Berechtigten sind etwaige Rückstände erlassen, sofern hierüber zum Todeszeitpunkt kein Rechtsstreit anhängig ist oder ein schriftliches Anerkenntnis des Verpflichteten besteht.

(3) Es werden keine Freistellungspflichten des Erwerbers bzw. der Schwester des Erwerbers Frau ... *(Name)* gegenüber Geschwistern hinsichtlich etwaiger gesetzlicher Unterhaltsansprüche der Übergeberin vereinbart.

§ 6 Dingliche Übertragung

(1) Die Veräußerin und der Erwerber sind sich über den Eigentumsübergang an den beweglichen Betriebsgegenständen und betrieblichen Unterlagen sowie über die Abtretung der am Übertragungsstichtag bestehenden betrieblichen Forderungen und Rechte sowie den Übergang der an diesem Stichtag bestehenden betrieblichen Verbindlichkeiten und Vertragsverhältnisse einig.

(2) Übereignet werden v. a. sämtliche Wirtschaftsgüter, die sich am Stichtag auf dem in § 1 dieses Vertrags bezeichneten Anwesen befinden und im Eigentum der Übergeberein stehen. Das Gleiche gilt für Wirtschaftsgüter, an denen der Veräußerin ein Anwartschaftsrecht zusteht. In diesen Fällen wird dem Erwerber das Anwartschaftsrecht übertragen.

(3) Die Abtretung der Forderungen ist den Schuldnern von der Veräußerin anzuzeigen.

(4) Bis zur Genehmigung der Vertrags- bzw. Schuldübernahme durch die Vertragspartner verpflichtet sich der Erwerber, die Veräußerin von jeder Inanspruchnahme freizustellen. Die Einholung der Genehmigungen obliegt der Übergeberin.

(5) Nach durchgeführter Inventur und Feststellung der Bilanz zum in § 3 (1) genannten Stichtag werden die Vertragsparteien im Rahmen der Feststellung der Bilanz die dingliche Übertragung der vorgenannten Gegenstände vorsorglich nochmals bestätigen. Soweit nicht ausdrücklich etwas anderes vereinbart wird, gilt dabei die Unterschrift des Erwerbers auf der Bilanz als Bestätigung; handelnd aufgrund der hiermit erteilten Vollmacht auch für die Übergeberin.

(6) Kommt es zu Unstimmigkeiten über den Umfang des übergebenen Betriebs, steht das Leistungsbestimmungsrecht nach billigem Ermessen dem Erwerber zu. Die Veräußerin bevollmächtigt den Erwerber unter Befreiung vom Selbstkontrahierungsverbot und über den Tod hinaus, den Vertrag gegebenenfalls entsprechend zu ergänzen und eine gegebenenfalls noch fehlende Übertragung nachzuholen.

§ 7 Besitz/Nutzen/Lasten/Gefahren

(1) Besitz, Nutzen, Lasten und Gefahren gehen mit Wirkung ab dem Übertragungsstichtag aus § 3 (2) auf den Erwerber über.

(2) Der Gewinn für die Zeit bis zum Stichtag steht der Veräußerin zu.

(3) Nicht bezahlte Sozialversicherungsbeiträge für Mitarbeiter, betrieblich veranlasste Steuern und Steuererstattungen - auch soweit sie sich auf die Zeit vor dem genannten Stichtag beziehen - trägt bzw. erhält der Erwerber, sofern und soweit sie nach dem Stichtag fällig werden.

(4) Die Zahlung der Einkommensteuer für die Veranlagungszeiträume bis zum genannten Stichtag obliegt der Übergeberin, auch wenn die Fälligkeit nach dem Stichtag eintritt.

(5) Erforderliche Mitteilungen, Um- und Anmeldungen, einschließlich der Unterrichtung der Mitarbeiter, muss der Erwerber vornehmen. Dieser ist ebenso verpflichtet, etwaige notwendige behördliche Genehmigungen einzuholen. Die Veräußerin ist zur Mitwirkung verpflichtet, soweit dies erforderlich ist. Hiermit verbundene Kosten, Aufwendungen und Gebühren trägt der Erwerber.

§ 8 Mängelhaftung

Die Veräußerin verpflichtet sich, den Betrieb bis zum Übertragungsstichtag wie bisher mit der Sorgfalt eines ordentlichen Kaufmanns fortzuführen. Rechte des Erwerbers wegen Rechts- oder Sachmängeln sind ausgeschlossen.

§ 9 Widerrufsrecht

(1) Die Übergeberin behält sich das Recht vor, die Übertragung des Unternehmens zu widerrufen, wenn

- der Erwerber vor der Übergeberin verstirbt;
- der Erwerber sich mit einer in § 5 dieses Vertrags vereinbarten Zahlungspflicht länger als drei Monate in Verzug befindet;
- zu Lebzeiten der Übergeberin eine Pfändung in einen Vermögensgegenstand des Erwerbers erfolgt;
- die Eröffnung eines Insolvenzverfahrens in das Vermögen des Erwerbers erfolgt;
- die Eröffnung mangels Masse abgelehnt wird;
- in der Person des Erwerbers auch nur ein Insolvenzeröffnungsgrund vorliegt oder
- ein Fall groben Undanks des Erwerbers i. S. d. § 530 BGB vorliegt.

(2) Der Widerruf kann nur schriftlich und längstens binnen drei Monaten ab Kenntnis des Veräußerers vom Vorliegen des Widerrufsgrundes erklärt werden.

(3) Im Übrigen gelten für den Widerruf die §§ 530 ff. BGB – gegebenenfalls entsprechend –, jedoch mit der Maßgabe, dass die bis zur Ausübung gezogenen Nutzungen sowie bis dahin geleisteten Rentenzahlungen ihrem Empfänger verbleiben.

§ 10 Zustimmung des Ehegatten

Rein vorsorglich stimmt der Ehegatte der Veräußerin Herr ... *(Name)* der Übertragung ausdrücklich zu.

§ 11 Salvatorische Klausel

(1) Sollten einzelne Bestimmungen dieser Vertragsurkunde unwirksam sein oder werden, so wird hierdurch die Wirksamkeit der übrigen Bestimmungen nicht berührt.

(2) Die Vertragsparteien verpflichten sich in einem solchen Fall, statt der unwirksamen Bestimmung eine rechtmäßige Ersatzregelung zu treffen, die dem mit der unwirksamen Bestimmung verfolgten wirtschaftlichen Zweck möglichst nahekommt. Entsprechendes gilt, falls sich eine ergänzungsbedürftige Lücke herausstellen sollte.

§ 12 Sonstiges

Eine anfallende Schenkungsteuer trägt der Erwerber.

(Ort, Datum, Unterschriften)

1.1.2 Schenkweise Übertragung einer OHG-Beteiligung ohne Gegenleistung im Wege der vorweggenommenen Erbfolge

1.1.2.1 Praxisfall

Der Vater ist an der im Handelsregister eingetragenen XYZ-OHG beteiligt. Sein Kapitalanteil beträgt 30.000 Euro, was einer Beteiligungsquote von 30 % entspricht. Er beabsichtigt, seinen Sohn im Wege vorweggenommener Erbfolge an der XYZ-OHG zu beteiligen, indem er ihm einen Teil seiner Beteiligung an der Gesellschaft schenkweise überträgt.

1.1.2.2 Rechtliche, steuerliche und wirtschaftliche Rahmenbedingungen

a) Rechtliche Rahmenbedingungen

Bei der Nachfolge in unternehmerisches Vermögen ist die schenkweise Übertragung einer Gesellschaftsbeteiligung die zentrale und somit in der Praxis häufigste Maßnahme. In der Regel vollzieht sie sich innerhalb der Familie von einer Generation auf die nächste. In der Praxis erfolgt die unentgeltliche Übertragung von Unternehmensbeteiligungen i. d. R. im Wege der vorweggenommenen Erbfolge.

Das Schenkungsversprechen bedarf auch hier zu seiner Wirksamkeit der notariellen Beurkundung nach § 518 Abs. 1 BGB. Wie bereits oben ausführlich erwähnt, wird der Formmangel durch die Bewirkung der versprochenen Leistung geheilt.

➔ Hinweis

Ist eine Beteiligung an einer Personengesellschaft Gegenstand der Schenkung, so wird die versprochene Leistung durch die Abtretung des Gesellschaftsanteils bewirkt. Die Abtretung ist dabei formfrei wirksam.

Schriftlicher Schenkungsvertrag ausreichend – Abtretung heilt Formmangel

Im Klartext bedeutet dies, dass die formfrei wirksame Abtretung des Gesellschaftsanteils den Formmangel eines nicht notariell beurkundeten Schenkungsversprechens heilt. Somit ist ein schriftlicher Schenkungsvertrag ausreichend, sogar eine mündliche Vereinbarung kommt theoretisch in Betracht. Von letzterer Option ist jedoch dringend abzuraten, um nicht Ärger mit den Finanzbehörden heraufzubeschwören.

! Achtung

Finanzverwaltung und Rechtsprechung setzen bei Verträgen zwischen nahen Angehörigen aufgrund des – i. d. R. – mangelnden Interessengegensatzes die Schriftform voraus. Ein Vertrag zwischen nahen Angehörigen muss einem sogenannten Fremdvergleich standhalten, d. h., er muss sich inhaltlich an dem orientieren, was auch fremde Dritte miteinander vereinbaren würden, und er muss in der Folge auch entsprechend umgesetzt werden.

Nachfolgeklausel durchkreuzt Zustimmungserfordernis

Einige gesellschaftsrechtliche Besonderheiten gilt es bei der schenkweisen Übertragung eines OHG-Anteils zu beachten. So bedarf die Aufnahme eines neuen Gesellschafters in die OHG der Zustimmung aller anderen Gesellschafter. Nicht erforderlich ist die Zustimmung, wenn im Gesellschaftsvertrag eine sogenannte Nachfolgeklausel existiert, die eine Einschränkung der Übertragbarkeit von Gesellschaftsanteilen auf einen bestimmten Kreis potenzieller Gesellschafter konstatiert. Gehört der mit dem OHG-Anteil beschenkte Nachfolger zu diesem auserwählten Kreis, so besteht die Möglichkeit, dass der Gesellschaftsanteil ohne Zustimmung der anderen Gesellschafter übertragen werden kann, soweit der Gesellschaftsvertrag diese Möglichkeit vorsieht.

b) Steuerliche Rahmenbedingungen

Einkommensteuer

Die schenkweise, unentgeltliche Übertragung einer OHG-Beteiligung im Wege der vorgenommenen Erbfolge setzt – denknotwendig – eigentlich zunächst die Entnahme der Beteiligung in das Privatvermögen des schenkenden Gesellschafters voraus. Dies würde eine Versteuerung der – insofern zu realisierenden – stillen Reserven nach sich ziehen. § 6 Abs. 3 Satz 1 EStG ordnet aber für den Fall, dass der „Anteil eines Mitunternehmens" unentgeltlich übertragen wird, die Buchwertfortführung an. Wird also der gesamte Mitunternehmeranteil übertragen, so ist die Steuerneutralität des gesamten Vorgangs zunächst gewahrt.

Die Übertragung eines Teils eines Mitunternehmeranteils erfolgt nach § 6 Abs. 3 Satz 1 EStG im Übrigen auch steuerneutral.

Die Gegenstände des Sonderbetriebsvermögens zählen gemäß den ertragsteuerlichen Kriterien zum Mitunternehmeranteil. Zum Sonderbetriebsvermögen gehören Wirtschaftsgüter, die ein Gesellschafter der Gesellschaft für deren Betrieb überlässt (z. B. Grundstück)

Schenkungsteuer

Die Schenkungsteuerpflicht einer unentgeltlichen Übertragung eines OHG-Anteils folgt aus § 1 Abs. 1 Nr. 2 i. V. m. § 7 Abs. 1 Nr. 1 ErbStG. Die Höhe der Steuerlast ergibt sich aus dem (Steuer-)Wert der schenkweise übertragenen Beteiligung und der Höhe des einschlägigen Steuersatzes, der wiederum vom Wert der Schenkung und dem verwandtschaftlichen Verhältnis zwischen Schenker und Beschenktem abhangt.

! Achtung

Für die Bewertung eines Anteils an einer Personengesellschaft ist seit dem Inkrafttreten des Erbschaftsteuerreformgesetzes nicht mehr der sich aus der Steuerbilanz der Gesellschaft ergebende Wert entscheidend, sondern der Verkehrswert, § 109 Abs. 2 Satz 1 BewG.

Die Ermittlung des Verkehrswerts erfolgt unter Berücksichtigung der Ertragsaussichten der Gesellschaft, soweit nicht aus den bei Verkäufen von Gesellschaftsanteilen innerhalb des letzten Jahres vor der

Schenkung vereinbarten Kaufpreisen ein Verkehrswert abgeleitet werden kann.

Bei familiär geprägten Gesellschaften kommt dies eher selten vor, sodass in der Praxis eine Wertermittlung nach Maßgabe betriebswirtschaftlicher Grundsätze und unter Anwendung einer marktüblichen Methode oder nach Vorgabe des sogenannten vereinfachten Ertragswertverfahrens erfolgt. Beachten Sie dabei, dass der Substanzwert der Gesellschaft den Mindestwert bezeichnet, der nicht unterschritten werden darf.

Begünstigtes Vermögen profitiert vom Verschonungsabschlag
Dank des Erbschaftsteuerreformgesetzes haben die Beteiligten bei der Übertragung von Betriebsvermögen nun die Möglichkeit, weitreichende schenkungsteuerliche Begünstigungen in Anspruch zu nehmen. Das Gesetz gewährt in den §§ 13a Abs. 1 Satz 1, 13b Abs. 3 ErbStG einen Verschonungsabschlag in Höhe von 85 %. Von der hernach bestehenden Bemessungsgrundlage können 150.000 Euro abgezogen werden. Bei größeren Vermögen reduziert sich dieser Abzugsbetrag. Ab einer (nach Verschonungsabschlag) verbleibenden Bemessungsgrundlage von 300.000 Euro entfaltet der Abzugsbetrag keine steuervermindernde Wirkung mehr.

➔ Hinweis

Der auf diese Weise begünstigte Erwerb ist immer in Steuerklasse I zu versteuern, selbst wenn das Verwandtschaftsverhältnis zwischen Schenker und Beschenktem eine andere, ungünstigere Steuerklasse veranlassen würde.

Voraussetzungen für die Begünstigung
Nach § 13b Abs. 2 Satz 1 ErbStG darf das begünstigte Vermögen zu nicht mehr als 50 % aus sogenanntem Verwaltungsvermögen bestehen. Zum Verwaltungsvermögen in diesem Sinne zählt das Gesetz:

- Dritten zur Nutzung überlassene Grundstücke
- Anteile an Kapitalgesellschaften (unmittelbare Beteiligung beträgt ≤ 25 %)
- sonstige Beteiligungen an Personen- oder Kapitalgesellschaften (die 50 % oder mehr Verwaltungsvermögen halten)
- Wertpapiere oder vergleichbare Forderungen

Wenn das übertragene Vermögen zu mehr als 50 % aus Verwaltungsvermögen besteht, ist die Inanspruchnahme der Begünstigungen ausgeschlossen.

Umsatzsteuer

Nach § 4 Nr. 8f UStG ist die Übertragung von Beteiligten umsatzsteuerbefreit.

Grunderwerbsteuer

Stehen Grundstücke im Eigentum der Gesellschaft, so löst die Anteilsübertragung Grunderwerbsteuer nach § 1 Abs. 2a GrEStG aus, wenn sich innerhalb von fünf Jahren der Gesellschafterbestand unmittelbar oder mittelbar so verändert, dass mindestens 95 % der Gesellschaftsanteile auf neue Gesellschafter übergehen. Aus diesem Grund sind bezüglich der grunderwerbsteuerlichen Beurteilung der Übertragung des Gesellschaftsanteils auch andere Übertragungsvorgänge derselben Gesellschaft in den Fokus zu rücken.

Bei der vorweggenommenen Erbfolge kommen häufig die § 3 Nr. 2, 4 und 6 GrEStG zur Anwendung. Bei Übertragungen auf Verwandte in gerader Linie (Großeltern, Eltern, Kinder) bzw. deren Ehegatten führen sie zu einer Befreiung von der Grunderwerbsteuer.

c) Betriebswirtschaftliche Rahmenbedingungen

In der Praxis vollzieht sich die Übertragung einer Beteiligung an einer Personengesellschaft häufig schrittweise, indem der Übertragende beispielsweise lediglich einen Teil seiner Beteiligung auf den Empfänger überträgt.

Diese Form der Übertragung bietet sich an, wenn das Vertrauen des Unternehmers in die unternehmerischen Fähigkeiten seines Nachfolgers noch nicht ausreichend groß ist und das Loslassen schwerfällt. Durch die stufenweise Übertragung der Verantwortung hat der Nachfolger die Möglichkeit, sich zu entwickeln und schrittweise in die Unternehmerrolle hineinzuwachsen.

1.1.2.3 Risiken, Schwachstellen und Gefahren

Besonderes Augenmerk sollte stets auf die Ausgestaltung des Schenkungsvertrags gelegt werden, auch wenn die Übertragung der Gesellschaftsanteile innerhalb der Familie geschieht. Die Vertragsziele sind detailliert zu definieren, und die Rechtsfolgen müssen den Beteiligten klar sein.

1.1.2.4 Muster

Schenkweise Übertragung einer mitunternehmerischen OHG-Beteiligung ohne Gegenleistung (Auszug)

§ 1 Gegenstand

(1) Der Schenker schenkt im Wege vorweggenommener Erbfolge dem Beschenkten mit Wirkung zum 31.12.... *(Jahreszahl)* eine Beteiligung an der ... *(genaue Bezeichnung)* OHG von ... % *(Anzahl)*, somit einen Kapitalanteil von ... Euro *(Betrag)* sowie jeweils einen entsprechenden Anteil an den sonstigen für ihn bei der OHG geführten Gesellschafterkonten einschließlich Darlehenskonto.

(2) Dem Beschenkten stehen somit ab dem 01.01.... *(Jahreszahl)* die mit dem übertragenen Gesellschaftsanteil verbundenen Gesellschafterrechte in der OHG zu.

(3) Der Beschenkte ist ab diesem Tage am Gewinn und Verlust sowie an den stillen Reserven der OHG entsprechend des geschenkten Anteils beteiligt.

§ 2 Annahme

Der Beschenkte nimmt die Schenkung an.

§ 3 Dingliche Übertragung

(1) In Vollzug der Schenkung tritt der Schenker im Wege der Sonderrechtsnachfolge seinen Gesellschaftsanteil an der OHG in Höhe von ... % *(Anzahl)*, somit einen Kapitalanteil von ... Euro *(Betrag)*, an den annehmenden – Beschenkten ab.

(2) Entsprechende Anteile an den für den Schenker bei der OHG geführten Gesellschafterkonten sind mit abgetreten, jeweils zum Stand vom 31.12.... *(Jahreszahl)*.

(3) Die Abtretung erfolgt mit Wirkung zum 31.12.... *(Jahreszahl)*.

(4) Nach § ... *(Bezeichnung)* des Gesellschaftsvertrags bedarf die Abtretung des Gesellschaftsanteils nicht der Zustimmung der übrigen Gesellschafter.

§ 4 Anrechnung und Ausgleichung

(1) Der Beschenkte verpflichtet sich, die erhaltene Zuwendung auf einen etwaigen ihm durch den Tod des Schenkers entstehenden Pflichtteilsanspruch anrechnen zu lassen.

(2) Die Verpflichtung aus Ziffer 1 trifft den Beschenkten nicht, soweit er wegen der Regelungen dieses Vertrags die geschenkte Beteiligung noch vor Entstehung des Pflichtteilsanspruchs ganz oder teilweise wieder abzugeben hat.

1.1.3 Übertragung eines GmbH-Anteils im Wege der vorweggenommenen Erbfolge

1.1.3.1 Praxisfall

Der Kläger und seine Ehefrau wurden für das Streitjahr 1995 zusammen zur Einkommensteuer veranlagt. Der Kläger war zu 30 % am Stammkapital einer GmbH beteiligt. Er hielt die Beteiligung im Privatvermögen. Mit notariellem Vertrag übertrug der Kläger 1995 seinen GmbH-Anteil im Wege der vorweggenommenen Erbfolge zu je 1/4 auf seine vier Kinder. Dabei behielt er sich ein lebenslanges unentgeltliches Nießbrauchsrecht vor. Für den Fall seines Ablebens war eine dingliche Last in Form wiederkehrender Zahlungen an seine Ehefrau vereinbart. 1997 verkauften die Kinder ihre Beteiligungen. Von dem Gesamtkaufpreis in Höhe von rund 6 Mio. Euro entfielen auf jedes Kind ca. 1,5 Mio. Euro. Die Eltern verzichteten gegen Zahlung von 270.000 Euro (4 x 80.000 Euro) auf ihre Rechte an den veräußerten Anteilen.

Nachdem das Finanzamt von diesem Vorgang erfahren hatte, änderte es den bestandskräftigen Einkommensteuerbescheid 1995 gem. § 175 Abs. 1 Satz 1 Nr. 2 der Abgabenordnung (AO 1977). Dabei ging es davon aus, dass die Eheleute einen Gewinn aus der Veräußerung ihrer Anteile an die Kinder in Höhe von 265.000 Euro erzielt hätten. Den Gewinn ermittelte die Finanzbehörde, indem sie dem Ablösebetrag anteilige Anschaffungskosten in Höhe von 4.000 Euro und anteilige Veräußerungskosten in Höhe von 850 Euro gegenüberstellte. Der Einspruch des Klägers blieb erfolglos, woraufhin der Kläger vor Gericht zog.

Das Urteil

Der Bundesfinanzhof (BFH) gab dem Kläger Recht. Das Finanzamt durfte den bestandskräftigen Einkommensteuerbescheid 1995 nicht mehr ändern. Die Übertragung einer wesentlichen Beteiligung i. S. d. § 17 EStG unter Vorbehalt eines Nießbrauchsrechts im Wege der vorweggenommenen Erbfolge sei als unentgeltliche Vermögensübertragung keine Veräußerung i. S. d. § 17 Abs. 1 EStG. Eine Anteilsveräußerung liege auch dann nicht vor, wenn das Nießbrauchsrecht später abgelöst werde und der Nießbraucher für seinen Verzicht eine Abstandszahlung erhalte, sofern der Verzicht auf einer neuen Entwicklung der Verhältnisse beruhe (BFH, Urteil vom 14.06.2005, Az.: VIII R 14/04).

Der BFH stellte mit dieser Entscheidung klar, dass der Verzicht auf das Nießbrauchsrecht nicht als Verkauf eines zurückbehaltenen, ideellen Anteils an den GmbH-Anteilen von § 17 EStG erfasst wird, und lehnt damit das sogenannte Surrogationsprinzip ab.

Nach der Entscheidung des BFH ist die Übertragung von GmbH-Anteilen mit Nießbrauchvorbehalt steuerfrei. Die Ablösung des Nießbrauchs macht die ursprüngliche Übertragung der Anteile nicht nachträglich entgeltlich. Das gilt aber nur, wenn die Ablösung auf einer neuen Entwicklung der Verhältnisse beruht. Zu diesem Zweck muss nachgewiesen werden, dass der spätere Anteilsverkauf durch die Kinder und die Ablösung des Nießbrauchs nichts mit der früheren Übertragung zu tun hatten. Das ist z. B. der Fall,

- wenn der spätere Verkauf der Anteile durch die Kinder bei der Übertragung durch die Eltern nicht absehbar war oder
- wenn im Vertrag nichts für den Fall einer späteren Veräußerung durch die Kinder bzw. zu einer Ablösung des Nießbrauchs stand.

1.1.3.2 Rechtliche, steuerliche und betriebswirtschaftliche Rahmenbedingungen

a) Rechtliche Rahmenbedingungen

Vorweggenommene Erbfolge bevorzugt

Im Interesse der Unternehmensfortführung ist die zu Lebzeiten erfolgende Übertragung einer GmbH-Beteiligung im Wege der vorweggenommenen Erbfolge von Vorteil. Zum einen lassen sich steuerliche und die Nachfolge betreffende Fragen im Vorfeld leichter und flexibler lösen als nach dem Erbfall und zum anderen ist die Unternehmensfortführung erfahrungsgemäß eher von Erfolg gekrönt, wenn der Übernehmer schrittweise herangeführt wird und der Übergeber weiterhin beratend und kontrollierend zur Seite steht.

Tipp

Die Übertragung einer unternehmerischen GmbH-Beteiligung zu Lebzeiten sollte der Regelfall sein.

Übertragung erfolgt zumeist durch Schenkung unter Auflage oder gemischte Schenkung

Die Übertragung eines GmbH-Geschäftsanteils in vorweggenommener Erbfolge stellt sich regelmäßig als Schenkung unter Auflage nach § 525 BGB oder als gemischte Schenkung dar. Auch hier dient die Auflage primär der Versorgung des Übergebers, weil dieser mit dem GmbH-Anteil sein gesamtes Vermögen bzw. große Teile seines Vermögens aus der Hand gibt und somit finanzieller Bedarf hinsichtlich der Absicherung des Lebensunterhalts und der Altersvorsorge besteht.

Nutzungs- oder Leistungsauflage

Die klassische Übertragungsform bei der Übertragung einer GmbH-Beteiligung ist die Schenkung unter Nutzungsauflage in Form eines Vorbehaltsnießbrauchs. Der Übergeber behält sich vor, das übertragene Vermögen weiterhin selbst auf eigene Rechnung zu nutzen und die Erträge daraus zu ziehen.

Eine andere Möglichkeit besteht in einer Schenkung unter Leistungsauflage. Sie verpflichtet den Übernehmer, an den Übergeber bestimmte Leistungen – in den meisten Fällen wiederkehrende Zahlungen – zu erbringen, wobei die erforderlichen Beträge aus dem übergebenen Vermögen zu erwirtschaften sind.

Schenkung auf den Todesfall

Das Gesetz ermöglicht es, die Erfüllung einer Schenkung zu befristen oder mit einer aufschiebenden Bedingung zu versehen. Ein praxisrelevantes Beispiel hierfür ist die Schenkung auf den Todesfall, bei der die Schenkung an die Bedingung geknüpft ist, dass der Beschenkte den Schenker überlebt. Auch diese Gestaltungsform ermöglicht die rechtzeitige Übertragung bestimmter Teile des Vermögens auf bestimmte Personen, die ohne die Schenkung später zum Nachlass gehören würden.

Rückforderungsrechte müssen durchsetzbar sein

In der Regel vereinbaren die Parteien im Übergabevertrag Rückforderungsrechte zugunsten des Übergebers für den Fall bestimmter Fehlentwicklungen auf der Übernehmerseite zu Lebzeiten des Übergebers. Als Rückforderungsgründe kommen in Betracht:

- Weiterveräußerung der Anteile
- Pfändung oder Verpfändung der Anteile ohne Zustimmung des Übergebers
- Tod des Übernehmers
- Insolvenz des Übernehmers
- Zwangsvollstreckung beim Übernehmer
- Zugriff des Ehegatten des Übernehmers auf den Anteil (z. B. nach etwaiger Scheidung)

Darüber hinaus existieren bekanntlich die gesetzlichen Rückforderungsrechte wegen groben Undanks (§ 530 BGB) und bei Verarmung des Schenkers (§ 528 BGB).

Keine Übertragung ohne notarielle Beurkundung

GmbH-Anteile sind frei veräußerlich. Die Abtretung bedarf dabei gem. § 15 Abs. 1, 3 GmbHG genauso der notariellen Beurkundung wie die zugrunde liegende schuldrechtliche Verpflichtung. Ein diesbezüglicher Formmangel wird nach § 15 Abs. 4 GmbHG über die vorliegende beurkundete Abtretung geheilt.

Vinkulierungsklausel im Gesellschaftsvertrag kann Übertragung vereiteln

Nicht jeder Gesellschaftsvertrag ermöglicht die Übertragung eines GmbH-Anteils. In der Praxis existieren häufig Satzungen mit einem Zustimmungsvorbehalt für Anteilsübertragungen. Die freie Veräußerbarkeit von Anteilen kann nach § 15 Abs. 5 GmbHG durch sogenannte Vinkulierungsklauseln eingeschränkt werden. Ein Beispiel für eine solche Regelung in einem Gesellschaftsvertrag könnte lauten:

„Die Abtretung von Geschäftsanteilen oder Teilen von Geschäftsanteilen bedarf der vorherigen Zustimmung der Gesellschaft durch einstimmigen Gesellschafterbeschluss."

➡ Hinweis

Bei einer GmbH können nach der Rechtsprechung eine Vinkulierungsklausel und die Einräumung eines Vorkaufsrechts für die anderen Gesellschafter im Nachhinein nur mit Zustimmung aller Gesellschafter beschlossen werden.

Übernehmer muss Erwerb gegenüber Gesellschaft anmelden

Bei erfolgten Veränderungen (in den Personen der Gesellschafter oder den Beteiligungen) müssen die Geschäftsführer eine Liste der Gesellschafter und ihrer jeweiligen Anteile zum Handelsregister einreichen. Das Registergericht ist dabei nicht verpflichtet, die Wirksamkeit von Geschäftsanteilsübertragungen näher zu überprüfen.

Von besonderer Bedeutung ist in diesem Zusammenhang § 16 GmbHG. Danach gilt im Falle der Übertragung eines Geschäftsanteils gegenüber der Gesellschaft nur derjenige als Erwerber, dessen Erwerb unter Nachweis des Übergangs bei der Gesellschaft angemeldet ist. Erst mit der Anmeldung erlangt der Erwerber gegenüber der Gesellschaft die Rechtsstellung als Gesellschafter.

b) Steuerliche Rahmenbedingungen

Schenkungsteuer

Als freigiebige Zuwendung i. S. d. § 7 Abs. 1 Nr. 1 ErbStG ist die Schenkung einer GmbH-Beteiligung schenkungsteuerpflichtig. Die Bewertung der GmbH-Anteile erfolgt dabei grundsätzlich nach dem sogenannten Stuttgarter Verfahren (Schätzwertverfahren unter Berücksichtigung des Ertragswerts).

Wertermittlung nach „Stuttgarter Verfahren"

Bei der Bewertung von Anteilen an Kapitalgesellschaften ist eine gesetzlich normierte Stufung zu beachten. Während die Anteile an börsennotierten Kapitalgesellschaften mit dem Kurswert bewertet werden, hat bei nicht notierten Anteilen die Ableitung aus stichtagsnahen Verkäufen, die weniger als ein Jahr vor dem Bewertungsstichtag zurückliegen, zu erfolgen. Sollten solche Verkäufe nicht vorliegen, erfolgt die Wertermittlung nach § 12 Abs. 2 Satz 1 ErbStG i. V. m. § 11 Abs. 2 Satz 2 BewG. Zu diesem Zweck hat die Finanzverwaltung das Stuttgarter Verfahren entwickelt. Dabei wird der gemeine Wert der Anteile unter Berücksichtigung des Vermögens und der Ertragsaussichten geschätzt.

Folgen der Erbschaftsteuerreform

GmbH-Anteile genießen seit jeher gewisse Privilegien. Durch das Erbschaftsteuerreformgesetz aus 2009 sind noch einige hinzugekommen. Für begünstigungsfähiges Vermögen i. S. d. § 13b Abs. 1 ErbStG wird durch Bezugnahme in § 13a Abs. 1 ErbStG auf § 13b Abs. 4 ErbStG ein sogenannter Verschonungsabschlag gezahlt, der von der Befolgung bestimmter Wohlverhaltensregeln abhängig ist und bei voller Wirksamkeit dazu führt, dass 85 % dieses Vermögens steuerfrei sind.

Anteile an Kapitalgesellschaften gehören nach § 13b Abs. 1 Nr. 3 ErbStG zum begünstigten Vermögen, wenn

- die Kapitalgesellschaft zur Zeit der Entstehung der Steuer Sitz und Geschäftsleitung im Inland oder in einem Mitgliedstaat des Europäischen Wirtschaftsraums (EWR) hat und
- der Schenker oder Erblasser am Nennkapital dieser Gesellschaft zu mehr als 25 % unmittelbar beteiligt war (Mindestbeteiligung).

Zwar müssen sich Sitz oder Geschäftsleitung der Gesellschaft im Inland oder im Europäischen Wirtschaftsraum befinden, wo sich allerdings das Vermögen der Gesellschaft befindet und welcher Betriebsstätte es dient, ist hingegen unerheblich.

Pooling-Regelung beeinflusst Mindestbeteiligungsquote

Ob der Schenker oder der Erblasser die Erfordernisse der Mindestbeteiligungsquote erfüllt, ist nach der Summe der dem Schenker oder Erblasser unmittelbar zuzurechnenden Anteile und der Anteile weiterer Gesellschafter zu bestimmen, wenn der Schenker oder Erblasser und die weiteren Gesellschafter untereinander verpflichtet sind, über die Anteile nur einheitlich zu verfügen oder ausschließlich auf andere derselben Verpflichtungen unterliegende Anteilseigner zu übertragen und das Stimmrecht gegenüber nicht gebundenen Gesellschaftern einheitlich auszuüben. Dabei handelt es sich um die sogenannte Pooling-Regelung.

Der Gesetzgeber sieht eine Beteiligung von 25 % als Indiz dafür, dass der Anteilseigner unternehmerisch in die Gesellschaft eingebunden ist und eben nicht nur als Kapitalgeber auftritt.

Verschonungsregelungen gelten nicht für Verwaltungsvermögen

Vermögensverwaltende Betriebe sind von den Verschonungsregelungen ausgenommen. Zu diesem Zweck hat der Gesetzgeber den Begriff des Verwaltungsvermögens geschaffen.

Nach § 13b Abs. 2 Satz 2 Nr. 2 ErbStG zählen Anteile an Kapitalgesellschaften zum Verwaltungsvermögen, wenn die unmittelbare Beteiligung am Nennkapital dieser Gesellschaften 25 % oder weniger beträgt und sie nicht dem Hauptzweck des Gewerbebetriebs eines Kreditinstituts oder eines Finanzdienstleistungsinstituts unterliegt.

Nach § 13b Abs. 2 Satz 2 Nr. 3 ErbStG gehören zum Verwaltungsvermögen Beteiligungen an Gesellschaften i. S. d. § 15 Abs. 1 Satz 1 Nr. 2 und Abs. 3 oder § 18 Abs. 4 EStG und an entsprechenden Gesellschaften im Ausland sowie Anteile an Kapitalgesellschaften, die nicht unter Nr. 2 (siehe oben) fallen, wenn bei diesen Gesellschaften das Verwaltungsvermögen nicht mehr als 50 % beträgt.

Einkommensteuer

Die Schenkung von GmbH-Anteilen im Wege der vorweggenommenen Erbfolge löst keine Einkommensteuer aus. Der Übernehmer führt die Anschaffungskosten des Übergebers mit der Folge fort, dass stille Reserven übertragen werden. Mit den stillen Reserven korrespondierend geht auf den Übernehmer eine latente Einkommensteuerbelastung über.

Bei der Übertragung von GmbH-Anteilen ist im Übergabevertrag darauf zu achten, dass

- die zu übernehmenden Anteile mit dem Nennbetrag aufgeführt sind,
- die Übertragung nur mit Genehmigung der Gesellschaft durchgeführt werden darf (falls gesellschaftsvertraglich vereinbart nach § 15 Abs. 5 GmbHG),
- nach dem Übergang eines Anteils unverzüglich eine neue Gesellschafterliste zum Handelsregister eingereicht wird, weil sonst der neue Gesellschafter die Rechte nicht ausüben kann und gefasste Beschlüsse nichtig sind, § 16 Abs. 1 GmbHG,

- Vorkaufsrechte bei gemischten Schenkungen nicht einschlägig sind und
- notarielle Beurkundung erforderlich ist nach § 15 Abs. 3 und 4 GmbHG.

1.2 Unternehmertestament

Unternehmern ist aufgrund der Komplexität der Nachfolgefrage dringend davon abzuraten, ohne professionellen Steuer- und Rechtsrat mit einem eigenhändigen Testament die Nachfolge regeln zu wollen. Denn häufig ist eine im Einzelfall komplizierte Abstimmung mit gesellschaftsrechtlichen, erbrechtlichen und steuerrechtlichen Regelungen erforderlich.

1.2.1 Praxisfall

Ein Unternehmer, Mitgesellschafter einer OHG, war verheiratet und hatte zwei Kinder. In seinem Testament hatte er seine Ehefrau als Erbin eingesetzt. Im Gesellschaftsvertrag der OHG ist geregelt, dass ein oder mehrere Abkömmlinge als Nachfolger in Betracht kommen. Als der Unternehmer verstarb, erbte seine im Testament als Erbin bedachte Ehefrau nicht die Beteiligung an der OHG, weil sie kein Abkömmling des Erblassers ist, wie in der Nachfolgeklausel des Gesellschaftsvertrags gefordert. Da der Unternehmer seine Kinder nicht als Erben bedacht hatte, erwarben diese ebenfalls keinen Anspruch auf Übertragung der Gesellschaftsanteile. Im Ergebnis schied der verstorbene OHG-Gesellschafter aus der Gesellschaft aus und seine Ehefrau erhielt als Erbin eine Abfindung von den Mitgesellschaftern, die zunächst gutachterlich ermittelt werden mussten und deutlich hinter den Erwartungen zurücklag.

➔ Hinweis

Das Gesellschaftsrecht und das Erbrecht weichen häufig voneinander ab, was zu ungewollten Ergebnissen wie im Beispielfall führen kann. Bei allen Unternehmen, die in Gesellschaftsform betrieben werden, gilt es deshalb zunächst, den Gesellschaftsvertrag sorgfältig darauf zu prüfen, ob eine etwaige Nachfolgeklausel im Gesellschaftsvertrag auch den vom Unternehmer im Testament benannten Nachfolger zulässt. Gegebenenfalls muss der Inhalt des Gesellschaftsvertrags entsprechend angepasst werden.

1.2.2 Rechtliche, steuerliche und betriebswirtschaftliche Rahmenbedingungen

1.2.2.1 Rechtliche Rahmenbedingungen

Das Testament ist wie der Erbvertrag eine Verfügung von Todes wegen, d. h. eine Regelung für den Erbfall. Das sogenannte Unternehmertestament ist dabei keine spezielle Art Testament, sondern ist dadurch gekennzeichnet, dass es erbrechtliche, familienrechtliche, gesellschaftsrechtliche und steuerrechtliche Aspekte in sich vereint. Probleme bei der Gestaltung eines Unternehmertestaments bereitet insbesondere der zu vollziehende Spagat zwischen einer erfolgreichen Fortführung des Unternehmens einerseits und der Sicherstellung einer gerechten Verteilung des Vermögens innerhalb der erbberechtigten Familienmitglieder andererseits.

Gewillkürte Erbfolge hat Vorrang

Die gewillkürte Erbfolge (Testament und Erbvertrag) hat Vorrang vor der gesetzlichen Erbfolge, § 1937 BGB. Nach der im Erbrecht geltenden Testierfreiheit kann der Unternehmer als Erblasser den Inhalt seiner Verfügung von Todes wegen grundsätzlich frei bestimmen. Er kann das Testament entweder selbst durch eine eigenhändig geschriebene und unterschriebene Erklärung erstellen, § 2247 Abs. 1 BGB (eigenhändiges Testament), oder er kann sich an einen Notar wenden, § 2232 BGB (öffentliches bzw. notarielles Testament).

! Achtung

Zahlreiche Testamente scheitern an den Formvorschriften. So ist z. B. ein mit dem Computer geschriebenes Testament mit eigenhändiger Unterschrift unwirksam. Als Folge eines ungültigen Testaments greift die gesetzliche Erbfolge.

So gestaltet sich die gesetzliche Erbfolge

Die gesetzliche Erbfolge tritt also ein, wenn kein Erbvertrag vorliegt, kein Testament errichtet wurde oder ein an einem Formmangel leidendes Testament gestaltet wurde. Gesetzliche Erben sind die Verwandten des Erblassers sowie der überlebende Ehegatte. Mit dem Erblasser verwandt ist jeder, der von ihm oder von derselben dritten Person abstammt. Das Gesetz teilt die Verwandten in Erbenordnungen ein und differenziert wie folgt:

- **1. Ordnung:** Abkömmlinge des Erblassers, § 1924 BGB, (alle vom Erblasser abstammenden Personen, d. h. Kinder einschließlich der nicht ehelichen und der adoptierten Kinder, Enkel, Urenkel usw.)
- **2. Ordnung:** Eltern des Erblassers und deren Abkömmlinge, § 1925 BGB, (Vater, Mutter, Bruder, Schwester, Neffe, Nichte, Großneffe, Großnichte usw.). Leben zurzeit des Erbfalls beide Eltern noch, so erben deren Kinder (Geschwister des Erblassers) nichts. Lebt noch ein Elternteil, so bekommt dieser die Hälfte, und der Rest wird auf die Abkömmlinge des verstorbenen Elternteils aufgeteilt. Wenn keine Kinder existieren, erbt der überlebende Elternteil allein.

- **3. Ordnung:** Großeltern des Erblassers und deren Abkömmlinge, § 1926 BGB (Großvater, Großmutter, Onkel, Tante, Cousin, Cousine usw.)
- **4. Ordnung:** Urgroßeltern des Erblassers und deren Abkömmlinge (Urgroßvater, Urgroßmutter, Großonkel, Großtante usw.), § 1928 BGB
- **5. fernere Ordnungen:** entferntere Voreltern des Erblassers und deren Abkömmlinge, § 1929 BGB

Unternehmer sollte sich für einen Nachfolger entscheiden

Grundsätzlich sollte die Unternehmensnachfolge zu Lebzeiten des Unternehmers unter Einbeziehung aller pflichtteilsberechtigten Familienangehörigen vertraglich im Wege der vorweggenommenen Erbfolge geregelt werden. Dieses Vorgehen setzt jedoch zwingend voraus, dass der oder die Nachfolger bereits feststehen. Häufig sind die potenziellen Nachfolger aber noch zu jung und unerfahren, um die herausfordernde und verantwortungsvolle Aufgabe der Unternehmensnachfolge erfolgreich antreten zu können. In einem solchen Fall muss der Unternehmer durch Testament oder Erbvertrag gewährleisten, dass nach seinem Ableben das Unternehmen bis zum Zeitpunkt des Findens eines geeigneten Nachfolgers fortgeführt wird.

Tipp

Für den in der Praxis nicht selten anzutreffenden Fall, dass der vorgesehene Nachfolger zum Zeitpunkt des Erbfalls für die Unternehmensführung noch zu unerfahren ist, kann der Unternehmer Vorsorge treffen, indem er Testamentsvollstreckung anordnet und einen sachkundigen Testamentsvollstrecker benennt.

Teilungsanordnung sorgt für klare Verhältnisse

Von einer Verteilung der „Nachfolgelast“ auf mehrere Geschwisterschultern ist nach den Erfahrungen aus der Praxis in den überwiegenden Fällen abzuraten, weil die gemeinsame Unternehmensfortführung großes Konfliktpotenzial birgt. Sofern die Unternehmensnachfolge in der Familie stattfinden soll, sollte im Regelfall das Testament des Unternehmers so ausgestaltet werden, dass dem Nachfolger das gesamte Unternehmen bzw. die Unternehmensmehrheit zugewendet wird. Gegebenenfalls kann ein Ausgleich für die übrigen Angehörigen vorgesehen werden. Fällt das Unternehmen bei Fehlen einer entsprechenden Regelung an eine u. U. zerstrittene Erbengemeinschaft, so besteht die Gefahr, dass das Unternehmen seine Handlungsfähigkeit verliert und somit die Weiterführung des Betriebs gefährdet ist.

Falls dennoch mehrere Geschwister die Unternehmensnachfolge gemeinsam antreten, sollte bereits im Testament eine sogenannte Teilungsanordnung vorgenommen werden. Diese regelt, welche Aufgaben welcher Unternehmensnachfolger konkret zu übernehmen hat. Zur Durchsetzung dieser Teilungsanordnung bietet sich eine Testamentsvollstreckung an.

Pflichtteilsrecht setzt Testierfreiheit Grenzen

Das Gesetz sieht für nahe Angehörige ein Pflichtteilsrecht vor. Wenn Eltern, der Ehegatte oder Abkömmlinge ohne Verfügung von Todes wegen, also im Falle des Eintritts der gesetzlichen Erbfolge, Erben geworden wären, haben sie Anspruch auf eine gesetzliche Abfindung. Der Pflichtteil ist ein persönlicher Anspruch auf Zahlung eines Geldbetrags in Höhe der Hälfte des Werts des gesetzlichen Erbteils im Zeitpunkt des Erbfalls. Der Pflichtteil kann nur unter bestimmten engen Voraussetzungen entzogen werden.

1.2.2.2 Steuerliche Rahmenbedingungen

a) Erbschaftsteuer

Grundsätzlich gilt, dass ein Testament nicht mit dem Ziel gestaltet werden sollte, möglichst viel Erbschaftsteuer zu sparen. In erster Linie sollte es nach familiären und vermögensrechtlichen Aspekten gestaltet werden, während sich die steuerliche Komponente dem anschließt.

Diese Faktoren bestimmen die Erbschaftsteuerlast

Die Höhe der Erbschaftsteuerpflicht hängt insbesondere von drei Gesichtspunkten ab:

1. dem persönlichen Verhältnis, in dem der Erblasser und der durch den erbschaftsteuerpflichtigen Vorgang begünstigte Erbe zueinander standen,
2. dem Wert, der durch den erbschaftsteuerpflichtigen Vorgang beim Begünstigten eingetretenen Bereicherung, und
3. der Frage, ob es sich bei dem vererbten Vermögen um Betriebsvermögen, um der Ausübung eines freien Berufs dienende Wirtschaftgüter oder um 25 % übersteigende Anteile an einer Kapitalgesellschaft handelt.

Bis zu 500.000 Euro steuerfrei

Der Gesetzgeber gesteht Freibeträge zu, die jedoch nicht für alle Angehörigen einer Steuerklasse gleich hoch sind, vielmehr wird deutlich differenziert. Die wichtigsten Freibeträge sind:

Steuerklassen und -freibeträge		
Verwandtschaftsgrad	**Steuerklasse**	**Freibetrag in Euro**
Ehegatten und eingetragene Lebenspartner	I	500.000
Kinder und Stiefkinder bzw. deren Kinder, falls erstere bereits verstorben sind	I	400.000
Enkel	I	200.000
Eltern und Großeltern	I	100.000
geschiedene Ehegatten, Geschwister, Stiefeltern, Schwiegereltern, Schwiegerkinder, Nichten und Neffen	II	20.000
alle übrigen Personen	III	20.000

Abb.: Steuerklassen und -freibeträge

c) Progressive Steuersätze nach Steuerklassen

Der auf die ermittelte Bemessungsgrundlage anzuwendende Steuersatz richtet sich nach der Steuerklasse des durch den erbschaftsteuerpflichtigen Vorgang Begünstigten. Dabei handelt es sich nicht um einen einheitlichen, sondern um einen progressiven Steuersatz.

Steuerpflichtiger Erwerb in Euro bis	Steuersätze bei Steuerklasse		
	I	II	III
75.000	7 %	15 %	30 %
300.000	11 %	20 %	30 %
600.000	15 %	25 %	30 %
6.000.000	19 %	30 %	30 %
13.000.000	23 %	35 %	50 %
26.000.000	27 %	40 %	50 %
über 26.000.000	30 %	43 %	50 %

Abb.: Progressive Steuersätze nach Steuerklassen

Werden bei der Unternehmensnachfolge Vermögenswerte des Unternehmens in das Privatvermögen überführt, so liegt ein steuerpflichtiger Entnahmegewinn vor. Dies führt dazu, dass die sich in den stillen Reserven befindlichen Vermögenswerte vollständig und unmittelbar zu versteuern sind. Es muss also unbedingt darauf geachtet werden, dass das gesamte Betriebsvermögen auch nach dem Erbfall in dem Unternehmen verbleibt. Andersherum muss auch darauf geachtet werden, dass Privatvermögen im Erbfall nicht zum Betriebsvermögen wird.

b) Ertragsteuer (Einkommensteuer und Körperschaftsteuer)

Bei der Gestaltung eines Unternehmertestaments sind nicht nur erbschaftsteuerliche Aspekte, sondern auch etwaige Ertragsteuern zu beachten. Kommt es z. B. im Zuge einer Unternehmensnachfolge zu einer Überführung von Betriebsvermögen in Privatvermögen, so liegt ein Entnahmegewinn vor, der dazu führt, dass die in diesem Gegenstand befindlichen stillen Reserven unmittelbar und vollständig zu versteuern sind. Eine Heilung dieses Mangels ist grundsätzlich nicht möglich. Es ist deshalb unbedingt darauf zu achten, dass auch nach dem Erbfall das gesamte Betriebsvermögen in dem Unternehmen verbleibt. Umgekehrt darf kein Privatvermögen im Erbfall zum Betriebsvermögen werden.

Der Übergang des Unternehmens auf die Erben ist grundsätzlich keine Veräußerung i. S. d. § 16 Abs. 1 EStG und auch keine Betriebsaufgabe i. S. d. § 16 Abs. 3 EStG, wenn die Erben den Betrieb ohne Aufdeckung stiller Reserven als Erbengemeinschaft fortführen.

Aufdeckung stiller Reserven hat kostspielige Folgen

Bei der Differenzierung zwischen Betriebsvermögen und Privatvermögen kommt es auf die steuerrechtliche Bedeutung der Begriffe an. Privat gehaltenes Vermögen kann aus steuerlicher Sicht als Betriebsvermögen gelten. Wird steuerliches Betriebsvermögen an einen Nichtunternehmensnachfolger vererbt, so handelt es sich hierbei stets um eine Entnahme dieser Vermögensgegenstände mit der Folge, dass etwaige stille Reserven aufzudecken und zu versteuern sind.

1.2.2.3 Betriebswirtschaftliche Rahmenbedingungen

Bei der Ausgestaltung des Unternehmertestaments ist insbesondere auf eine „saubere“ Einsetzung des Unternehmensnachfolgers unter Berücksichtigung steuerlicher Aspekte zu achten. Ist absehbar, dass Steuern anfallen werden, gilt es, bereits bei der Testamentsgestaltung aufzuzeigen, aus welchen Vermögensmassen die Steuer geleistet werden kann. Ein Nachfolger sollte zu Beginn seiner Unternehmerschaft nicht dazu gezwungen sein, betriebserforderliche Anlagegegenstände zu versilbern, um die Steuerschuld tilgen zu können, wenn dadurch in der Folge die Fortführung des Unternehmens gefährdet ist.

1.3 Erbvertrag

Die häufig von Unternehmern gestellte Frage, welche Form der letztwilligen Verfügung für die Unternehmensnachfolge von Todes wegen die bessere Variante darstellt, kann nicht pauschal beantwortet werden. Die Beantwortung dieser Frage hängt insbesondere von den konkreten betrieblichen Gegebenheiten, den individuellen Wünschen des Unternehmers und der familiären Situation ab. Im Rahmen der Entscheidungsfindung ist es wichtig, dass der Unternehmer versteht, wo die wesentlichen Unterschiede zwischen Testament und Erbvertrag liegen und welche Form der letztwilligen Verfügung deshalb besser auf seine individuelle Lebens- und Berufssituation passt.

Nur Volljährige können Erbvertrag abschließen

Der Erbvertrag ist ein zweiseitig bindendes Rechtsgeschäft, das der notariellen Beurkundung bei gleichzeitiger Anwesenheit der Vertragspartner bedarf, § 2276 Abs. 1 BGB. Der Abschluss eines Erbvertrags setzt Testierfähigkeit nach § 2229 Abs. 4 BGB und die volle Geschäftsfähigkeit voraus. Die volle Testierfähigkeit beginnt mit Vollendung des 18. Lebensjahres.

Widerruf ausgeschlossen

Im Gegensatz zu einem Testament, das der Erblasser jederzeit ändern kann, sind der Unternehmer und sein Vertragspartner durch Abschluss eines Erbvertrags an die darin enthaltenen Vereinbarungen gebunden. Änderungen des Erbvertrags sind grundsätzlich nur einvernehmlich möglich, d. h., die bindenden Regelungen im Erbvertrag können nicht frei und einseitig widerrufen werden.

Die Bindungswirkung des Erbvertrags ist also so stark, dass ohne Mitwirkung des Vertragspartners keine vom Inhalt des Erbvertrags abweichenden testamentarischen oder erbvertraglichen Verfügungen, die der Bindungswirkung unterliegen, getroffen werden können.

Tipp

Dieser Umstand vermittelt den Vertragsparteien eine gewisse Sicherheit, die insbesondere dann von Bedeutung ist, wenn der eine Vertragspartner eine Gegenleistung (z. B. Leibrente) dafür erbringt, dass er im Todesfall der Erbe des anderen Vertragspartners wird.

Erbvertrag ermöglicht schrittweisen Einstieg des Nachfolgers in das Unternehmen

Durch einen Erbvertrag kann der Unternehmer mit bindender Wirkung Erben einsetzen, Vermächtnisse oder Auflagen anordnen. Andere Verfügungen können vertragsmäßig nicht getroffen werden, § 2278 Abs. 2 BGB. Das Testament bietet bezüglich der Verfügungsbefugnis mehr Optionen.

Mit einem Erbvertrag kann ein Unternehmen Schritt für Schritt an den Nachfolger übergeben werden. Die endgültige Betriebsübergabe erfolgt dann zum Zeitpunkt des Todes des Testierenden.

Mit dem Erbvertrag können Nachfolger frühzeitig ins Boot geholt werden

Die Möglichkeit, den oder die Erben noch zu Lebzeiten des Unternehmers am Unternehmen zu beteiligen, ist ein Vorteil des Erbvertrags gegenüber dem Testament. Der Abschluss eines Erbvertrags erfordert bereits zu Lebzeiten des Erblassers die Klärung sämtlicher Fragen zum Nachlass. Erfahrungsgemäß trägt dies zur Konfliktvermeidung unter den Erben bei.

Vertragsanpassung beim Erbvertrag kann lange dauern und kostet Gebühren

Die erbvertragliche Bindung schränkt den Unternehmer in seiner Verfügungsfreiheit und Testierfreiheit ein, weil der Erbvertrag nur mit Zustimmung aller Beteiligten geändert oder aufgehoben werden kann. Die vertragliche Anpassung an veränderte Umstände kann sich deshalb schwierig gestalten. Darüber hinaus bedarf jede Änderung des Erbvertrags zu ihrer Rechtswirksamkeit der notariellen Beurkundung, sodass stets Notargebühren anfallen.

Tipp

Der Erbvertrag als letztwillige Verfügung bietet sich v. a. an, wenn die Unternehmensnachfolge und die Verteilung des Erbes zwischen dem Nachfolger und den übrigen Erben bereits zu Lebzeiten des Erblassers endgültig geregelt werden sollen. In einem solchen Fall kann der Erbvertrag mit anderen Gestaltungsformen, z. B. einem Pflichtteilsverzicht oder einer Schenkung, kombiniert werden, um Konfliktpotenzial erst gar nicht entstehen zu lassen.

Anfechtungsmöglichkeit ersetzt Widerrufsrecht

Ein Erbvertrag kann vom Erblasser angefochten werden. Bei vertraglichen Verfügungen von Todes wegen richtet sich die Anfechtung nach den §§ 2281 ff. BGB. Der Erblasser kann, wie oben bereits erwähnt, diese Verfügungen zwar nicht einseitig widerrufen, hat aber die Möglichkeit zur Anfechtung (Selbstanfechtung).

Hinweis

Die Anfechtung bietet dem Erblasser die letzte Möglichkeit, bereits getroffene Verfügungen rückgängig zu machen.

Anfechtung beseitigt Fehleinschätzung des Erblassers

Der Erbvertrag kann aufgrund der §§ 2078 ff. BGB von den Parteien des Erbvertrags und im Falle des § 2079 BGB vom Pflichtteilsberechtigten angefochten werden. Als Anfechtungsgründe kommen in Betracht:

- Irrtum über die Bedeutung der Erklärung
- Drohung
- Vergrößerung des Kreises der Pflichtteilsberechtigten

Der Erbvertrag oder einzelne vertragsmäßige Verfügungen sind beispielsweise anfechtbar, wenn

- der Erblasser vom Begünstigten schwer enttäuscht wurde,
- der Begünstigte mit einer Strafanzeige droht (selbst wenn die Strafanzeige in der Sache selbst gerechtfertigt wäre),
- der Begünstigte seine vereinbarten Pflichten grob verletzt und beispielsweise den Unterhalt nicht wie vorgesehen bezahlt,
- der Begünstigte den Erblasser durch eine widerrechtliche Drohung oder durch körperliche Gewalt zum Abschluss des Erbvertrags bewegt hat,
- der Erblasser Pflichtteilsberechtigte in Unkenntnis deren Pflichtteilsansprüche übergangen hat,
- der Erblasser Pflichtteilsberechtigte bei Abschluss des Erbvertrags nicht kannte oder
- Pflichtteilsberechtigte später hinzugekommen sind.

Vieles spricht für den Erbvertrag

Der Erbvertrag ist in vielen Fällen als Instrument für die Gestaltung der Unternehmensnachfolge geeignet. Im Gegensatz zum Testament bietet er dem Unternehmensnachfolger, wie auch anderen Erbbeteiligten (Ehegatte, Kinder und Enkel), größere Sicherheit als ein jederzeit widerrufliches Testament. Ein weiterer Vorteil – v. a. gegenüber der in der Praxis weit verbreiteten vorweggenommenen Erbfolge zu Lebzeiten – besteht darin, dass der Unternehmer seine Stellung nicht schon zu Lebzeiten aufgeben muss, sondern vielmehr die Möglichkeit hat, die künftigen Erben durch den Erbvertrag frühzeitig in die unternehmerischen Planungen mit einzubeziehen und etwaige Problemfelder so bereits im Vorfeld mit allen Beteiligten zu klären.

1.4 Gründung einer vermögensverwaltenden Familiengesellschaft (Familienpool)

Unternehmer bevorzugen erfahrungsgemäß eine sich Schritt für Schritt vollziehende Betriebsübergabe. Eine diesem Ziel dienende klassische Form der Unternehmensübertragung ist die schrittweise gesellschaftsrechtliche Beteiligung innerhalb der Familie. Sie kann entweder im Rahmen eines Kaufs oder einer Schenkung vollzogen werden.

Familienvermögen fließt in Gesellschaft

Insbesondere für größere Familienvermögen mit Immobilienbesitz bietet sich eine vermögensverwaltende Familiengesellschaft - auch Familienpool genannt - an. Das Familienvermögen wird in eine Gesellschaft eingebracht. Die Gesellschaft ist Eigentümer der vorhandenen Immobilien und wird grundsätzlich als solche ins Grundbuch eingetragen. Gesellschafter sind die Familienmitglieder, also Eltern, Kinder, Enkel etc.

Unternehmer können durch eine frühzeitige und sorgfältige Nachfolgeplanung Kosten sparen. Eine zu Lebzeiten erfolgende Vermögensübertragung bei Immobilienvermögen verhindert die Entstehung einer zu großen Steuerlast. Weitere Argumente für die Gründung eines Familienpools sind:

- frühzeitige und gerechte Regelung der Vermögensnachfolge
- Ausnutzung der Freibeträge (Erbschaft- und Schenkungsteuer)
- Verfügungsgewalt verbleibt auch nach der Vermögensübertragung an die Kinder beim Unternehmer (Eltern)
- Bündelung des Vermögens innerhalb der Familie

✔ Beispiel

Eine junge Betriebswirtschaftlerin stellte sich nach Abschluss ihres Studiums die Frage, ob sie in das Familienunternehmen einsteigen oder eine berufliche Karriere außerhalb des elterlichen Betriebs beginnen soll. Für den Eintritt in das Unternehmen ihres Vaters stellte sie die Bedingung, dass ihr Mitspracherechte bei der Unternehmensführung zugesichert werden. Darüber hinaus äußerte sie den Wunsch, in der Zukunft das Unternehmen eigenständig leiten zu wollen. Die Eltern erklärten sich mit den Wünschen ihrer Tochter grundsätzlich einverstanden. Der Vater bestand jedoch darauf, die Unternehmensführung erst in ein paar Jahren an die Tochter abgeben zu wollen. Zu diesem Zweck entschieden die Eltern, eine KG zu grunden.

GmbH und KG bieten sich für schrittweise Nachfolge an

Mit der Hilfe von Tantiemen und Gewinnbeteiligungen kann die Tochter Kapital ansparen, um weitere Gesellschaftsanteile zu erwerben. Darüber hinaus können die Eltern Gesellschaftsanteile in Form einer Schenkung auf ihre Tochter übertragen. Somit gehen die Geschäftsanteile nach und nach auf die Nachfolgerin über, bis die Übergabe vollständig vollzogen ist.

Der Unternehmer hat zunächst noch entscheidenden Einfluss auf die Unternehmensführung. Erst wenn die Tochter genügend Erfahrung gesammelt hat, wird ihr Einfluss zunehmen, und der Vater wird sich nach und nach zurückziehen.

Die frühzeitige Beteiligung eines Familienmitglieds am Unternehmen bietet allen Beteiligten die Chance, zu prüfen, ob der auserwählte Nachfolger über die erforderliche Qualifikation und das notwendige Know-how verfügt, um das Unternehmen erfolgreich weiterzuführen. Beachten Sie, dass für eine schrittweise Übertragung auf den Nachfolger die KG und GmbH besonders geeignet sind, weil diese Gesellschaftsformen unproblematisch errichtet werden können und eine Haftungsbeschränkung des neu eintretenden Gesellschafters ermöglichen.

Sämtliche Gesellschaftsformen kommen in Betracht

Ein Familienpool ist grundsätzlich zur Übertragung und Sicherung von Immobilien und Kapitalvermögen geeignet. Auch hier bestimmt die Art und die Größe des Vermögens die Rechtsform. Ein Familienpool kann in Form einer GbR, einer KG, einer GmbH & Co. KG oder einer GmbH konzipiert werden. Welche Gesellschaftsform die richtige ist, hängt außer von der Größe des Vermögens auch von den beteiligten Familienmitgliedern und deren Alter ab.

2. Familienexterne Nachfolge

Das Institut für Mittelstandsforschung (IfM) schätzt, dass in mehr als 70.000 Familienunternehmen jährlich die Regelung der Nachfolge ansteht. Für die meisten Unternehmer ist bezüglich der Nachfolge die eigene Familie sicherlich die erste Wahl. Bei nur der Hälfte – manche Untersuchungen sprechen sogar nur von einem Drittel – der Unternehmen wird allerdings gegenwärtig tatsächlich eine familieninterne Nachfolge vollzogen. Wenn eine interne Alternative aber – aus welchen Gründen auch immer – versperrt ist, muss von Unternehmern oder Beratern eine externe Lösung gesucht werden. Infrage kommen hier die folgenden Optionen:

Unternehmensverkauf gegen Einmalzahlung

Hierbei wird das Unternehmen gegen eine einmalige Zahlung an einen externen Nachfolger verkauft. Bei dieser Variante ist der Unternehmenssenior nicht vom unternehmerischen Geschick des Nachfolgers abhängig – er erhält für sein Unternehmen ja sofort den Kaufpreis.

Unternehmensverkauf gegen wiederkehrende Leistungen

Dabei muss der Unternehmenskäufer den vereinbarten Kaufpreis nicht auf einen Schlag zahlen, er kann ihn auf Basis einer Rente, Raten oder der sogenannten dauernden Last über einen längeren, entsprechend bestimmten Zeitraum entrichten. Der Unternehmensverkäufer riskiert allerdings, dass die Zahlungen vom wirtschaftlichen Erfolg des Nachfolgers abhängig sind. Werden keine diesbezüglichen Sicherungsmaßnahmen getroffen, kann ein Totalausfall der vereinbarten Zahlungen nicht ausgeschlossen werden. Für den Käufer bietet dieses Modell den Vorzug, dass er gegebenenfalls auf eine Fremdfinanzierung verzichten kann.

Management Buy-Out (MBO)

Eine nicht selten praktizierte Art des Unternehmensverkaufs stellt das sogenannte Management Buy-Out dar. Hier kauft ein Teil oder auch die komplette Führungsriege das Unternehmen. Für den Käufer bietet dies den Vorteil, dass er bzw. sie das Kaufobjekt von innen her kennen. Für den Verkäufer können sich aufgrund der Vertrautheit mit den Übernehmern Vorteile ergeben, dies ist allerdings nicht zwingend.

Management Buy-In (MBI)

Wenn ein Unternehmen dagegen von externen Managern übernommen wird, nennt man dies Management Buy-In. Im Grunde stellt der MBI eine Variante des Unternehmenskaufs gegen Einmalzahlung dar.

Fremdgeschäftsführer

Wenn sich ein Unternehmenseigner nicht endgültig vom Unternehmen trennen, sich aber aus der aktiven Geschäftstätigkeit zurückziehen möchte, kann der Einsatz eines Fremdgeschäftsführers lohnenswert sein. Allerdings ist eine derartige Lösung mit hohen Personalkosten verbunden und meist nur ein Zwischenschritt - wenn der Fremdgeschäftsführer nicht auch für die Erben weiterarbeiten soll.

Schrittweise Übertragung durch Gründung einer Personen- oder Kapitalgesellschaft

Die schrittweise Übertragung eines Einzelunternehmens an familienexterne Personen kann gegebenenfalls durch die Gründung einer Personen- oder Kapitalgesellschaft erfolgen, an der der Käufer als Mitgesellschafter beteiligt wird.

Verpachtung

In allen Fällen der Veräußerung des Unternehmens – wie auch im Fall der Schenkung – geht das Eigentum unwiderruflich an den Nachfolger über. Ist der Unternehmer nicht bereit, diesen endgültigen Schritt zu gehen, besteht auch die Möglichkeit, das Unternehmen lediglich zu verpachten.

Vermietung

Eine weitere Variante stellt die Vermietung der Betriebsräume dar. Im Unterschied zur Verpachtung kauft hier der Nachfolger in diesem Fall beispielsweise das Inventar bzw. bestimmte Maschinen.

Die Realisierung einer familienexternen Nachfolge gestaltet sich deutlich schwieriger als die einer familieninternen Lösung. Dies belegt auch der Forschungsbericht des Instituts für Mittelstandsforschung (IfM) „Familienexterne Nachfolge – Das Zusammenfinden von Übergebern und Übernehmern", der vom Bundeswirtschaftsministerium unter der Nr. 573 veröffentlicht wird. Die Studie wird in diesem Kapitel immer wieder zitiert, da sie in Deutschland derzeit einzigartig ist.

2.1 Praxisfall

Der Unternehmenseignor ist ein 64-jähriger Maschinenbau-Ingenieur, er führt das Unternehmen in zweiter Generation. Beim Unternehmen handelt es sich um einen Metallverarbeitungsbetrieb, der bestens eingeführt ist und zwei umsatzstarke Schlüsselkunden aus der Automobilzulieferindustrie besitzt. Der Unternehmensschwerpunkt liegt in erster Linie in der Metallbearbeitung (Bohren, Drehen, Fräsen). Die Hauptkunden beziehen vom Unternehmen v. a. Einzelteile für Spezialmaschinen sowie Kleinserien. Eine Vielzahl von kleineren Kunden bestellt diverse Reparaturteile für Verpackungsmaschinen. Im Unternehmen sind neben dem Unternehmenseigner noch acht Vollzeitmitarbeiter und drei Teilzeitkräfte beschäftigt. Die Lohnkosten betragen jährlich durchschnittlich 320.000 Euro. Die Umsatzgröße lag in den letzten drei Jahren im Schnitt bei 950.000 Euro, allerdings musste das Unternehmen in 2009 einen Umsatzeinbruch von 25 % hinnehmen, der aber 2010 wieder ausgeglichen werden konnte. Der Unternehmer hatte gehofft, dass eine seiner beiden Töchter die Firma übernehmen wollte und könnte. Obwohl eine der Töchter ein BWL-Studium abgeschlossen hat, lehnt sie eine Tätigkeit im elterlichen Betrieb kategorisch ab. Die andere Tochter ist Mutter von vier Kindern und steht für eine Nachfolge auch nicht zur Verfügung. Das Unternehmen befindet sich auf einem der Firma gehörenden Betriebsgrundstück, welches lastenfrei ist. Die Maschinen befinden sich in technischer Hinsicht in einem guten Zustand, allerdings müssten zwei Fräsmaschinen mittelfristig durch leistungsfähigere Varianten ersetzt werden. Die Kosten dafür betragen ca. 1,5 Mio. Euro. Der Betrieb selbst ist nahezu schuldenfrei, Ende 2015 ist ein Betriebsmittelkredit der örtlichen Sparkasse mit einer Restsumme von 250.000 Euro abgelöst. Der Unternehmer zahlt hierfür 6.500 Euro monatlich an Zinsen und Tilgung.

Der Unternehmer möchte das Unternehmen daher verkaufen. Der dort angestellte Industriemeister hat sein Angebot einer Unternehmensübernahme aufgrund mangelnder kaufmännischer Kenntnisse abgelehnt. Der Unternehmer ist v. a. an einer Regelung interessiert, die ihm zusätzlich zum Kaufpreis auch langfristig regelmäßige Einnahmen sichern soll.

Im weiteren Verlauf dieses Kapitels wird auf den Praxisfall zurückgegriffen werden.

2.2 Unternehmensnachfolge als Phasenmodell

Wie schon in der Einleitung dargestellt, sollte das Problem der Unternehmensnachfolge als strukturierter Prozess angegangen werden. Dieser lässt sich bei der externen Variante in verschiedene Phasen unterteilen:

- Entscheidungsphase
- Matchingphase
  - Suchphase
  - Verhandlungsphase
- Übergangsphase
- Rückzugsphase

Anhand der auf der nächsten Seite stehenden Grafik wird auf den ersten Blick deutlich, warum bei der externen Lösung immer eine sogenannte Matching- und Suchphase erforderlich ist.

2.3 Matching – das Verfahren zur Beurteilung des Nachfolgers

Die Suche nach dem passenden Unternehmensnachfolger wird als Matching bezeichnet. Dieser Begriff wurde 1909 von Frank Parsons geprägt und kommt eigentlich aus dem Bereich der Arbeitsvermittlung. Er bezeichnet das Übereinstimmen von Anforderungen der Aufgabe mit den persönlichen Fähigkeiten und Kompetenzen eines Bewerbers. Auf die Unternehmensnachfolge übertragen, bezieht sich Matching auf den Abgleich zwischen den Anforderungen des Unternehmers an den potenziellen externen Nachfolger. Wenn ein solcher gefunden ist, sollte zumindest kurz- und mittelfristig das Fortbestehen

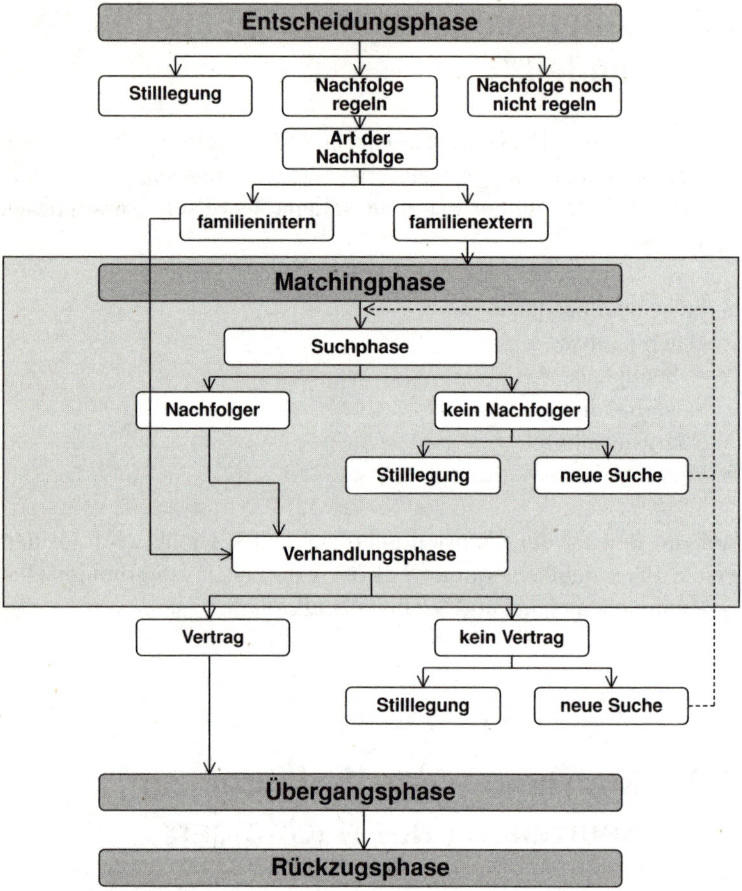

Abb.: Phasenmodel der Nachfolge

des Unternehmens sichergestellt sein. Darüber hinaus entscheidet sich mit der Auswahl aber auch, wie „gut" das Unternehmen fortgeführt wird. Daraus folgt, dass das Matching nicht nur für die eigentliche Nachfolge, sondern auch für die Zukunftsfähigkeit des Unternehmens und die Qualität der neuen Unternehmensführung maßgeblich ist. In der o. g. IfM-Studie ist die Suchphase des Matchings im Hinblick auf das jeweilige Vorgehen der Eigentümer deshalb gründlich analysiert worden.

Nachfolgersuche in drei Schritten

Ziel der Suche ist es, im ersten Schritt eine Vorauswahl an potenziell übernahmeinteressierten Personen oder Unternehmen vorzunehmen, von denen dann im zweiten Schritt der jeweilige Kandidat oder mehrere Kandidaten für erste Verhandlungen ausgewählt wird/werden. In diesen und den sich anschließenden konkreten Verhandlungen sollte dann der endgültige Nachfolger gefunden werden (dritter Schritt). Kommt es zu keiner Lösung, muss der Kreislauf von Neuem gestartet werden.

Viele Suchwege sind möglich

In der Praxis bieten sich verschiedene Wege der Suche nach einem Nachfolger. Hier lässt sich zunächst nach direkter und indirekter Suche unterscheiden. Bei der direkten Suche wendet sich der Unternehmer unmittelbar an entsprechende

- Personen,
- Unternehmen oder
- Investoren

und erkundigt sich, ob Interesse am Erwerb des Unternehmens besteht. Die umgekehrte Variante, dass ein Übernahmeinteressierter auf seiner Suche einen Unternehmenseigner kontaktiert, ist selbstverständlich auch möglich. Die indirekte Suche besteht im Schalten von Inseraten in entsprechenden Zeitungen, Branchenpublikationen oder auf Internetportalen bzw. -börsen.

Die Forschungsstudie des IfM ergab, dass Unternehmer meist drei unterschiedliche Suchwege parallel bzw. mit zeitlichem Abstand nutzen.

1) Die Mehrheit der Unternehmer (77,4 %) schaltet nach eigenen Angaben Dritte ein.
2) 40,3 % der Unternehmenseigner nutzen ein Inserat.
3) 33,3 % kontaktieren direkt potenzielle Nachfolger.

In Zusammenhang mit dieser Frage ergab sich umgekehrt, dass 12,5 % der befragten Übernahmeinteressierten sich direkt an einen Unternehmer wenden.

Die Einschaltung Dritter ist bei der Suche die beliebteste Variante

Anhand der IfM-Studie wird deutlich, dass bei der Einschaltung Dritter zur Nachfolgersuche die Unternehmensberater an der Spitze stehen. Fast die Hälfte der befragten Unternehmer wenden sich an diese Berufsgruppe. An zweiter Stelle stehen mit knapp 46 % die Kammern (23,7 % IHK bzw. 21,9 % HWK), auf dem dritten Platz stehen Freunde, Bekannte bzw. Geschäftsfreunde.

Tipp

Nach Meinung des IfM stützt dies die bislang nur in der Fachliteratur geäußerte These, dass Unternehmer eine Nachfolgersuche unter Ausschluss der Öffentlichkeit präferieren, um Lieferanten, Kunden und Mitarbeiter aufgrund der ungelösten Nachfolgerproblematik nicht zu verunsichern und daraus resultierende geschäftliche Nachteile zu vermeiden.

Nur etwa jedes fünfte Unternehmen nutzt dagegen Online-Unternehmensbörsen wie beispielsweise nexxt-change (**www.nexxt-change.org**). Allerdings dürften mit der zunehmenden Verbreitung des Internets hier Zuwächse zu verzeichnen sein, da durch die Anonymität des Netzes eine Kontaktaufnahme besser verborgen bleiben kann.

Nachfolgend eine Übersicht der zur Suche eingeschalteten Dritten.

Unternehmensberater	46,8 %
IHK, HWK	45,6 %
Freunde, Bekannte, Geschäftsfreunde	30,3 %
Online-Börsen	20,4 %
Steuerberater und Wirtschaftsprüfer	17,7 %
Berufsverbände	13,5 %
Banken und Sparkassen	12,6 %
Wirtschaftsförderungseinrichtungen	3,6 %
Rechtsanwälte, Notare	3 %
Headhunter, Personalberater	1,8 %
Rationalisierungs- und Innovationszentrum der Deutschen Wirtschaft e. V.	1,2 %
Hochschulen und Weiterbildungseinrichtungen	1,2 %
sonstige Suche über Dritte	1,2 %

Abb.: Quellen bezüglich einer externen Nachfolgersuche

2.4 Die Kriterien für die Auswahl des externen Nachfolgers

Wenn die Übernahmeinteressierten gefunden und identifiziert sind, kommt es prozesstechnisch im nächsten Schritt des Matchings zu einer Überprüfung der infrage kommenden Kandidaten mit den vom Unternehmer gestellten Anforderungen. Dazu ist es zunächst erforderlich, die entsprechenden Anforderungen zu definieren.

Übergabeziele können individuell unterschiedlich sein

Selbstverständlich entscheidet immer der individuelle Unternehmenseigner und das jeweilige Unternehmen darüber, welche Maßstäbe im Einzelfall an einen Nachfolgekandidaten angelegt werden. Ausschlaggebend ist aber immer eine Definition der sogenannten Übergabeziele. Infrage kommen hier die folgenden Ausrichtungen:

- Das Familienvermögen muss gesichert sein.
- Der Bestand des Unternehmens soll gewährleistet werden.
- Die Nachfolgeregelung soll steuerlich und erbrechtlich möglichst günstig sein.
- Arbeitsplätze sollen nicht gefährdet werden.

Welche Gewichtung diesen - meist nebeneinander stehenden - Zielen vom Unternehmer beigemessen wird, ist natürlich immer vom individuellen Einzelfall abhängig.

IfM-Studie hat Kriterien wissenschaftlich analysiert

Der Forschungsbericht des IfM hat die Auswahlkriterien bezüglich der externen Nachfolgersuche wissenschaftlich ausgewertet. Danach kommt bezüglich der Anforderungen, die die Eigentümer bei der

Auswahl geeigneter Nachfolger aus der Gesamtheit aller gefundenen Übernahmeinteressierten festlegen, der beruflichen Qualifikation die größte Bedeutung zu. Fast genauso bedeutsam sind Branchen- und Berufserfahrung. Führungserfahrung sowie der „passenden Chemie" zwischen den Parteien wird diesbezüglich geringere Bedeutung zugemessen. Auslandserfahrung ist für die wenigsten Unternehmenseigner ein Schlüsselkriterium. Aus diesen Ergebnissen lässt sich für die Praxis die folgende Checkliste ableiten.

☑ Checkliste für die Eignung eines potenziellen externen Nachfolgers			
	Ja	**Nein**	**Bemerkungen**
Haben Sie als Unternehmenseigner klargemacht, welche fachlichen und menschlichen Qualifikationen für die damalige Gründung des Unternehmens erforderlich waren?	☐	☐	
Können Sie konkrete Antworten darauf geben, welche fachlichen und menschlichen Qualifikationen ausschlaggebend sind, um das Unternehmen erfolgreich fortzuführen?	☐	☐	
Haben Sie einen oder mehrere Kandidaten ermittelt, der die genannten Qualifikationen erfüllt?	☐	☐	
Gibt es Faktoren, die außerhalb der genannten Qualifikationen für eine Nachfolge durch die Person bzw. das Unternehmen sprechen?	☐	☐	
War der potenzielle Nachfolger bisher erfolgreich in anderen Unternehmen tätig?	☐	☐	
Kann der potenzielle Nachfolger seine Qualifikationen nachweisbar belegen (Referenzen, Zeugnisse etc.)?	☐	☐	

Ist die Finanzierung der Übernahme durch den potenziellen Nachfolger überhaupt möglich?	☐	☐	
Anmerkung: Wenn Sie als Unternehmer nicht alle Fragen mit Ja beantworten können, sollten Sie in der Bemerkungszeile unbedingt die entsprechenden Gründe eintragen.			

8.000 Unternehmen scheitern jährlich bei der Nachfolgersuche

Seriöse Schätzungen gehen davon aus, dass etwa 8.000 Familienunternehmen pro Jahr mangels Nachfolger stillgelegt werden. Eine der wesentlichen Ursache für Probleme bei der Suche nach einem Nachfolger liegt nach Meinung vieler Fachleute in der Intransparenz des Marktes für Unternehmensverkäufe. Diese Intransparenz führe dazu, dass Informationen über Personen, die zu einem bestimmten Zeitpunkt Interesse an einer Unternehmensübernahme haben, nur schwer zu gewinnen sind. Ein gezieltes Vorgehen sei daher für übergabewillige Unternehmenseigner wie auch für potenzielle Erwerber häufig nur über die Einschaltung von Vermittlungs- bzw. Maklerdienstleistern möglich. Allerdings ist dies auch mit erheblichem finanziellen Aufwand verbunden.

Dies bestätigt auch die Studie des IfM. Danach stellen für die befragten Eigentümer die Kosten, die bei der Einschaltung von gewerblichen Vermittlern anfallen, das größte Problem dar. Als weiteres Problem wird das Fehlen von Anlaufstellen für potenzielle Käufer genannt. Ebenfalls bemängelt wird das Nichteinhalten der nötigen Diskretion bei der Suche zur Vorbeugung von Verunsicherungen im Unternehmensumfeld. Direkt danach wird das Fehlen geeigneter Nachfolgerkandidaten genannt. Weniger bedeutsam sind

- Imageprobleme der eigenen Branche sowie
- Immobilität der Nachfolger.

2.5 Zurück zum Praxisfall

Der unter 2.1 genannte Praxisfall könnte in der folgenden Art und Weise angegangen werden: Zuerst muss vom Unternehmenseigner oder Berater die Ausgangslage des Unternehmers/Unternehmens definiert und die Zielsetzung des Unternehmers postuliert werden. Hier ist offensichtlich, dass der Unternehmer an einer Regelung interessiert ist, die ihm langfristig regelmäßige Einnahmen sichert. Wie ein Ergebnis aussehen kann – ob Verkauf mittels Einmalzahlung oder gegen wiederkehrende Leistungen bzw. eine Betriebsverpachtung –, resultiert aus der betriebswirtschaftlichen sowie rechtlichen und steuerlichen Analyse.

1. Zunächst sollte ein Unternehmensstatus unter Berücksichtigung der Stärken und Schwächen erstellt werden.
2. Weiterhin ist die Entwicklung eines bzw. mehrerer Szenarien der Unternehmensübergabe auf Basis einer betriebswirtschaftlichen Lösung erforderlich.
3. Die Einschaltung eines Rechts- und Steuerberaters für die Begutachtung entsprechender betriebswirtschaftlicher Lösung ist unabdingbar.
4. Die gewonnenen Informationen müssen zusammengestellt und analysiert werden.
5. Aufgrund der Analyse muss der Unternehmer entscheiden können, auf welche Art und Weise er eine Unternehmensübergabe realisieren möchte. Hier sollte spätestens der Wert des Unternehmens (und damit der spätere Verkaufspreis bzw. die Berechnungsgrundlage) festgelegt sein.

Tipp

Der Unternehmer sollte sich im eigenen Interesse nicht auf eine einzige Variante apodiktisch festlegen. Wie bei jedem Geschäft entscheidet auch hier der Markt über die Nachfrage. Es ist durchaus möglich, dass beispielsweise ein Verkauf aufgrund fehlender Nachfrage nicht möglich ist, es aber durchaus Interessenten für eine Betriebsverpachtung gibt.

6. Ist die Entscheidung getroffen, sollte(n)
- ein entsprechendes Profil für internetbasierte Unternehmensbörsen erstellt werden (branchenspezifische und übergreifende Portale).
- gegebenenfalls Inserate in Zeitungen oder Branchenpublikationen geschaltet werden.
- gegebenenfalls ein in der Branche erfahrener Unternehmensmakler eingeschaltet werden.

7. Sind mehrere Übernahmeinteressenten ermittelt worden, sollte eine Vorauswahl die „Spreu vom Weizen" trennen. Zwei oder drei potenziell infrage kommende Kandidaten sind gut, vier natürlich besser.

8. Der Kandidatenpool kann dann dem eigentlichen Matching unterzogen werden.

Tipp

Um das Matching durchzuführen, ist eine gewichtete Entscheidungsmatrix genau das richtige Werkzeug.

Kriterien	Gewichtung	Kandidat 1		Kandidat 2		...
		Note	gewichtet	Note	gewichtet	
Kandidat hat entsprechende fachliche Qualifikation.	30 %	4	1.2	3	0,9	
Kandidat hat Branchenerfahrung.	20 %	5	1	2	0,4	
Kandidat hat Führungserfahrung.	30 %	2	0,6	5	1,5	
„Chemie" zwischen Eigner und Kandidat stimmt	20 %	5	1	3	0,9	
Summe	100 %	16	3,8	13	3,7	

Zur Anwendung: In die obere Zeile werden die infrage kommenden Kandidaten eingetragen, in die erste Spalte die für den Unternehmer wichtigen Kriterien. Als Noten werden Schulnoten verwendet, die die Erfüllung des jeweiligen Kriteriums repräsentieren. Die Gewichtung ist notwendig, damit erkennbar wird, wie wichtig dem Unternehmenseigner die Erfüllung des jeweiligen Kriteriums ist.

Abb.: Entscheidungsmatrix Praxisfall

Die verwendeten Kriterien sind hier dem vom IfM aufgestellten Ranking gefolgt. Das Kriterium „langfristig regelmäßige Zahlungen zusätzlich zum Kaufpreis" wurde hier bewusst nicht gebraucht, da es durch eigene Gestaltung des Unternehmers nach Erhalt des Kaufpreises erfüllt werden kann.

In unserem Praxisfall wäre daher Kandidat 1 der geeignete Nachfolger, da er eine gewichtete Note von 3,8 erhält. Kandidat 2 ist um den Notenwert von 0,1 schlechter geeignet.

! Achtung

Bei Werten von mehr als 4,0 sollte die Kandidatenauswahl generell infrage gestellt werden – eventuell ist eine neue Nachfolgersuche zu einem späteren Zeitpunkt erforderlich.

2.6 Due Dilligence

Zur sorgfältigen Vorbereitung einer Unternehmensnachfolge gehört eine belastbare Analyse

- des Unternehmens,
- des Ertragspotenzials,
- des rechtlichen und steuerlichen Umfelds sowie
- der Qualifikation und Bedeutung der Mitarbeiter.

Dafür hat sich der Begriff Due Dilligence eingebürgert. Die Bezeichnung wird meist mit „angemessene bzw. erforderliche Sorgfalt" oder „sorgsame Erfüllung" sowie „der Sorgfalt entsprechend" übersetzt. Bei der Due Dilligence handelt es sich um eine Bestandsaufnahme aller relevanten wirtschaftlichen, rechtlichen und steuerlichen Gegebenheiten, sie wird i. d. R. durch ein Team von Unternehmensberatern, Steuerberatern und Juristen durchgeführt.

Tipp

Die Due Dilligence ist nicht nur beim Kauf oder Verkauf eines Unternehmens sinnvoll. Gerade in mittelgroßen Unternehmen kann sie zur Aufdeckung von im Unternehmen bisher versteckten Risiken beitragen.

Eine derartige Überprüfung ist allerdings je nach Unternehmensgröße mit erheblichen Kosten verbunden. Die Due Dilligence ist der Grundstein jeder sinnvollen Unternehmensbewertung. Ziel ist es, möglichst viele Informationen über den Betrieb zu sammeln. Einen wichtigen Beitrag dabei kann der Unternehmer selbst leisten, indem er alle relevanten Unterlagen vorab übersichtlich zusammenstellt. Auf diese Weise lassen sich Zeit und Geld sparen. Die Checkliste „Vorbereitung einer Due-Diligence in kleineren und mittleren Unternehmen" hilft bei der Zusammenstellung der wichtigsten Daten und Unterlagen.

☑ Checkliste: Due Diligence in kleineren und mittleren Unternehmen	
Prüfen Sie, ob die notwendigen Unterlagen und Informationen vorhanden sind	
1. Unternehmen	
Name/Firma	
Anschrift	
Branche	
Rechtsform	
Gesellschafter	
Geschäftsführer	
2. Anlass und Ziel der Due Diligence	
Verkauf/Kauf des Unternehmens	
Gesellschafterwechsel	
Sonstige	
Objekt der Due Diligence	

3. Wirtschaftliche Verhältnisse	
Jahresabschlüsse (mindestens drei Jahre)	
letzter Jahresabschluss mit Anlagen, u. a.: - Anlageverzeichnis, Debitoren- und Kreditorenliste - Inventar des Vorratsvermögens (Waren- und Materialbestände, teilfertige Arbeiten) - aktuelle betriebswirtschaftliche Auswertung mit Summen- und Saldenliste (zusätzlich Debitoren- und Kreditorenliste)	
Planzahlen, Planrechnungen	
4. Gesellschaftsrechtliche Verhältnisse	
Gesellschaftsvertrag	
Geschäftsführungsverträge	
Prokuren	
Einsicht bzw. Auszüge des Handelsregisters	
5. Allgemeine Vertragsverhältnisse	
Eigentumsverhältnisse (Grundbuch, Eigentumsvorbehalte, Sicherungsübereignungen, Forderungsabtretungen)	
Miet- und Pachtverträge	
Kreditverträge	
Leasingverträge	
Patente und Lizenzen	

Versicherungsverträge	
Lieferanten-/Abnehmerverträge	
Händlerverträge/Vertriebsbindungen	
Gewährleistungsrisiken	
Bürgschaftsverpflichtungen der Gesellschaft bzw. der Gesellschafter (z. B. Auftragserfüllungsbürgschaft, Gewährleistungsbürgschaft, Kreditbürgschaft)	
anhängige Gerichtsverfahren, drohende Prozessrisiken	
6. Öffentlich-rechtliche Aspekte	
behördliche Auflagen	
Zulassungen	
öffentlich-rechtliche Genehmigungen	
planungsrechtlicher Status	
7. Arbeitsrechtliche Verhältnisse	
Mitarbeiterverzeichnis (Alter, Betriebszugehörigkeit, Familienstand, Funktion, Bezüge, Besonderheiten – z. B. Schwerbehinderte, Mutterschutz)	
Arbeitsverträge mit Nebenabreden (z. B. betriebliche Altersversorgung, betriebliche Übung)	
Tarifgebundenheit	

Urlaubsregelung	
8. Sonstige Aspekte	
Zertifizierung z. B. nach DIN/ISO	
Konzessionen	
9. Sozial- und steuerrechtliche Verhältnisse	
Unbedenklichkeitsbescheinigungen Finanzamt und Sozialversicherungsträger (Krankenkasse, Berufsgenossenschaft)	
Unbedenklichkeitsbescheinigung tarifvertraglicher Sozialkassen	
Vorlage des letzten Betriebsprüfungsberichts des Finanzamts bzw. des Sozialversicherungsträgers	
10. Unternehmensanalyse	
Umsatz- und Absatzanalyse	
Standortanalyse	
Branchen- und Konkurrenzanalyse	
Aufwand- und Kostenanalyse	
Ertragsanalyse	
Finanz- und Vermögensanalyse	
Analyse vorhandener Planrechnungen	
Anmerkung: Die Checkliste erhebt in keinem Fall Anspruch auf Vollständigkeit, es kommt immer auf das konkrete Unternehmen im Einzelfall an.	

2.7 Die Verhandlungsphase in der Analyse

Das Matching von Eigentümern und Nachfolgern wird erst durch die konkrete Verhandlungsphase beendet. Hier werden der Verkaufspreis bzw. die Finanzierungsmöglichkeiten im Einzelnen ausgehandelt. Die IfM-Studie zeigt hier einige überraschende Ergebnisse. Danach hatten von den 16,7 % befragten Unternehmenseignern, die einen Nachfolger gefunden haben, in 39 % der Fälle schon im ersten Kandidaten den passenden Übernehmer entdecken können. 61 % mussten dagegen mit mindestens zwei Kandidaten verhandeln, bis ein einvernehmliches Ergebnis gefunden werden konnte.

Bonität ist für Unternehmenseigner das wichtigste Kriterium

Der IfM-Bericht weist nach, dass für die Unternehmenseigner die Bonität die wichtigste Anforderung ist. Die Wissenschaftler hatten diesbezüglich eine Achse mit der Zahlenbewertung von 1 (keine Bedeutung) bis 5 (hohe Bedeutung) angeboten. Hier die Ergebnisse:

Kriterium	Bewertung
Bonität	4,3
Einigung auf angemessenen Verkaufspreis	3,9
neue Geschäftsideen des Nachfolgers	3,6
gleiche Vorstellungen über zukünftige Unternehmensentwicklung	2,9
Kundenkontakte des Nachfolgers	2,9

Abb.: Kriterien für Unternehmenseigner

Große Bedeutung für das erfolgreiche Matching hat neben der Bonität verständlicherweise die Einigung auf einen angemessenen Verkaufspreis. Neue Geschäftsideen des Nachfolgers folgen mit einer etwas geringeren Präferenz. Dagegen spielen die Vorstellungen über die zukünftige Entwicklung des Unternehmens sowie eigene Kundenkontakte des Nachfolgers eine wesentlich geringere Rolle als zunächst vermutet.

Anforderungen sind bei erfolgreichen und noch nicht erfolgreichen Unternehmenseignern nahezu identisch

Die interessante Frage, ob Unternehmer, die ihren Nachfolger schon gefunden haben, im Vergleich zu ihren noch nicht erfolgreichen Pendants die falschen bzw. kaum zu erfüllenden Anforderungen gestellt haben, wird durch die Studie auch beantwortet. Es zeigen sich hier keine Unterschiede bis auf die gleichen Vorstellungen über die zukünftige Unternehmensentwicklung. Dieses Kriterium war für Eigentümer, die die Nachfolge bereits gelöst haben, tatsächlich bedeutsamer als für die Eigentümer, die im Verhandlungsprozess bisher gescheitert sind. Weitere Schlüsse lassen sich hier nicht ziehen – entscheidend für den Erfolg oder Misserfolg sind die bevorzugten Kriterien also nicht.

Statistische Messung der Verhandlungsprobleme

Jeder, der sich mit dem Thema Unternehmensnachfolge professionell beschäftigt, weiß, dass der Markt für Verkäufe kaum zu überschauen ist. Dazu kommt noch eine Inhomogenität der zum Verkauf stehenden Unternehmen. Diese Inhomogenität erschwert natürlich eine Bewertung des jeweiligen Unternehmens und macht die Kaufpreisfindung schwierig. Die IfM-Studie macht hier deutlich, dass aber nicht die fehlende Homogenität, sondern Finanzierungsprobleme die Verhandlungen zwischen den Beteiligten belasten. Die Einigung auf einen Kaufpreis folgt erst danach.

Kriterium	Bewertung (5-Skala)
Finanzierungsschwierigkeiten der Nachfolger	4,4
Einigung auf Kaufpreis war schwierig	3,3
Trennung vom Unternehmen fällt schwer	2,3
Mitarbeiter müssen Nachfolger akzeptieren	2,2

Abb.: Gründe für Verhandlungsprobleme aus Sicht der Unternehmenseigner

Schwierigkeiten bei der Trennung vom Unternehmen sowie die Akzeptanz des Nachfolgers durch die Belegschaft waren von geringerer Bedeutung.

Kriterien bekommen nach der Entscheidung eine andere Bewertung

Die Akzeptanz des Nachfolgers durch die Mitarbeiter war für Eigentümer, die ihre Nachfolge gelöst haben, nachweislich bedeutsamer als für diejenigen, die nach erfolgloser Verhandlung wieder suchen. Der Punkt „Trennung vom Unternehmen" fällt Unternehmenseignern wesentlich schwerer, wenn sie bereits einen Nachfolger gefunden haben.

Die IfM-Forscher sehen diesbezüglich den sogenannten „Regret-Effekt" am Werk. Dieser sorgt dafür, dass nach einer Entscheidung eine Phase des Bedauerns folgt, da der Entscheider merkt, dass durch sein Handeln der Verzicht auf andere Alternativen eingetreten ist.

Weitere Einflussfaktoren auf das Finden eines Nachfolgers laut IfM-Bericht

Über die vier o. g. Kriterien hinaus weist die Studie nach, dass es noch weitere Parameter gibt, die über Erfolg oder Misserfolg bei den Verhandlungen über die Unternehmensnachfolge entscheiden. Dies ist zum einen die wenig verwunderliche Erkenntnis, dass sich Unternehmen mit positiver Gewinnentwicklung als attraktiver eingeschätzt werden und mit größerer Wahrscheinlichkeit einen Nachfolger finden als solche mit negativer Gewinnentwicklung. Auch die Unternehmensgröße habe aus mehreren Gründen Einfluss auf den Sucherfolg. Mit zunehmender Anzahl von Mitarbeitern steigt tendenziell die Zahl der Führungskräfte, die aufgrund ihrer genauen Kenntnisse des Unternehmens sowie ihrer Führungserfahrung als familienexterne Nachfolger grundsätzlich infrage kommen (beispielsweise durch einen Management Buy-Out). Des Weiteren stehen den Eignern größerer Unternehmen meist genügend finanzielle und zeitliche Ressourcen zur Verfügung, um den Übergabeprozess professionell zu gestalten. Weiterhin postulieren die Wissenschaftler, dass die Größe des Unternehmens als Signal für seine Attraktivität dient und daher Eigentümer von großen Unternehmen mit größerer Wahrscheinlichkeit einen Nachfolger finden. Gemessen an der Zahl der Beschäftigten sowie am Jahresumsatz waren Unternehmen von Eigentümern, die die Nachfolge gelöst haben, größer als Unternehmen von noch suchenden Eigentümern.

2.7.1 Zurück zum Praxisfall

Nachdem einige Kandidaten zur Auswahl gefunden sind, können die eigentlichen Verhandlungen beginnen. Ob der Unternehmenseigner neben der Kaufpreiszahlung auf einer weiteren längerfristigen Zahlung bestehen soll, dürfte zumindest aus betriebswirtschaftlichen wie auch aus psychologischen Gründen eher abzulehnen sein. Zum einen erschweren solche Vorgaben die Preisverhandlungen unnötig, weil sie sich diesbezüglich in Detailfragen verheddern. Zum anderen wird auch für potenzielle Übernehmer die Übernahme mit entsprechenden finanziellen Unsicherheiten befrachtet. Unabhängig von den steuerlichen Auswirkungen für den Unternehmensverkäufer, die in den nächsten Kapiteln angesprochen werden, kann allerdings die finanzielle Situation des Käufers für eine kombinierte Vergütung sprechen

– und zwar dann, wenn die langfristigen Zahlungen aus dem übergebenden Betrieb selbst finanziert werden müssen.

Tipp

Trotzdem ist für den Verkäufer i. d. R. eine Einmalzahlung auf den ersten Blick die bessere Lösung. Schließlich kann er einen entsprechenden Anteil des Kaufpreises selbst so anlegen, dass Rendite und Sicherheit des Anlagebetrags optimal berücksichtigt werden können.

Nach der Verhandlungsphase folgen Übergabe und Rückzug

Können die Verhandlungen zu einem positiven Abschluss geführt werden, schließen sich dann die beiden anderen Phasen des Übergabeprozesses an – nämlich die Übergangsphase und die Rückzugsphase des Altunternehmers. Wie lang diese Phasen sind, richtet sich nach den individuellen Vereinbarungen, die zwischen Übergeber und Unternehmer getroffen wurden.

2.8 Fahrplan

Je größer und komplexer das Unternehmen ist, desto mehr Zeit muss für einen geordneten und strukturierten Übergabeprozess angesetzt werden – dieser kann durchaus bis zu fünf Jahre in Anspruch nehmen. Für ein Unternehmen wie in unserem Praxisfall dürfte die folgende Zeitachse ausreichend sein:

Maßnahme	**Dauer**
Entscheidungsphase (inklusive betriebswirtschaftliche rechtliche und steuerliche Analyse, Due Dilligence)	6 bis 9 Monate
Matchingphase I (Suchphase)	mindestens 6 Monate
Matchingphase II (Verhandlungsphase)	mindestens 3 Monate
Übergangsphase	individuell verschieden (i. d. R. 3 bis 6 Monate)
Rückzugsphase	kann beim Verkauf entbehrlich sein, anderenfalls 3 bis 36 Monate (gegebenenfalls auch länger möglich, aber bei getroffener Nachfolgeentscheidung wenig empfehlenswert)

3. Unternehmensveräußerung an Dritte – Verkauf gegen Entgelt

Wie im vorangegangenen Kapitel beschrieben, ist eine Unternehmensnachfolge im Wege des Verkaufs meist unausweichlich, wenn in der Familie kein geeigneter Nachfolger vorhanden ist. Die angestrebten Ziele des Unternehmers liegen diesbezüglich auf der Hand:

1. Der Kaufpreis soll so hoch wie möglich sein.
2. Die Haftungsrisiken aus dem ehemaligen Unternehmensbetrieb sollen so weit wie möglich auf den neuen Erwerber abgewälzt werden.
3. Der Unternehmer soll zu einem konkret bestimmten Termin aus dem Unternehmen ausscheiden können.

Wie schon mehrfach betont, ist die Suche nach einem Übernahmeinteressenten ein strategisch zu planender Prozess, der entsprechend viel Sorgfalt und Zeit erfordert.

Wer kommt als Übernehmer infrage?

Mögliche Erwerber können i. d. R. die folgenden natürlichen oder juristischen Personen sein:

- Konkurrenzunternehmen
- Geschäftspartner
- strategische Investoren
- Finanzinvestoren
- Führungskräfte innerhalb des Unternehmens (Management Buy-In)
- Führungskräfte von außerhalb des Unternehmens (Management Buy-Out)

Selbstverständlich sollte sich der Unternehmer ausgiebig mit den Bedürfnissen, aber auch mit den psychologischen Befindlichkeiten der möglichen Erwerber auseinandersetzen. Außerdem sind erste Gedanken zum Kaufpreis unerlässlich.

Tipp

Je größer und komplexer das Unternehmen ist, desto eher sollte ein externer Berater hinzugezogen werden. Dies gilt erst recht in den Fällen, in denen keine internen fachkundigen Mitarbeiter wegen zu befürchtender Indiskretion hinzugezogen werden können.

Vertraulichkeitsvereinbarungen sind unverzichtbar

Wenn die Suche nach potenziellen Kandidaten erfolgreich war, wird es innerhalb der Matchingphase zu ersten Verhandlungsgesprächen kommen. Diese sollten sinnvollerweise nicht beginnen, ohne dass eine Vertraulichkeitsvereinbarung (sogenanntes non-disclosure-agreement) getroffen wurde. Dabei handelt es sich um einen Vertrag, der das Stillschweigen der Parteien über Verhandlungen, Verhandlungsergebnisse oder vertraulichen Unterlagen festschreibt. Es bietet sich an, diese Verpflichtung zu sanktionieren – d. h., sie mit einer Vertragsstrafe zu belegen, die fällig wird, wenn ein Verstoß gegen die Vertraulichkeitsvereinbarung begangen wird.

Hinweis

Ein Muster für eine Vertraulichkeitsvereinbarung finden Sie am Ende dieses Kapitels im Abschnitt 3.5.1.

Letter of Intent und andere Absichtserklärungen

Kommen die Verhandlungen voran, wird i. d. R. von den Parteien der sogenannte Letter of Intent (LoI) unterzeichnet. Dabei handelt es sich um eine grundsätzlich unverbindliche Absichtserklärung, die die bis dato gefundenen Verhandlungsinhalte festschreibt. Ein solches Dokument ist hilfreich, um in den verschiedenen Treffen nicht immer wieder über die gleichen Punkte verhandeln zu müssen. Üblicherweise erstellt eine der Parteien den LoI und die andere Partei zeichnet - natürlich bei Einverständnis - gegen.

> **! Achtung**
>
> Oft werden hier verschiedene Begriffe wie Memorandum of Understanding, Absichtserklärung oder Offer Letter synonym verwendet. Dies kann - im Gegensatz zum ausschließlich deutschen Rechtsverkehr - bei Auslandsbezug gefährlich werden. Im angloamerikanischen Rechtskreis unterscheiden sich die Begriffe nämlich!

Wie oben erwähnt, soll der LoI im Grunde gerade keine rechtliche Verbindlichkeit erzeugen - er ist kein Kaufvertrag. Trotzdem kann auch der LoI zivilrechtlich Schadenersatzansprüche auslösen, wenn der Vertragsschluss aus bestimmten Gründen treuwidrig unterbleibt.

Due Dilligence als Grundlage der Verhandlungen

Mit der Due Dilligence wird das Unternehmen in wirtschaftlicher, steuerlicher und rechtlicher Hinsicht umfassend geprüft. Was für die eine kleinere Due Dilligence gebraucht wird, finden Sie in Kapitel 2, Abschnitt 2.6. Die Kosten für eine solche Due Dilligence sind erheblich. Üblicherweise werden sie vom Kaufinteressenten getragen, eine hälftige Teilung des Aufwands ist auch nicht selten. Hat der Unternehmer eine Due Dilligence selbst in Auftrag gegeben, sorgt dies oft für ein gewisses Misstrauen auf der Erwerberseite.

Tipp

Unternehmer sollten dabei berücksichtigen, dass eine derartige vor Ort durchgeführte Prüfung das Alltagsgeschäft durchaus beeinträchtigen kann. Außerdem ist in solchen Fällen Diskretion kaum noch zu wahren.

Kommunikation tut Not

Es ist verständlich, dass die meisten Unternehmer ihre Mitarbeiter oder Geschäftspartner über eine geplante Unternehmensveräußerung so spät wie möglich informieren wollen. Dies kann gegebenenfalls ein Fehler sein. Ist die Belegschaft verunsichert oder machen gar Gerüchte die Runde, kann dies Leistungsträger dazu veranlassen, so schnell wie möglich das Unternehmen zu verlassen. Wann der richtige Zeitpunkt für eine Mitarbeiterinformation gekommen ist, lässt sich nicht a priori sagen - es gilt allerdings häufig der Grundsatz „eher früher als später".

Hinweis

Den in diesem Kapitel zur Veranschaulichung gewählten Praxisfall finden Sie im vorangegangenen Kapitel 2.1.

3.1 Share Deal und Asset Deal – die beiden Grundtypen des Unternehmensverkaufs

Die Praxis unterscheidet beim Unternehmensverkauf vertragstechnisch zwei Grundtypen: Asset Deal und Share Deal. Während beim ersteren Fall der Erwerber nur bestimmte Wirtschaftsgüter übernimmt, geht es beim Share Deal um den Erwerb gesellschaftsrechtlicher Anteile (Beteiligungen).

Asset Deal in rechtlicher Hinsicht

Beim Asset Deal wird der Unternehmenskauf durch den Erwerb sämtlicher Wirtschaftsgüter (Assets) des Unternehmens realisiert. Dabei müssen die einzelnen Wirtschaftsgüter wie beispielsweise Grundstücke, Gebäude, Maschinen etc. im Rahmen der sogenannten Singularsukzession (Einzelrechtsnachfolge) übertragen werden. Verbindlichkeiten sind ebenfalls einzeln zu übertragen. Grundsätzlich müssen alle zu übereignenden Wirtschaftsgüter einzeln im Kaufvertrag aufgeführt werden, was ein derartiges Vertragswerk mehr als umfangreich macht. Immaterialgüterrechte wie Patente oder Lizenzen müssen durch Abtretung übertragen werden. Im Grundstücksbereich sind wie bei einem ganz normalen Immobilienkauf Auflassung und Eintragung im Grundbuch zu bewirken.

Share Deal in rechtlicher Hinsicht

Beim Share Deal erwirbt der Käufer vom Verkäufer die Anteile an einer zum Verkauf stehenden Gesellschaft. Der Begriff wird auch für die teilweise Übernahme von Gesellschaftsbeteiligungen verwendet. Der Verkauf wird durch Abtretung der Gesellschaftsanteile realisiert, durch welche der Erwerber Anteilseigner wird und die mit der Beteiligung verbundenen Rechte und Pflichten erhält. Der Share Deal stellt zivilrechtlich einen Rechtskauf nach § 453 I BGB dar, wobei Aktien, GmbH-Anteile (Geschäftsanteile) sowie Gesellschaftsanteile an einer Personengesellschaft der entsprechende Kaufgegenstand sind.

! Achtung

Beim Share Deal sollte immer das Gewinnbezugsrecht bezüglich der Anteile sorgfältig geregelt werden. Anderenfalls können nach dem Erwerb Schwierigkeiten bei noch nicht ausgeschütteten Gewinnen auftreten.

Immer auf Formvorschriften achten

Der Asset Deal selbst kennt keine formalen Vorgaben – ein bloßer Kaufvertrag ist hier ausreichend. Theoretisch ist es zwar möglich, einen Asset Deal auch mündlich zu vereinbaren, dies ist aber aus Gründen der fehlenden Beweisbarkeit sicherlich unternehmerischer Selbstmord. Die Abfassung einer schriftlichen Vertragsurkunde ist deshalb unerlässlich.

Ist auch ein Grundstück Bestandteil des Asset Deals und wird dies in den Kaufvertrag mit aufgenommen, muss der ganze Vertrag notariell beurkundet werden. Die notarielle Formpflicht für den Grundstücksverkauf „infiziert" hier die gesamte Vertragsurkunde.

Beim Share Deal ist es bezüglich der Formvorgaben ausschlaggebend, in welcher Rechtsform das zu übertragende Unternehmen betrieben wird. Bei der GmbH gilt die Formpflicht, während Personengesellschaften wie GbR, OHG oder KG formfrei übertragen werden können.

! Achtung

Die Übertragung von Kommanditanteilen ist ebenfalls formpflichtig, wenn gleichzeitig auch Gesellschaftsanteile der Komplementär-GmbH übertragen werden.

Asset Deal oder Share Deal – eine wirkliche Wahl ist selten

Ob eine der beiden Deal-Arten der anderen generell vorzuziehen ist, kann nicht beantwortet werden. Es geht in erster Linie darum, welche Variante für den beabsichtigten Zweck geeigneter ist. Handelt es sich um den kompletten Verkauf eines Unternehmens, dürfte sich im Regelfall der Share Deal anbieten. Wenn nur ein bestimmter Bereich des Unternehmens übergeben werden soll, dürfte der Asset Deal das taugliche Instrument sein.

➡ Hinweis

Musterverträge bezüglich eines Share Deals und eines Asset Deals finden Sie in Abschnitt 3.5.2 und 3.5.3 dieses Kapitels.

Übersicht bezüglich der Vor- und Nachteile

1. Share Deal

+ Vorteile	– Nachteile
verhältnismäßig einfache Bezeichnung des Kaufgegenstands	Bestimmtheitsgrundsatz bzw. Bestimmbarkeitsgrundsatz
unkompliziertere und schnellere Durchführung des Kaufs	Übernahme sämtlicher (auch unbekannter) Verbindlichkeiten
Bestehende Verträge bleiben unberührt.	Bindung an frühere Organbeschlüsse
Bei vollständiger Anteilsübertragung ist i. d. R. keine Zustimmung erforderlich.	u. U. Zustimmungspflicht der nationalen oder europäischen Kartellbehörden, wenn der Anteilserwerb einen Zusammenschluss i. S. d. § 37 GWB darstellt
Unternehmen wird mit allem veräußert.	Erwirbt der Erwerber ein bestimmtes Paket von Anteilen, so unterliegt er damit verbundenen Mitteilungspflichten bzw. Obliegenheiten.
Übergeber bleibt nicht auf Mantelgesellschaft sitzen.	keine Abschreibungsmöglichkeit für den Käufer, Buchwerte bleiben unberührt

2. Asset Deal

+ Vorteile	- Nachteile
exakt definierter Kaufgegenstand	Bestimmtheitsgrundsatz
Verzicht auf einzelne Wirtschaftsgüter möglich	Genehmigungspflicht bei vollständiger bzw. überwiegender Übernahme der Assets eines Unternehmens, da u. U. den sogenannten Kontrollerwerb i. S. d. Kartellrechts (Fusionskontrolle)
kein Erwerb der risikobehafteten Mantelgesellschaft nötig	Zustimmungserfordernisse bei der Übertragung von Rechtsverhältnissen
Vermeidung versteckter Verbindlichkeiten durch genaue Benennung der Kaufgegenstände	Vertragserstellung aufwendig und teilweise unübersichtlich
keine Haftungskontinuität für Altverbindlichkeiten	Zustimmung Dritter notwendig bei Vertragsübernahmen
Minimierung der laufenden Besteuerung für den Käufer	
Absetzbarkeit der Anschaffungskosten und Verrechenbarkeit der Finanzierungskosten mit Erträgen für den Käufer	
steuerlich günstiger Ausstieg möglich	

3.2 Rechtliche und steuerliche Rahmenbedingungen

3.2.1 Rechtliche Rahmenbedingungen

Bei einem Unternehmenskauf geht der Käufer grundsätzlich ein hohes Risiko ein, da er das Unternehmen faktisch nicht kennt – eine Ausnahme gilt lediglich für den Management Buy-Out. Der Käufer muss sich deshalb auf die Daten verlassen können, die ihm zur Verfügung gestellt werden. Da ist es logisch, dass er vom Verkäufer so viele Garantien wie möglich verlangt. Derartige Verkäufergarantien werden in der Praxis mit dem englischen Begriffspaar „representations and warranties" bezeichnet. In diesen Garantiebedingungen werden meist die folgenden Punkte geregelt:

- ordnungsgemäßer Zustand der Aktiva (beispielsweise Betriebsgebäude, Betriebseinrichtungen etc.)
- Bestand bestimmter Geschäftsbeziehungen
- gewerbliche Schutzrechte
- ordnungsgemäße Zahlung der Steuern und Abgaben
- Einhaltung rechtlicher Standards und Auflagen
- Bestand bestimmter Arbeitsverhältnisse etc.

Im Vordergrund stehen meist Bilanzgarantien

Für die meisten Käufer ist insbesondere eine ordnungsgemäße Bilanz entscheidend. Ein Übernehmer wird deshalb immer darauf bestehen, dass zumindest der letzte Jahresabschluss gemäß den Grundsätzen der ordnungsgemäßen Buchführung (GoB) in handels- und steuerrechtlicher Hinsicht korrekt aufgestellt wurde.

> **! Achtung**
>
> Meist wird in Standardverträgen zusätzlich vereinbart, dass eine Stichtagsbilanz auf den Übergabetag des Unternehmens aufgestellt wird und der Verkäufer für den Stichtag eine bestimmte Eigenkapitalhöhe garantiert.

Solch eine Vereinbarung ist aus Käufersicht sicherlich günstig, für den Verkäufer sorgt dies allerdings für ein zusätzliches Haftungsrisiko. Der Unternehmenseigner wird daher meist versuchen, seine Garantie bezüglich der Zeit zwischen letztem Jahresabschluss und Stichtag auf die Führung der Geschäfte nach der Sorgfalt eines ordentlichen Kaufmanns zu beschränken.

Gesetzliche Gewährleistungsansprüche beim Asset Deal

Wenn der Unternehmenskauf mit einem Sachmangel behaftet ist, kann der Käufer die ihm aus § 437 BGB zustehenden Ansprüche geltend machen:

- Nacherfüllung (§§ 437 Nr. 1, 439 BGB)
- Rücktritt (§§ 437 Nr. 2, 440, 323 und 326 Abs. 5 BGB)
- Minderung (§§ 437 Nr. 3, 440, 441 BGB)
- Schadenersatz (§§ 437 Nr. 3, 440, 208, 281, 311a BGB).

Aufgrund der Gleichstellung des Sachkaufs mit dem Rechtskauf (§ 453 BGB) gelten die o. g. Ansprüche auch beim Share Deal.

Worauf Unternehmensverkäufer achten sollten

Der Unternehmenseigner sollte grundsätzlich bei den Garantien auf eine Haftungsbegrenzung bezüglich der Höhe achten. Üblich sind 15 bis maximal 30 % der Kaufsumme. Auch die Dauer der Haftung sollte im Interesse des Verkäufers beschränkt werden, die gesetzlichen Verjährungsfristen sind relativ lang.

Tipp

Je stärker die Verkäuferposition ist, desto leichter lassen sich die genannten Haftungslimitierungen durchsetzen. Der Käufer wird in einem solchen Fall aber bestrebt sein, sein erhöhtes Risiko durch eine Reduzierung des Kaufpreises zu kompensieren.

Je besser es dem Verkäufer gelingt, von den Vorgaben des gesetzlichen Kaufrechts durch individuelle Vereinbarungen mit dem Käufer abzuweichen, desto günstiger wird er sich i. d. R. bei den Haftungsfragen positionieren.

Typische Fallkonstellationen

a) Maschine nicht mehr zum Einsatz geeignet

Ein Unternehmenseigner hatte einen Produktionsbetrieb mit zwei Verpackungsautomaten verkauft. Im Kaufvertrag waren beide Maschinen als voll funktionstüchtig bezeichnet worden. Nach der Übergabe musste der Käufer feststellen, dass eine davon aufgrund fehlender Wartung und abgenutzter Walzen nicht mehr zum Gebrauch geeignet war.

Ansprüche des Käufers: Der Käufer kann zunächst einen Anspruch auf Nacherfüllung und Schadenersatz geltend machen. Kommt der Unternehmenseigner diesem Anspruch nicht binnen angemessener Frist nach, ist der Käufer nach § 441 zur Minderung des Kaufpreises berechtigt. Die Schadenersatzforderung des Käufers stützt sich auf § 280 Abs. 1 BGB. Danach kann der Gläubiger bei einer Pflichtverletzung aus dem Schuldverhältnis (hier der Kaufvertrag) einen Ersatz des dadurch entstandenen Schadens verlangen. Davon sind auch über das reine Erfüllungsinteresse hinausgehende Einbußen wie beispielsweise Betriebsausfallschäden umfasst. Der Verkäufer kann sich nur aus der Haftung befreien, wenn er die Pflichtverletzung nicht zu vertreten hat (§ 280 Abs. 1 Satz 2 BGB). Dafür dürfte im Ausgangsfall allerdings kein Raum sein, da dem Unternehmenseigner zumindest Fahrlässigkeit vorgeworfen werden kann.

b) Fehlendes Material im Unternehmen

Der Unternehmenseigner hat eine Brauerei verkauft. Im Kaufvertrag wurde dem Übernehmer zugesichert, dass 50 Tonnen Braugerste zum Übergabestichtag vorhanden sind. Der Käufer muss feststellen, dass nur 35 Tonnen vorhanden sind. Er verlangt bezüglich der fehlenden 15 Tonnen Nachlieferung.

Ansprüche des Käufers: Vom Wortlaut her findet sich in den „klassischen Normen" §§ 437 und 439 BGB keine Anspruchsgrundlage. § 434 Abs. 3 BGB stellt allerdings die Lieferung einer zu geringen Menge (Mankolieferung) dem Sachmangel gleich. Also ist die Forderung auf Nachlieferung berechtigt – bei Nichterfüllung innerhalb angemessener Frist kann der Übernehmer den Kaufpreis mindern.

! Achtung

Wurde im Unternehmenskaufvertrag eine Inventur nach dem Übergabestichtag durch den Käufer vereinbart und bleibt dort eine Mankolieferung unentdeckt, scheidet ein Gewährleistungsanspruch i. d. R. aus. Dies gilt zumindest dann, wenn die fehlende Menge dabei hätte entdeckt werden müssen.

c) Fehlende Konzession eines Nachtlokals

Der Unternehmenseigner verkauft ein Gastronomieunternehmen, das aus vier Gaststätten mit Nachtkonzessionen (Ausschank von 01:00 bis 04:00 Uhr) besteht. Die Konzessionen sind im Kaufvertrag explizit aufgeführt. Unmittelbar vor Übergabe wird von der zuständigen Ordnungsbehörde die Konzession einer der Gaststätten widerrufen. Der

Käufer verlangt die entsprechende Konzession oder Minderung des Kaufpreises.

Ansprüche des Käufers: Ein Anspruch auf Nacherfüllung ist ausgeschlossen, denn es ist dem Unternehmenseigner objektiv unmöglich, die Konzession zu übertragen. Grundsätzlich könnte sich hier ein Rücktrittsrecht für den Käufer ergeben, dies wird aber in den meisten Unternehmenskaufverträgen ausgeschlossen sein. Damit bleibt dem Übernehmer nur ein berechtigter Anspruch auf Minderung des Kaufpreises.

3.2.2 Steuerliche Rahmenbedingungen

Wie vorhergehend erläutert, ist ein Unternehmenskauf entweder in der Form des Asset Deals oder des Share Deals möglich. Beim Asset Deal wird nicht das Unternehmen als Ganzes, sondern jeder einzelne ihm gehörige materielle und immaterielle Vermögensgegenstand übertragen. Werden beim Asset Deal nicht alle Vermögensgegenstände erfasst, verbleiben sie beim ehemaligen Unternehmenseigner. Dies hat nicht nur den fehlenden Eigentumserwerb beim Unternehmenskäufer zur Folge, sondern – wenn es sich bei den nicht übertragenden Vermögensgegenständen um „wesentliche Betriebsgrundlagen" handelt – auch den Verlust steuerlicher Vergünstigungen.

Share Deal ist abwicklungstechnisch einfach

Da es sich beim Share Deal um einen reinen Rechtskauf handelt, ist die Abwicklung relativ simpel. Werden alle Gesellschaftsanteile übertragen, geht das Unternehmen mit allen Aktiva und Passiva komplett auf den Erwerber über.

! Achtung

Der Share Deal birgt für den Übernehmer das sogenannte Black-Box-Risiko. Dieses liegt darin begründet, dass sämtliche Gefahren – unabhängig ob sie im Kaufvertrag genannt oder bilanziert sind – automatisch auf den Käufer übergehen.

Demzufolge sollte ein Erwerber darauf bestehen, dass im Übernahmevertrag eine ähnlich umfassende Beschreibung der einzelnen Aktiva und Passiva erfolgt wie beim Asset Deal. Das Risiko lässt sich allerdings niemals gänzlich ausschalten. Wenn der Unternehmenseigner insolvent geworden ist, dürften diesbezügliche Garantien wenig nutzen.

3.2.2.1 Übertragung von Personengesellschaftsanteilen gilt steuerrechtlich als Asset Deal

Eine größere Diskrepanz ergibt sich beim Erwerb von Anteilen an einer Personengesellschaft wie bei der OHG oder GbR. Obwohl dies zivilrechtlich einen Rechtskauf darstellt, wird ein solcher Vorgang in steuerlicher Hinsicht als Asset Deal behandelt. Das Steuerrecht sieht ihn als Verkauf der anteiligen, zum Gesellschaftsvermögen gehörenden Wirtschaftsgüter an. Der Anteilsverkauf von Beteiligungen an einer Kapitalgesellschaft wird dagegen ertragsteuerlich als Share Deal behandelt, da der Anteil hier als selbstständiges, nicht abnutzbares Wirtschaftsgut angesehen wird.

! Achtung

Der Share Deal ist für den Verkäufer i. d. R. steuerlich günstiger als der Asset Deal. Für den Erwerber ist dies i. d. R. nicht der Fall. Er kann die Kosten für den Erwerb der Beteiligung nämlich nicht planmäßig abschreiben.

3.2.2.2 Steuerliche Vergünstigungen für den Unternehmenseigner bei Betriebsveräußerung

§ 16 EStG legt fest, dass der beim Verkauf des Unternehmens erzielte Gewinn einkommensteuerpflichtig ist. Darunter fällt der Verkauf

- eines ganzen Gewerbebetriebs,
- eines Teilbetriebs,
- einer im Betriebsvermögen gehaltenen 100%igen Beteiligung an einer Kapitalgesellschaft,
- eines Mitunternehmeranteils oder
- des gesamten Anteils eines persönlich haftenden Gesellschafters (Mitunternehmer).

Steuerrechtlich errechnet sich der Gewinn aus der Differenz zwischen Verkaufspreis und Buchwert des Eigenkapitals minus der Veräußerungskosten.

Maßgeblich für den Steueranspruch ist der vertraglich vereinbarte Übergangsstichtag. Bei der Ermittlung der entsprechenden einkommensteuerlichen Bemessungsgrundlage werden

- laufende und
- außerordentliche

Einkünfte eines Veranlagungszeitraums zusammengerechnet. Die laufenden Einkünfte werden somit von der durch die außerordentlichen Einkünfte ausgelösten Progressionswirkung erfasst und in der Gesamtwirkung entsprechend höher besteuert. Um eine derartige höhere Besteuerung ohne eine nachhaltige Erhöhung der Leistungsfähigkeit auszugleichen, werden die Veräußerungsgewinne vom Gesetzgeber als außerordentliche Einkünfte privilegiert. Dazu können mehrere Begünstigungsmöglichkeiten zur Anwendung kommen.

Fünftelregelung sorgt nicht in jedem Fall für steuerliche Entlastung

Ein Unternehmensverkauf bringt es mit sich, dass auf einen Schlag alle stillen Reserven aufgelöst und versteuert werden müssen. Dadurch kann es selbst bei Kleinunternehmern zur Anwendung des Höchststeuersatzes kommen. Um einen Ausgleich zu schaffen, hat der Gesetzgeber mit § 34 Abs. 1 EStG die sogenannte Fünftelregelung geschaffen. Ziel ist, dass die Steuer nicht höher ausfallen soll, als wenn der Gewinn verteilt über einen Zeitraum von fünf Jahren angefallen wäre. Trotzdem wird der Gewinn nicht in den nächsten fünf aufeinanderfolgenden Jahren besteuert, sondern im Veräußerungswirtschaftsjahr. Die entsprechende Berechnung ist nicht ganz einfach, sie wird in der Einkommensteuerrichtlinie R 34.2 definiert und in verschiedenen Berechnungsbeispielen in den amtlichen Hinweisen H 34.2 verdeutlicht (siehe Amtliches Einkommensteuer-Handbuch 2010).

! Achtung

Unterliegen Unternehmenseigner schon im Veräußerungsjahr aufgrund ihrer laufenden Einkünfte dem Höchststeuersatz, bringt ihnen die Fünftelregelung nichts!

Es ist also ratsam, durch Gestaltungsmaßnahmen die laufenden Einkünfte mit Verlusten aus anderen Quellen zu verrechnen – am besten vollständig. Hilfreich kann auch sein, wenn der Übergabestichtag auf den Anfang des Kalenderjahres gelegt wird, um laufende Einkünfte aus dem zu verkaufenden Unternehmen zu vermeiden. Die Fünftelregelung findet keine Anwendung bei der Veräußerung von Anteilen einer Kapitalgesellschaft, da diese Gewinne bereits durch das Teileinkünfteverfahren nach § 3 Nr. 40 EStG begünstigt werden.

Ermäßigter Steuersatz bei bestimmten Fallkonstellationen

In der Regel sorgt beim Unternehmensverkauf der begünstigte Steuersatz nach § 34 Abs. 3 EStG für die größte steuerliche Wirkung. 2004 wurde hier eine Änderung durchgeführt, somit beträgt dieser jetzt 56 % des Durchschnittssteuersatzes - also maximal 25,2 % zuzüglich Solidaritätszuschlag. Die Mindestgrenze nach unten ist der Eingangssteuersatz von aktuell 14 %.

Allerdings sind für die Nutzung der Begünstigung bestimmte Vorgaben maßgeblich:

- Die Vergünstigung kann nur ein Mal im Leben des Steuerpflichtigen in Anspruch genommen werden.
- Sie ist auf einen Gewinn bis maximal 5 Mio. Euro beschränkt.
- Der Steuerpflichtige muss das 55. Lebensjahr vollendet haben oder dauerhaft berufsunfähig geworden sein.

Tipp

Durch eine vorgeschaltete unentgeltliche Aufnahme des Ehegatten in den Betrieb können die Höchstgrenzen verdoppelt werden.

Allerdings ist in einem solchen Fall eine Behaltensfrist von sieben bzw. fünf Jahren zu beachten (§§ 13a, 19a ErbStG).

Pooling bei mehreren Betrieben lohnt sich

Wenn der Unternehmenseigner mehrere Betriebe besitzt, sollte er diese vor einer Veräußerung durch steuerneutrale Einbringung zum Buchwert (§ 24 UmwStG) in einer einzigen Personengesellschaft „poolen".

! Achtung

Wie die Fünftelregelung findet auch die Steuerermäßigung nach § 34 Abs. 3 bei der Veräußerung von Anteilen einer Kapitalgesellschaft keine Anwendung.

Freibetrag ist auf maximal 181.000 Euro beschränkt

2004 wurde auch der Freibetrag bei der Betriebsveräußerung nach § 16 Abs. 4 EStG auf 45.000 Euro beschränkt. Er ermäßigt sich um den Betrag, den der Veräußerungsgewinn um 136.000 Euro übersteigt. Für den Freibetrag gelten mit Ausnahme der 5-Mio.-Grenze dieselben Voraussetzungen wie beim ermäßigten Tarif. Das heißt, dass der Freibetrag nur ein Mal im Leben in Anspruch genommen werden darf und der Unternehmensveräußerer älter als 55 Jahre sein muss. Der Freibetrag kann auch bezüglich der Anteile von Kapitalgesellschaften in Anspruch genommen werden.

Übertragung nach § 6b EStG kann sich lohnen

Wenn die stillen Reserven des Betriebs im Wesentlichen in den nach § 6b Abs. 1 Satz 2 bzw. Abs. 10 EStG begünstigten Wirtschaftsgütern (Immobilien, Anteile an Kapitalgesellschaften bis 500.000 Euro) liegen, kann die Besteuerung dadurch hinausgezögert werden. Der Veräußerungsgewinn muss dazu in eine steuerfreie Rücklage überführt werden. Innerhalb bestimmter Fristen müssen dann begünstigte Wirtschaftsgüter nach § 6b angeschafft werden.

! Achtung

Grundvoraussetzung für die Zulässigkeit dieser Gestaltungsmaßnahme ist aber, dass die verkauften Wirtschaftsgüter mindestens sechs Jahre zum Betriebsvermögen gehört haben.

Eine Rücklagenbildung nach § 6b ist auch dann erlaubt, wenn der Unternehmer gar keinen Betrieb mehr unterhält. Die Rücklage wird dann steuerlich als sogenanntes Zwangsbetriebsvermögen weitergeführt. Nach Fristablauf muss allerdings wieder eine Reinvestition in ein „echtes" Betriebsvermögen erfolgen, sonst droht die Nachversteuerung. Zu beachten ist immer, dass es sich bei der Rücklagenbildung um eine rein zeitliche Begünstigung handelt.

! Achtung

Die Inanspruchnahme der Rücklagenbildung schließt eine Anwendung der Begünstigungen nach § 34 EStG generell aus.

Bei der nachgelagerten Besteuerung können Vergünstigungen nicht in Anspruch genommen werden

Wenn der Unternehmer seinen Betrieb gegen lebenslängliche Zahlungen (Leibrente, dauernde Last) verkauft und die aufgedeckten stillen Reserven versteuert werden, ist es notwendig, den Barwert des Veräußerungserlöses in Form der Rentenzahlungen zu ermitteln. Hierbei können die Vergünstigungen der §§ 16 und 34 EStG in Anspruch genommen werden.

Bezüglich der Besteuerung der lebenslangen Zahlungen ergibt sich eine Besonderheit. Diese werden normalerweise basierend auf dem darin enthaltenen Ertragsanteil i. S. d. § 22 EStG versteuert. Wegen der Unsicherheit über die mögliche Laufzeit der Zahlungen kann anstelle der Sofortversteuerung auch eine nachgelagerte Versteuerung gewählt werden. Wenn der Unternehmer zu dieser Option greift, werden die Kapitalanteile der laufenden Rente zunächst mit dem Buchwert des Eigenkapitals des verkauften Betriebs verrechnet und nur die in den Zahlungen enthaltenen Zinsanteile als nachträgliche Betriebseinnahme besteuert. Nach Verbrauch des Buchwerts (die Veräußerungskosten werden hier dazugerechnet) müssen die Renten allerdings in voller Höhe als nachträgliche Einkünfte versteuert werden.

Bei der nachträglichen Besteuerung sollte unbedingt darauf geachtet werden, dass die Begünstigungen nach §§ 16, 34 EStG nicht zur Verfügung stehen.

Thesaurierungsbegünstigung ist nur ausnahmsweise sinnvoll

Der Gesetzgeber hat im Zuge der Unternehmenssteuerreform 2008 einen weiteren Begünstigungstatbestand geschaffen. Personengesellschaften können seither nicht entnommene Gewinne mit einem verminderten Pauschalsteuersatz von 28,25 % zuzüglich Solidaritätszuschlag ansetzen. Mittels eines relativ komplexen Gestaltungsmodells können hier Steuerersparnisse auch bei der Betriebsveräußerung generiert werden. Neben den Risiken, die die Gestaltung v. a. im Insolvenzfall birgt, ist dieses Modell nur dann überlegenswert, wenn der Veräußerungsgewinn auch langfristig nicht vom verkaufenden Unternehmer benötigt wird. Bei der Unternehmensnachfolge kleiner und mittlerer Betriebe dürfte die Thesaurierungsbegünstigung nur im seltenen Ausnahmefall als Alternative überlegenswert sein.

3.3 Praxisfall

Bezüglich des Praxisfalls in Kapitel 2.1 (Verkauf des Einzelunternehmens Metallbetrieb) kommt für den Unternehmenseigner nur ein Verkauf in Form des Asset Deals infrage. Berater und Unternehmer müssen sorgfältig prüfen, welche steuerlichen Begünstigungsformen bezüglich der Unternehmensveräußerung aufgrund der individuellen Besonderheiten zu nutzen sind. Wahrscheinlich dürfte die Tarifermäßigung nach § 34 Abs. 3 die besten Ergebnisse erzielen können. Intensiv sollte auch die Variante einer nachgelagerten Besteuerung bei Inanspruchnahme einer Leibrente bzw. sonstigen dauernden Last durchgerechnet werden. Grundsätzlich kommt es immer darauf an, dass die Steuerbelastung auf den Veräußerungsgewinn so niedrig wie möglich gehalten wird.

! Achtung

Nicht nur der Unternehmer aus dem Praxisfall, sondern alle veräußerungsbereiten Unternehmer sollten darauf achten, dass es durch den Verkauf des Unternehmens zur Unzeit aufgrund der gesetzlichen Behaltensfristen nicht zum rückwirkenden Verlust von zuvor in Anspruch genommenen Steuervergünstigungen (Investitionszulagen, Zuschüsse etc.) kommt.

3.4 Fahrplan

Je größer und komplexer das Unternehmen ist, desto mehr Zeit muss für einen geordneten und strukturierten Übergabeprozess angesetzt werden. Es lohnt sich grundsätzlich, auf die jeweiligen langen gesetzlichen Behaltensfristen zu achten – insbesondere dann, wenn der Unternehmenseigner seinen Ehegatten schenkweise in den Betrieb aufnehmen oder Übertragungen nach § 6b EStG vornehmen will. Modifiziert sollten daher der tatsächlichen Nachfolge im Idealfall schon mindestens zehn Jahre entsprechende Gestaltungsüberlegungen und gegebenenfalls entsprechende Realisierungsschritte vorangehen.

Maßnahme	Dauer
Grundlegende Überlegungen bezüglich der Unternehmensnachfolge bzw. einer möglichen Unternehmensveräußerung und gegebenenfalls entsprechende Vorbereitungen	10 bis 8 Jahre vor dem Tag X
Konkrete Entscheidungsphase (inklusive betriebswirtschaftliche rechtliche und steuerliche Analyse, Due Dilligence)	6 bis 9 Monate

Maßnahme	Dauer
Matchingphase I (Suchphase)	mindestens 6 Monate
Matchingphase II (Verhandlungsphase)	mindestens 3 Monate
Übergangsphase	individuell verschieden (i. d. R. 3 bis 6 Monate)
Rückzugsphase	kann beim Verkauf entbehrlich sein, anderenfalls 3 bis 36 Monate (gegebenenfalls auch länger möglich, aber bei getroffener Nachfolgeentscheidung wenig empfehlenswert)

3.5 Muster

3.5.1 Vertraulichkeits- und Exklusivitätsvereinbarung (non-disclosure-agreement)

Vertraulichkeits- und Exklusivitätsvereinbarung

zwischen dem Alleingesellschafter ... der

...-GmbH

– nachfolgend Verkäufer genannt –

und der

...-GmbH,

vertreten durch ihren alleinvertretungsberechtigten Geschäftsführer ...

– nachfolgend Kaufinteressent genannt –

Präambel

Der Verkäufer beabsichtigt, sämtliche Geschäftsanteile der ... (nachfolgend „Gesellschaft" genannt) als deren alleiniger Gesellschafter zu veräußern. Der Kaufinteressent beabsichtigt, die Möglichkeit eines unmittelbaren Erwerbs der Geschäftsanteile näher zu prüfen. Hierzu wird die Gesellschaft dem Kaufinteressenten sowie dessen Beratern Unternehmensdaten zum Zwecke der genauen Prüfung zur Verfügung stellen. Vor diesem Hintergrund vereinbaren die Parteien wie folgt:

§ 1 Exklusivität und Vertragsstrafe

(1) Der Verkäufer wird bis einschließlich zum ... keine Gespräche über die Veräußerung seiner Beteiligungen an der Gesellschaft oder über die Aufnahme weiterer Gesellschafter oder die Veräußerung des Vermögens der Gesellschaft - ganz oder teilweise - mit Dritten führen. Eine Kontaktaufnahme zu möglichen dritten Kaufinteressenten wird bis zum ... nicht stattfinden

(2) Für den Fall einer Verletzung dieser Exklusivitätsvereinbarung verpflichtet sich der Verkäufer, eine Vertragsstrafe in Höhe von ... Euro an den Kaufinteressenten zu zahlen.

(3) Der Kaufinteressent ist berechtigt, anstelle der Vertragsstrafe die Erstattung der Kosten zu verlangen, die ihm im Zusammenhang mit der geplanten Beteiligung an der Gesellschaft bis zu dem Tag entstanden sind, an dem der Kaufinteressent Kenntnis von der Verletzung dieser Exklusivitätsvereinbarung erlangt hat.

§ 2 Vertraulichkeit

(1) Die Parteien verpflichten sich, über die Tatsache, dass Verhandlungen über eine Beteiligung des Kaufinteressenten an der Gesellschaft geführt werden und über den jeweiligen Stand dieser Verhandlungen, absolutes Stillschweigen gegenüber Dritten zu wahren.

(2) Der Kaufinteressent verpflichtet sich gegenüber dem Verkäufer, ihm mündlich, schriftlich, durch die Gestattung von Besichtigungen oder auf andere Weise direkt oder indirekt übermittelte Informationen und Unterlagen über die Gesellschaft streng vertraulich zu behandeln und ausschließlich für den in der Vorbemerkung beschriebenen Zweck zu benutzen. Die genannten Informationen dürfen - soweit nicht durch diese Vereinbarung ausdrücklich zugelassen - ohne die vorherige Zustimmung des Verkäufers keinem Dritten zugänglich gemacht werden und müssen in jeder Hinsicht mit der strengsten Geheimhaltung dahingehend behandelt werden, dass kein Dritter zu den Informationen Zugang erhält. Die Vertraulichkeit umfasst auch, keinem Dritten gegenüber offenzulegen, dass diese Vertraulichkeitsvereinbarung abgeschlossen worden ist, dass der Verkäufer die Aufnahme weiterer Gesellschafter in die Gesellschaft beabsichtigt und dass Informationen bereitgestellt werden. Die Verpflichtung erstreckt sich jedoch nicht auf solche Informationen, die

- bereits öffentlich bekannt sind oder während der Verhandlungen zwischen den Parteien öffentlich bekannt werden, ohne dass der Kaufinteressent, seine Mitarbeiter oder Berater dies zu vertreten hätten, oder
- dem Kaufinteressenten bereits bekannt sind oder ihm während der Verhandlungen zwischen den Parteien ohne Verletzung dieser Vertraulichkeitsvereinbarung oder gesetzlicher Vorschriften bekannt werden.

Falls dem Kaufinteressenten die von dem Verkäufer zur Verfügung gestellten Informationen und Unterlagen im Zeitpunkt der Übergabe bereits bekannt sind, wird der Kaufinteressent den Verkäufer unverzüglich darüber informieren.

(3) Der Kaufinteressent wird die ihm zur Verfügung gestellten Informationen und Unterlagen innerhalb seines eigenen Unternehmens nur der Geschäftsleitung und solchen Mitarbeitern sowie solchen Beratern offenbaren, die beruflich oder vertraglich zur Verschwiegenheit verpflichtet sind. Es ist dem Kaufinteressenten nicht gestattet, die

ihm überlassenen Informationen und Unterlagen zu Wettbewerbszwecken zu verwenden, an Dritte weiterzugeben oder diese öffentlich bekannt zu machen.

(4) Für den Fall, dass die zwischen den Parteien geführten Verhandlungen nicht zu einer Beteiligung des Kaufinteressenten an der Gesellschaft führen, verpflichtet sich der Kaufinteressent, alle ihm zur Verfügung gestellten schriftlichen Informationen und Unterlagen auf Verlangen des Verkäufers an diesen zurückzugeben sowie die vom Kaufinteressenten auf der Grundlage der ihm überlassenen Informationen und Unterlagen angefertigten Aufzeichnungen oder erarbeiteten Unterlagen zu vernichten.

(5) Der Kaufinteressent wird anlässlich der Verhandlungen über eine Beteiligung an der Gesellschaft nur diejenigen Mitarbeiter und Berater der Gesellschaft ansprechen, deren Namen dem Kaufinteressenten von dem Verkäufer für diesen Zweck genannt werden.

(6) Der Kaufinteressent verpflichtet sich gegenüber dem Verkäufer, weder direkt noch indirekt Mitarbeiter der Gesellschaft abzuwerben noch Dritte bei einer solchen Abwerbung zu unterstützen. Der Kaufinteressent wird insbesondere Mitarbeitern der Gesellschaft weder Anstellungs- oder Beraterverträge anbieten noch mit diesen abschließen.

(7) Der Kaufinteressent stellt sicher, dass sämtliche in dieser Vertraulichkeitsvereinbarung enthaltenen Pflichten auch von den von ihm eingeschalteten Mitarbeitern und Beratern beachtet werden.

(8) Diese Vertraulichkeitsvereinbarung behält Gültigkeit für ... Monate ab Unterzeichnung. Dies gilt uneingeschränkt und unabhängig davon, ob eine Beteiligung des Kaufinteressenten an der Gesellschaft zustande kommt oder nicht

§ 3 Schlussbestimmungen

(1) Diese Vereinbarung unterliegt dem Recht der Bundesrepublik Deutschland.

(2) Änderungen und Ergänzungen dieser Vereinbarung einschließlich einer Änderung dieser Klausel bedürfen der Schriftform.

(3) Sollten einzelne Bestimmungen dieser Vereinbarung ganz oder teilweise unwirksam sein oder werden oder sollte sich in der Vereinbarung eine Lücke befinden, so wird hierdurch die Gültigkeit der übrigen Bestimmungen nicht berührt. Anstelle der unwirksamen Bestimmung oder zur Ausfüllung der Lücke werden die Parteien eine angemessene Regelung vereinbaren, die, soweit rechtlich möglich, dem am Nächsten kommt, was die Parteien wirtschaftlich mit der ursprünglichen Regelung beabsichtigt haben.

(4) Gerichtsstand für Streitigkeiten aus dieser Vereinbarung ist ...

(Ort, Datum, Unterschriften)

3.5.2 Unternehmenskaufvertrag im Wege eines Asset Deals

Kaufvertrag

zwischen der

Firma ...-GmbH,

vertreten durch ihren alleinvertretungsberechtigten Geschäftsführer ...

– nachfolgend Verkäuferin genannt –

und der

...-GmbH,

vertreten durch ihren alleinvertretungsberechtigten Geschäftsführer ...

– nachfolgend Käuferin genannt –

Präambel

(1) Die Verkäuferin betreibt unter der Firma ... ein Handelsgeschäft (nachfolgend Unternehmen genannt), dessen wesentlicher Gegenstand ... ist. Die Verkäuferin hat ihren Sitz in ... und ist im Handelsregister des Amtsgerichts ... unter HRB ... eingetragen.

(2) Die Verkäuferin beabsichtigt, das Unternehmen durch die Übertragung des gesamten Betriebsvermögens, aller Vertragsverhältnisse und Unternehmensverbindlichkeiten zu verkaufen und zu übertragen. Die Käuferin beabsichtigt, das Unternehmen auf diesem Wege zu übernehmen. Dies vorausgeschickt, vereinbaren die Parteien Folgendes:

§ 1 Maschinen und sonstige Anlagen, Betriebseinrichtungen und Inventar

(1) Die Verkäuferin verkauft und übereignet alle von ihr bisher in ihrem Unternehmen genutzten Maschinen, Versorgungsanlagen, sonstigen Vorrichtungen und Ausstattungen der Betriebs- und Geschäftsräume.

(2) Die Käuferin nimmt dieses Angebot zum Verkauf und zur Übereignung an.

(3) Die verkauften Vermögensgegenstände ergeben sich im Wesentlichen aus dem zum ... erstellten Inventarverzeichnis des Unternehmens, welches diesem Vertrag als Anlage ... beigefügt ist. Zu den verkauften Vermögensgegenständen zählen zudem alle Vermögensgegenstände, auf deren Erfassung in dem Inventarverzeichnis aufgrund ihrer Eigenart verzichtet wurde. Ebenfalls verkauft sind die dem Unternehmen im Rahmen des gewöhnlichen Geschäftsbetriebs bis zum Übergangsstichtag zugehenden Vermögensgegenstände. Nicht verkauft sind diejenigen Gegenstände, die im Rahmen des gewöhnlichen Geschäftsbetriebs bis zum Übergangsstichtag aus dem Betriebsvermögen abgesondert wurden oder solche Gegenstände, die im Eigentum Dritter stehen. Diese Gegenstände sind in dem Inventarverzeichnis II bezeichnet (Anlage ...).

(4) Die Abschlussprüfer der Verkäuferin erstellen zum Übergangsstichtag eine Abschlussbilanz, aus der sich nach allgemein anerkannten deutschen Bilanzierungsregeln unter Wahrung der Kontinuität der Bilanzierungs- und Bewertungswahlrechte die Buchwerte der gemäß Anlage 1 verkauften Gegenstände ergeben. Für die Bewertung gelten die in Anlage ... diesem Vertrag beigefügten Regeln. Die Käuferin ist berechtigt, an der Erstellung dieser Bilanz persönlich oder durch einen beauftragten Wirtschaftsprüfer teilzunehmen. Die Käuferin und/oder deren Beauftragte sind berechtigt, alle Geschäftsräume der Verkäuferin zu betreten und Einblick in alle von dieser für die Durchführung der Bewertung für erforderlich gehaltenen Unterlagen zu neh-

men. Soweit die Vermögensgegenstände bereits in der zuletzt erstellten Bilanz mit ihrem Buchwert ausgewiesen waren, ist dieser Wert in Anlage 1 zugrunde zu legen. Im Übrigen gilt für die Bewertung § 13 Abs. 7 bis 9 dieses Vertrags entsprechend.

§ 2 Vorratsvermögen

(1) Die Verkäuferin verkauft und übereignet die zum Übergangsstichtag vorhandenen Gegenstände ihres Umlaufvermögens. Dazu zählen alle Gegenstände, die im Umlaufvermögensverzeichnis aufgeführt sind, das diesem Vertrag als Anlage ... beigefügt ist, insbesondere alle Roh-, Hilfs- und Betriebsstoffe, halbfertige und fertige Erzeugnisse sowie Ersatzteile. Soweit die Gegenstände sich im Besitz Dritter befinden, tritt die Verkäuferin der Käuferin ihre Herausgabeansprüche gegen die jeweiligen Besitzer ab und übergibt der Käuferin die Lagerscheine.

(2) Die Vertragsparteien erstellen am Übergangsstichtag eine Inventur des körperlichen Vorratsvermögens. Die so festgestellten Gegenstände werden nach dem Niederstwertprinzip (Anschaffungs- und/oder Herstellungskosten oder niedrigerer Teilwert) bewertet. Im Übrigen gelten § 1 Abs. 4 und § 13 Abs. 7 bis 9 dieses Vertrags entsprechend.

§ 3 Gewerbliche Schutzrechte und andere Rechte

(1) Die Verkäuferin verkauft der Käuferin die in der diesem Vertrag beigefügten Anlage ... aufgeführten gewerblichen Schutzrechte, deren Schutzrechtsanmeldungen sowie alle Nutzungsrechte an den gewerblichen Schutzrechten und Urheberrechten und das Recht zur Firmenfortführung mit oder ohne Nachfolgezusatz.

(2) Die Verkäuferin verkauft der Käuferin ferner alle Rechte an Erfindungen, Verfahren, Formeln, Erfahrungen und Know-how sowie alle sonstigen immateriellen Güter, die nicht Gegenstand gewerblicher

Schutzrechte sein können. Die Verkäuferin verkauft der Käuferin darüber hinaus alle Verkörperungen der in Satz 1 aufgeführten immateriellen Güter, wie z. B. Rezepte, elektronische, optische oder akustische Datenträger und Zeichnungen. Die Parteien sind sich darüber einig, dass alle Rechte an dem kommerziellen Know-how, Geschäftsgeheimnissen, betrieblichen Verfahren sowie sämtlichen Verkörperungen i. S. d. Satz 2 dieser Rechte auf die Käuferin übergehen.

§ 4 Auftragsbestand

(1) Vorbehaltlich der Zustimmung der jeweiligen Auftraggeber übernimmt die Käuferin zum Übergangsstichtag im Wege der befreienden Schuldübernahme den gesamten zu diesem Zeitpunkt vorhandenen Auftragsbestand der Verkäuferin, der sich im Einzelnen aus der diesem Vertrag beigefügten Anlage ... ergibt. Zudem tritt die Verkäuferin in alle zum Übergangsstichtag bestehenden Auftragsangebote ein. Die Parteien dieses Kaufvertrags werden sich nach besten Kräften dafür einsetzen, dass der jeweilige Auftraggeber der Vertragsübernahme durch die Käuferin zustimmt.

(2) Die Käuferin führt die übernommenen Verträge auf eigene Rechnung aus und stellt die Verkäuferin von allen Verpflichtungen aus den übernommenen Verträgen frei, es sei denn, die Verkäuferin haftet dem Auftraggeber oder Dritten auf Schadenersatz.

(3) In andere als die in der Anlage ... aufgeführten Vertragsverhältnisse tritt die Käuferin nicht ein.

§ 5 Forderungen, Verträge und Verbindlichkeiten

(1) Vorbehaltlich der Zustimmung der jeweiligen Gläubiger übernimmt die Käuferin mit Wirkung zum Übergangsstichtag im Wege der schuldbefreienden Schuldübernahme alle in der diesem Vertrag beigefügten Anlage ... aufgeführten Verbindlichkeiten, Eventualverbind-

lichkeiten sowie sonstigen Verpflichtungen, für die die Verkäuferin Rückstellungen in dem Jahresabschluss vom ... gebildet hat. Andere als die in der Anlage ... aufgeführten Verbindlichkeiten werden von der Käuferin nicht übernommen.

(2) Vorbehaltlich einer Zustimmung der jeweiligen Vertragspartner übernimmt die Käuferin die zum Übergangsstichtag bestehenden Beschaffungsverträge über Roh-, Hilfs- und Betriebsstoffe oder sonstige im Zusammenhang mit der Betriebsführung stehende Erzeugnisse und Ersatzteile sowie alle bestehenden Liefer-, Dienst- und Werkverträge, soweit sie in der diesem Vertrag beigefügten Anlage ... aufgeführt sind. Die Käuferin führt die übernommenen Verträge auf eigene Rechnung aus und stellt die Verkäuferin von allen Verpflichtungen aus den übernommenen Verträgen frei, es sei denn, die Verkäuferin haftet dem Auftraggeber oder Dritten auf Schadenersatz. § 4 Abs. 1 Satz 3 dieses Vertrags findet entsprechende Anwendung.

(3) Die Käuferin tritt in alle das Betriebsgrundstück betreffenden Mietverträge, welche sich aus der dem Vertrag beigefügten Anlage ... ergeben, ein. Sofern der jeweilige Vermieter die erforderliche Zustimmung zu der Vertragsübernahme durch die Käuferin nicht erteilt, verpflichtet sich die Verkäuferin bereits jetzt, mit der Käuferin die in der Anlage ... diesem Vertrag beigefügten Untermietverträge über das Betriebsgrundstück .... mit Wirkung zum Übergangsstichtag abzuschließen. Die Verkäuferin ist in diesem Fall verpflichtet, der Käuferin im Rahmen der Untermietverträge die uneingeschränkte Möglichkeit zur Nutzung der Betriebsgrundstücke zu verschaffen und jede rechtsgestaltende Erklärung im Hinblick auf die jeweiligen Mietverträge ohne vorherige schriftliche Zustimmung der Käuferin zu unterlassen.

(4) Die Käuferin übernimmt vorbehaltlich der Zustimmung der jeweiligen Vertragspartner alle zum Zeitpunkt des Vertragsschlusses bestehenden Versicherungsverträge, soweit sie in der diesem Vertrag beigefügten Anlage ... aufgeführt sind. § 4 Abs. 1 Satz 3 dieses Vertrags findet entsprechende Anwendung. Die Verkäuferin verpflichtet sich, alle sonstigen für das Unternehmen begründeten Versicherungsver-

träge bis zum Übergangsstichtag, spätestens jedoch bis zum ... zu kündigen.

(5) Soweit aus nicht übernommenen und nicht zum Übergangsstichtag gekündigten oder kündbaren Verträgen Verpflichtungen für die Käuferin folgen, verpflichtet sich die Verkäuferin, die Käuferin von diesen Verpflichtungen freizustellen. Die Verkäuferin verpflichtet sich darüber hinaus, die Käuferin von allen Ausgleichsansprüchen solcher Handelsvertreter freizustellen, die einer Vertragsübernahme durch die Käuferin widersprechen.

(6) Andere als die in den Anlagen ... aufgeführten Verträge werden von der Käuferin nicht übernommen. Andere als die in Anlage ... aufgeführten Verbindlichkeiten werden von der Käuferin nicht übernommen.

(7) Die Verkäuferin verpflichtet sich, ab Datum des Vertragsschlusses Verpflichtungen der in § 5 Abs. 2 dieses Vertrags genannten Art nur einzugehen, soweit dies für die ordnungsgemäße Betriebsfortführung erforderlich ist. Verpflichtungen, die eine Höhe von mehr als ... Euro haben oder die Verkäuferin über einen Zeitraum von mehr als ... Monaten binden, darf die Verkäuferin nicht eingehen, es sei denn, die Käuferin hat zuvor schriftlich ihre Zustimmung erteilt.

§ 6 Geschäftsanteile

(1) Die Verkäuferin verkauft und übereignet der Käuferin folgende Geschäftsanteile an der Gesellschaft ... mit Sitz in ..., eingetragen im Handelsregister des Amtsgerichts ... unter ...

a) Geschäftsanteil im Nennbetrag von ... Euro
b) Geschäftsanteil im Nennbetrag von ... Euro

(2) Gemäß § 16 Abs. 1 GmbHG gilt die Käuferin der Gesellschaft gegenüber nur als Inhaber der übertragenen Geschäftsanteile, wenn

sie in der im Handelsregister aufgenommenen Gesellschafterliste eingetragen ist. Verkäuferin und Käuferin weisen den beurkundenden Notar an, eine entsprechend geänderte Gesellschafterliste zu gegebener Zeit dem Handelsregister einzureichen.

§ 7 Grundstücke

(1) Die Verkäuferin verkauft das bebaute Betriebsgrundstück ... mit allen wesentlichen Bestandteilen an die, dies annehmende Käuferin. Die Vertragsparteien sind sich einig, dass der Besitz und die Nutzungen, die Gefahr und die Kosten einschließlich aller Verpflichtungen aus dem Grundbesitz zum Übergangsstichtag auf die Käuferin übergehen sollen.

(2) Die Parteien sind sich einig, dass das Eigentum auf die Käuferin übergeht und bewilligen die Eintragung des Eigentümerwechsels in das Grundbuch.

§ 8 Arbeitsverträge und Betriebsvereinbarungen

(1) Die Käuferin verpflichtet sich, alle zum Übergangsstichtag bestehenden Arbeitsverhältnisse mit Arbeitnehmern der Verkäuferin zu übernehmen und in alle sich daraus ergebenden Rechte und Pflichten einzutreten. Der Personalbestand zum Zeitpunkt des Vertragsschlusses gibt die diesem Vertrag als Anlage ... beigefügte Mitarbeiterliste vollständig und richtig wieder. Diese Mitarbeiterliste enthält alle für die Übernahme und Fortführung der Arbeitsverhältnisse erforderlichen Angaben, insbesondere Namen, Anschrift, Geburtsdatum, Familienstand, Eintrittsalter, Kündigungsfristen, aktuelle Vergütung und Nebenleistungen, alle Sondervereinbarungen und etwaige Informationen über einen Sonderstatus. Die Verkäuferin hat über die in den Personalakten und den als Anlage ... beigefügten Angaben in der Mitarbeiterliste ihren Mitarbeitern keine Extravergütungen, zusätzlichen Urlaubsansprüche, Lohn- oder Gehaltserhöhungen, betriebli-

che Altersversorgungen o. Ä. zugesagt. Es bestehen mit Ausnahme der in Anlage ... aufgeführten und diesem Vertag beigefügten Verträge keine weiteren Pensionsverpflichtungen des Unternehmens.

(2) Die Verkäuferin hat alle durch sie erteilten Vollmachten (Prokura, Handlungsvollmachten) in der dem Vertrag als Anlage ... beigefügten Liste vollständig und richtig aufgeführt.

(3) Die Verkäuferin verpflichtet sich, ab Vertragsschluss kein Arbeitsverhältnis ohne vorherige Zustimmung durch die Käuferin zu kündigen oder neu zu begründen.

(4) Die Verkäuferin verpflichtet sich, bis zum ..., spätestens jedoch bis zwei Monate vor dem geplanten Übergangsstichtag, alle Arbeitnehmer in der gem. § 613a Abs. 5 und Abs. 6 BGB vorgeschriebenen Form über den geplanten Betriebsübergang zu unterrichten. Nach Ablauf der Widerspruchsfrist des § 613a Abs. 6 BGB erstellt die Käuferin eine Liste aller widersprechenden Arbeitnehmer und wird diese der Verkäuferin aushändigen.

(5) Die Käuferin verpflichtet sich, die von den Arbeitnehmern im Betrieb der Verkäuferin erbrachten Dienstzeiten bei der Erbringung gesetzlicher, tariflicher oder freiwilliger Leistungen anzurechnen.

(6) Die Verkäuferin stellt die Käuferin von allen Ansprüchen übergegangener Arbeitnehmer frei, die schon vor dem Betriebsübergang begründet worden sind, es sei denn, diese Ansprüche sind in der diesem Vertrag beigefügten Anlage ... aufgeführt. Dies gilt auch für solche Versorgungsleistungen, die vor Ablauf eines Jahres seit dem Übergangsstichtag fällig werden. Im Übrigen verpflichtet sich die Verkäuferin, die Käuferin von allen vom ... bis zum ... fälligen und rückständigen Forderungen übernommener Arbeitnehmer im Innenverhältnis freizustellen. Im Gegenzug verpflichtet sich die Käuferin, die Verkäuferin von allen Verpflichtungen übernommener Arbeitnehmer ab Übergangsstichtag freizustellen. Davon ausgenommen bleibt die Haftung der Verkäuferin für Ruhegeldansprüche und Versorgungsanwart-

schaften im Zeitpunkt des Übergangsstichtags bereits ausgeschiedener Arbeitnehmer.

(7) Die Verkäuferin erstellt eine als Anlage ... diesem Vertrag beigefügte Liste, aus der sich alle zum Zeitpunkt des Vertragsschlusses bestehenden Betriebsvereinbarungen und Firmentarifverträge vollständig und richtig ergeben. Die Verkäuferin verpflichtet sich, folgende Betriebsvereinbarungen und Firmentarifverträge zum nächstmöglichen Termin zu kündigen:

a) die Betriebsvereinbarung vom ...
b) die Betriebsvereinbarung vom ...
c) den Firmentarifvertrag vom ...

Im Übrigen verpflichtet sich die Verkäuferin, ohne vorherige schriftliche Zustimmung der Käuferin bis zum Übergangsstichtag keine Veränderung der arbeitsrechtlichen Verhältnisse herbeizuführen, insbesondere nicht die Mitgliedschaft im Arbeitgeberverband aufzugeben, keine Haustarifverträge oder neuen Betriebsvereinbarungen abzuschließen sowie keine bestehenden Betriebsvereinbarungen zu kündigen oder zu verändern.

§ 9 Treuhänderische Fortführung von Vertragsverhältnissen

Soweit der Eintritt in die Verträge oder die Übernahme von Verbindlichkeiten durch die Käuferin von der Zustimmung Dritter abhängt und diese Zustimmung trotz des Bemühens beider Vertragsparteien nicht zu erlangen ist, bleibt die jeweilige Vertragsbeziehung im Außenverhältnis zwischen Verkäuferin und Drittem bestehen und wird im Innenverhältnis im Auftrag und für Rechnung der Käuferin abgewickelt. Scheitert die Übernahme der Verbindlichkeiten der Verkäuferin an einer nicht erteilten Zustimmung des Gläubigers, ist die Käuferin verpflichtet, die Verkäuferin im Innenverhältnis freizustellen.

§ 10 Behördliche Erlaubnisse

Die Vertragsparteien gehen übereinstimmend davon aus, dass die zum Betrieb des Unternehmens erforderlichen sachbezogenen behördlichen Genehmigungen zum Zeitpunkt des Vertragsschlusses bestehen und keine Gründe bekannt sind, die einen Widerruf oder eine Rücknahme solcher behördlichen Genehmigungen rechtfertigen könnten. Die behördlichen Genehmigungen können ohne Weiteres von der Käuferin genutzt werden. Die Käuferin verpflichtet sich, alle darüber hinausgehenden und für den Betrieb des Unternehmens erforderlichen personenbezogenen behördlichen Genehmigungen unverzüglich zu beantragen. Die Verkäuferin sagt der Käuferin insoweit ihre Unterstützung zu.

§ 11 Versicherungen

Alle von diesem Kaufvertrag erfassten Gegenstände des Anlage- und Umlaufvermögens sind, soweit sie üblicherweise versichert werden, zum Wiederbeschaffungswert in Höhe der diesem Vertrag als Anlage ... beigefügten jeweilig ausgewiesenen Deckungssummen versichert. Weitere Risiken, die mit dem Betrieb des Unternehmens verbunden sind, sind gemäß der als Anlage ... diesem Vertrag beigefügten Betriebsversicherungsliste in ausreichender Höhe versichert.

§ 12 Übergangsstichtag und aufschiebende Bedingungen

(1) Der Übergangsstichtag im Sinne dieses Vertrags ist der ..., 24:00 Uhr.

(2) Im Übrigen erfolgen der Verkauf und die Abtretung der Anteile unter den folgenden aufschiebenden Bedingungen:

a) Soweit kartellrechtliche Zustimmungen für die Wirksamkeit dieses Vertrags erforderlich sind, steht der Vertrag unter der aufschiebenden Bedingung der Erteilung dieser Zustimmungen. Die Anmeldung als Zusammenschlussvorhaben werden die Vertragsparteien unverzüglich nach Beurkundung dieses Vertrags gemeinsam vornehmen. Die Käuferin hat die Führung in einem etwaigen Genehmigungsverfahren.

b) Zustimmung der Gesellschafterversammlung der Gesellschaft.

§ 13 Kaufpreis

(1) Der an die Verkäuferin zu zahlende vorläufige Kaufpreis für den Verkauf und die Übertragung des Unternehmens und aller Anteile in dem in diesem Vertrag festgelegten Umfang beträgt ... Euro. Der Kaufpreis setzt sich wie folgt zusammen:

a) aus dem Wert der Maschinen und sonstige Anlagen, Betriebseinrichtungen und Inventar gemäß Anlage 1 zu diesem Vertrag: ... Euro
b) aus dem Wert aller immateriellen Vermögenswerte gem. § 3 dieses Vertrags: ... Euro
c) aus dem Wert aller übernommenen Forderungen, Verträge und sonstigen Rechtsverhältnisse, soweit sie in §§ 4 und 5 aufgeführt sind: ... Euro
d) aus dem vorläufigen Wert des Anlage- und Vorratsvermögens gem. § 2 dieses Vertrags: ... Euro

Gesamt: ... Euro

(2) Die Parteien vereinbaren, dass der gesamte vorläufige Kaufpreis zum Übergangsstichtag fällig wird.

(3) Die Zahlung des Kaufpreises erfolgt ohne Mehrwertsteuer auf das Konto der Verkäuferin Nr. ... bei der ... BLZ ... Die Käuferin verpflichtet sich, die auf den Kaufpreis zu entrichtende Mehrwertsteuer für Rechnung der Verkäuferin unmittelbar an das zuständige Finanzamt auf das dort für die Verkäuferin geführte Steuerkonto abzuführen.

(4) Soweit die Käuferin die vorstehende Zahlungsverpflichtung nicht fristgemäß erfüllt, ist der ausstehende Betrag seit Fälligkeit mit ... % über dem Basiszinssatz zu verzinsen.

(5) Soweit der Wert des Anlage- und Umlaufvermögens des Unternehmens ausweislich der testierten Stichtagsbilanz von dem bei der Bemessung des Kaufpreises zugrunde gelegten Wert i. H. v. ... Euro abweicht, ermäßigt oder erhöht sich der in Abs. 1 vereinbarte Kaufpreis entsprechend um diesen Betrag.

(6) Ein etwaiger Kaufpreisminderungsbetrag ist von der Verkäuferin innerhalb eines Monats, nachdem die Stichtagsbilanz verbindlich geworden ist, an die Käuferin zurückzuzahlen. Ein etwaiger hinausgehender Mehrbetrag ist von der Käuferin innerhalb eines Monats, nachdem die Bilanz gem. § 13 Abs. 7 dieses Vertrags verbindlich geworden ist, auf das in Abs. 3 genannte Konto der Verkäuferin zu zahlen. Ein negativer Kaufpreis ist ausgeschlossen.

(7) Die Abschlussprüfer der Verkäuferin erstellen zum Übergangsstichtag eine Abschlussbilanz, aus der sich nach allgemein anerkannten deutschen Bilanzierungsregeln unter Wahrung der Kontinuität der Bilanzierungs- und Bewertungswahlrechte eine Bilanz auf den Stichtag (Stichtagsbilanz) sowie eine Gewinn- und Verlustrechnung für den Zeitraum vom ... bis zum Übergangsstichtag ergibt. Der Jahresabschluss auf den 31.12.20.. ist diesem Vertrag als Anlage ... beigefügt. Die Abschlussbilanz ist auf der Grundlage einer von den Vertragsparteien gemeinsam durchgeführten Inventur des Unternehmens zu erstellen. Die Käuferin ist berechtigt, die Abschlussbilanz durch einen beauftragten Wirtschaftsprüfer zu überprüfen. Mit der Erteilung eines uneingeschränkten Bestätigungsvermerks der Abschlussprüfer beider Vertragsparteien oder dem Verzicht auf eine Überprüfung der Abschlussbilanz durch die Käuferin ist die Abschlussbilanz für beide Vertragsparteien verbindlich.

(8) Über Meinungsverschiedenheiten, die sich bei der Aufstellung der Abschlussbilanz einschließlich der Inventur ergeben, erstellen die

Abschlussprüfer auf Antrag einer Vertragspartei gemeinsam eine Abschlussbilanz. Bei Meinungsverschiedenheiten zwischen den Abschlussprüfern über die Aufstellung der Abschlussbilanz soll auf Antrag eines Abschussprüfers ein von der Wirtschaftsprüferkammer in ... zu benennender Wirtschaftsprüfer als Obergutachter verbindlich gem. § 315 BGB über die Bewertung entscheiden.

(9) Weigert sich einer der beiden Abschlussprüfer, der sich unter Berücksichtigung der schiedsgutachterlichen Entscheidung ergebenden Abschlussbilanz den uneingeschränkten Bestätigungsvermerk zu erteilen, hat der Obergutachter den Abschluss erneut zu prüfen und als Obergutachter über die Erteilung des Bestätigungsvermerks zu entscheiden.

§ 14 Selbstständige Garantieversprechen

Die Vertragsparteien sind sich einig, dass mit den folgenden selbstständigen Garantieversprechen gem. § 311 Abs. 1 BGB keine Beschaffenheitsvereinbarung nach § 434 Abs. 1 BGB und keine Beschaffenheitsgarantie nach § 443 BGB getroffen werden soll. Dies vorausgeschickt, übernimmt die Verkäuferin die Gewähr in Form eines selbstständigen Garantieversprechens gem. § 311 Abs. 1 BGB, dass alle in diesem Vertrag gemachten Angaben und insbesondere die folgenden Aussagen am Übergangsstichtag in jeder Hinsicht vollständig, richtig und zutreffend sind:

1. Eigentum und Gebrauchsfähigkeit

a) Die Verkäuferin ist zum Zeitpunkt des Vertragsschlusses unbeschränkte Eigentümerin aller in den Anlagen ... aufgeführten materiellen und immateriellen Vermögensgegenstände. Beschränkungen und Belastungen dieser Vermögenswerte bestehen mit Ausnahme der in der Anlage aufgeführten Vermögenswerte nicht.
b) Alle dem Unternehmen dienenden Gegenstände, insbesondere die in diesem Vertrag als Anlage ... bezeichneten Gegenstände,

begründen sie zu einem für den betrieblichen Einsatz voll gebrauchsfähigen Zustand.

2. Gewerbliche Schutzrechte

a) Die in Anlage ... bezeichneten und verkauften gewerblichen Schutzrechte einschließlich der Rechte aus erfolgter Anmeldung sowie alle Nutzungsrechte hieraus stehen der Verkäuferin allein und uneingeschränkt zu; Rechte Dritter an diesen Schutz- oder Nutzungsrechten bestehen nicht, ausgenommen die aus der diesem Vertrag als Anlage ... beigefügten Lizenzverträge;
b) Die in Anlage ... bezeichneten und verkauften gewerblichen Schutzrechte sind rechtswirksam und rechtsbeständig; es sind weder Angriffe Dritter gegen diese Schutzrechte erfolgt oder zu erwarten noch besteht nach Kenntnis der Verkäuferin aus sonstigen Gründen die Gefahr der Löschung oder Nichtigkeitserklärung der Schutzrechte noch werden durch diese Schutzrechte oder deren Gebrauch gewerbliche Schutzrechte Dritter verletzt;
c) Die genannten Schutzrechte sind dahin gehend gesichert, als dass alle fälligen Gebühren bezahlt und alle sonst zur Aufrechterhaltung der Schutzrechte erforderlichen Maßnahmen vollständig und rechtzeitig erfolgt sind.

3. Geschäftsbetrieb

Die Verkäuferin versichert, dass es zum Zeitpunkt des Vertragsschlusses keine gerichtlichen Entscheidungen oder behördlichen Maßnahmen gibt, aus denen sich Beschränkungen oder Behinderungen des bestehenden Geschäftsbetriebs des Unternehmens ergeben könnten. Durch den Geschäftsbetrieb des Unternehmens werden keine Vorschriften, Richtlinien oder behördlichen Anordnungen verletzt. Gerichtliche oder behördliche Verfahren wegen Verletzung öffentlichrechtlicher Vorschriften oder Anordnungen oder wegen des Verdachts einer begangenen Straftat oder Ordnungswidrigkeit sind nicht anhängig. Ferner gibt es keine steuer-, straf- oder umweltrechtlichen Streitigkeiten mit Ausnahme der in Anlage ... aufgeführten Streitigkeiten, die diesem Vertrag beigefügt ist.

4. Genehmigungen und Erlaubnisse

Alle zum Betrieb des Unternehmens erforderlichen sach- und personenbezogenen Genehmigungen oder Erlaubnisse sind zur ordnungsgemäßen Weiterführung der Geschäftstätigkeit vorhanden. Die Verkäuferin besitzt keine Kenntnis über das Vorhandensein etwaiger Rücknahme- oder Widerrufsgründe.

5. Altlasten

An den von der Verkäuferin genutzten und an die Käuferin verkauften Grundstücken, Gebäuden und sonstigen Anlagen bestehen keine Verunreinigungen des Bodens, des Grundwassers oder anderer Bauteile durch gesundheitsgefährdende Stoffe oder sonstige Umweltverschmutzungen, auf deren Beseitigung die Käuferin in Anspruch genommen werden könnte.

6. Verbindlichkeiten und Vertragsbeziehungen

Die diesem Vertrag beigefügten Anlagen ... geben die bestehenden Verbindlichkeiten und Vertragsbeziehungen der Verkäuferin, in die die Käuferin eintritt, richtig und vollständig wieder. Die als Anlage ... beigefügte Mitarbeiterliste enthält eine vollständige und richtige Aufzählung aller zum Zeitpunkt des Vertragsschlusses bestehenden Arbeitsverhältnisse. Insbesondere bestehen keine weiteren Beratungsverträge oder Umsatz- oder Gewinnbeteiligungsverträge mit Arbeitnehmern oder Mitgliedern der Geschäftsleitung. Es bestehen keine weiteren neben den in diesem Vertrag angegebenen Versorgungszusagen.

7. Erteilte Aufträge

Die Verkäuferin versichert, keine außer den in Anlage ... angegebenen Aufträge mit einem Volumen von mehr als ... Euro bis zum Vertragsschluss erteilt oder angenommen zu haben, und sagt zu, solche Aufträge bis zum Übergangsstichtag ohne vorherige Zustimmung der Käuferin weder anzunehmen noch zu erteilen.

8. Betriebsvereinbarungen und Firmentarifverträge

Die in diesem Vertrag angegebenen Betriebsvereinbarungen und Firmentarifverträge, Anlage ..., sind vollständig und richtig.

9. Bilanz

a) Die Verkäuferin hat für alle bekannten Risiken in dem letzten Jahresabschluss des Unternehmens ausreichende Rückstellungen vorgenommen.
b) Die Bilanzen zum ... und die Abschlussbilanz zum ... sowie die Gewinn- und Verlustrechnung zum ... wurden nach den Grundsätzen ordnungsgemäßer Buchführung erstellt und enthalten eine einwandfreie Darstellung der Vermögens-, Finanz-, und Ertragslage des Unternehmens zum jeweiligen Bilanzstichtag. Die Bilanzierungs-, Bewertungs- und Abschreibungsgrundsätze wurden unverändert und konsequent entsprechend den Vorjahren angewendet.
c) Neben den im Jahresabschluss vom ... und in der Abschlussbilanz vom ... ausgewiesenen Verbindlichkeiten und Eventualverbindlichkeiten bestehen keine weiteren Verpflichtungen.
d) Die Verkäuferin hat alle Erklärungen und Voranmeldungen über in- oder ausländische Steuern und Abgaben ordnungsgemäß abgegeben und alle Steuern bei Fälligkeit bezahlt.
e) Das bilanzmäßige Eigenkapital des Unternehmens beträgt zum Übergangsstichtag ... Euro.

10. Gesellschaftliche Verhältnisse

a) Das Stammkapital der Gesellschaft ist voll eingezahlt. Etwaige Rückzahlungen aus dem zur Erhaltung des Stammkapitals erforderlichen Vermögen sind nicht – auch nicht verdeckt – erfolgt. Alle Sacheinlagen sind vollwertig erbracht. Alle anwendbaren Vorschriften der betreffenden Gesetze sind beachtet worden, insbesondere in Bezug auf Kapitalerhöhungen der Gesellschaft.
b) Die Gesellschaft ist ordnungsgemäß errichtet und gemäß ihrem Gesellschaftsvertrag voll wirksam. Der Gesellschaftsvertrag der

Gesellschaft gilt unverändert in der diesem Vertrag als Anlage 4 beigefügten Fassung vom .... Es bestehen keine diesen Gesellschaftsvertrag ändernden Gesellschafterbeschlüsse oder gesellschaftsrechtliche Nebenvereinbarungen. Insbesondere bestehen keine Vereinbarungen über die Ausgabe neuer Anteile an der Gesellschaft. Es wurden ferner keine Optionen oder ähnliche Rechte bezüglich der Anteile eingeräumt. Schließlich wurden auch keine Gesellschaftervereinbarungen oder ähnliche Vereinbarungen bezüglich der Beteiligung an der Gesellschaft getroffen.

c) Die verkauften Geschäftsanteile bestehen rechtswirksam und stehen der Verkäuferin frei von Rechten Dritter zu. Die Verkäuferin ist uneingeschränkt berechtigt, die Geschäftsanteile zu verkaufen und hierüber zu verfügen. Es existieren keine stillen Beteiligungen, partiarische Darlehen oder ähnliche Beteiligungsstrukturen bezüglich der Anteile und der Gesellschaft.

d) Die Gesellschaft ist weder überschuldet noch zahlungsunfähig. Zudem liegen keine Gründe für die Einleitung eines Insolvenzverfahrens vor. Zum Zeitpunkt des Vertragsschlusses ist über das Vermögen der Verkäuferin weder ein Insolvenzverfahren beantragt noch eröffnet noch die Eröffnung mangels Masse abgelehnt worden. Es liegen ferner keine Umstände vor, die eine Anfechtung der Veräußerung der verkauften Geschäftsanteile nach den Bestimmungen der Insolvenzordnung oder des Anfechtungsgesetzes rechtfertigen könnten.

e) In der Gesellschaft sind die ordentlichen Gesellschafterversammlungen ordnungsgemäß abgehalten worden. Der Verkäuferin ist nicht bekannt, dass wesentliche Gesellschafterbeschlüsse nicht ausgeführt worden sein sollen. Es gibt keine Gesellschafterbeschlüsse über die Rückzahlung des Kapitals der Gesellschaft.

f) Abschluss und Vollzug dieses Vertrags verstoßen nicht gegen vertragliche oder gesetzliche Verpflichtungen der Gesellschaft oder der Verkäuferin und bedürfen keiner weiteren als der Zustimmung der Gesellschaft oder anderer Zustimmungen Dritter.

§ 15 Rechtsfolgen der Verletzung von Garantieversprechen und Gewährleistungsausschluss

1. Nachfrist

Im Fall unvollständiger, unrichtiger oder unzutreffender Garantien kann die Käuferin unter Setzung einer angemessenen Nachfrist, die mindestens einen Monat beträgt, die Verkäuferin zur Herstellung des garantierten Zustands schriftlich auffordern. Wird der garantierte Zustand der Kaufsache nicht innerhalb der gesetzten Nachfrist hergestellt, ist die Käuferin berechtigt, Schadenersatz in Geld zu verlangen.

2. Schadenersatz

Der von der Verkäuferin zu ersetzende Schaden entspricht dem Betrag, der erforderlich ist, um den Zustand herzustellen, der bestehen würde, wenn die Verkäuferin die vertraglichen Pflichten vollständig und mangelfrei erfüllt hätte. Er umfasst insbesondere alle Verluste, Verbindlichkeiten, Kosten und Ausgaben einschließlich Zinsen, Zuschläge, Kosten für Anwälte und Wirtschaftsprüfer und sonstige Sachverständige, die in einem adäquat-kausalen Zusammenhang mit der unrichtigen, unvollständigen oder fehlerhaften Erfüllung des Kaufvertrags entstanden sind. Die Haftung der Verkäuferin ist auf die Höhe des Kaufpreises begrenzt.

3. Selbstbehalt

Alle Rechte aus den selbstständigen Garantiezusagen der Verkäuferin stehen der Käuferin nur dann zu, wenn der durch die Nicht- oder Schlechterfüllung entstandene Schaden einen Mindestbetrag von ... Euro übersteigt (Selbstbehalt). Diesen (Selbstbehalt) kann die Käuferin auch dann nicht von der Verkäuferin ersetzt verlangen, wenn der Schaden die Mindestbetragsgrenze überschreitet.

4. Aufrechnung

Das Recht der Verkäuferin, gegen Schadenersatzforderungen der Käuferin aufzurechnen oder wegen sonstiger Forderungen ein Zurückbehaltungsrecht geltend zu machen, ist auf unbestrittene und von der Käuferin ausdrücklich anerkannte Forderungen beschränkt.

5. Verjährung

Die Rechte der Käuferin verjähren nach Ablauf von zwei Jahren, nachdem die Käuferin von dem Mangel Kenntnis erlangt hat, spätestens jedoch nach fünf Jahren ab dem Übergangsstichtag, es sei denn, die Verkäuferin hat arglistig gehandelt. In diesem Fall verjähren die Rechte der Käuferin nicht vor Ablauf von drei Jahren ab dem gesetzlichen Verjährungsbeginn.

6. Ausschluss sonstiger Gewährleistungsansprüche

Die in diesem Vertrag gegebenen selbstständigen Garantieversprechen und die Regelungen über die Rechtsfolgen der Verletzung dieser Garantieversprechen stellen eine abschließende Regelung zur Haftung der Verkäuferin dar. Die gesetzlichen Gewährleistungsregeln sind – soweit gesetzlich zulässig – ausgeschlossen.

§ 16 Dingliche Rechtsänderung

(1) Die Vertragsparteien sind sich darüber einig, dass das Eigentum an den in den §§ 1 bis 3 dieses Vertrags bezeichneten Vermögenswerten, die sich im Einzelnen aus den diesem Vertrag beigefügten Anlagen ergeben, von der Verkäuferin zum Übergangsstichtag auf die Käuferin übergehen.

(2) Die Verkäuferin wird der Käuferin Besitz an den in § 1 dieses Vertrags verkauften Gegenständen verschaffen. Sofern die Verkäuferin der Käuferin zum Übergangsstichtag an einzelnen Gegenständen kei-

nen unmittelbaren Besitz verschaffen kann, wird die Übergabe durch die Vereinbarung eines Besitzkonstituts in der Form ersetzt, dass die Verkäuferin die Gegenstände für die Käuferin in Verwahrung nimmt. Soweit sich einzelne Gegenstände im Besitz von Dritten befinden, wird die Übergabe dadurch ersetzt, dass die Verkäuferin ihren Herausgabeanspruch gegenüber dem Besitzer an die Käuferin abtritt. Die Vertragsparteien erstellen ein Übergabeprotokoll, in dem die Art der Besitzverschaffung der in Anlage ... aufgeführten Gegenstände vermerkt wird. Alle erforderlichen Abtretungsvereinbarungen sind dieser Anlage beizufügen.

(3) Die Verkäuferin wird der Käuferin alle in § 3 dieses Vertrags verkauften und in Anlage ... näher bezeichneten immateriellen Vermögenswerte zum Übergangsstichtag abtreten und alle erforderlichen Umschreibungsbewilligungen für alle verkauften gewerblichen Schutzrechte ausstellen. Zur Übertragung aller übrigen immateriellen Vermögenswerte wird die Verkäuferin der Käuferin zum Übergabestichtag den unmittelbaren Besitz an allen vorhandenen Verkörperungen dieser Vermögenswerte verschaffen und in sonstiger geeigneter Weise die Einführung der Käuferin in die in § 3 dieses Vertrags verkauften sonstigen immateriellen Vermögenswerte gewährleisten.

(4) Mit Wirkung zum Übergangsstichtag tritt die Käuferin in alle gem. § 4 übernommenen Aufträge und Auftragsangebote ein und übernimmt die gem. § 5 verkauften Forderungen, Verträge und Verbindlichkeiten.

(5) Das Eigentum an den gem. § 7 verkauften Grundstücken geht durch Eintragung des Eigentümerwechsels im Grundbuch von der Verkäuferin auf die Käuferin über.

(6) Alle vorgenannten dinglichen Rechtsänderungen sowie die Übernahme der Verbindlichkeiten und der Eintritt in die Verträge vereinbaren die Vertragsparteien unter der aufschiebenden Bedingung der Zahlung des vorläufigen Kaufpreises.

§ 17 Wettbewerbsverbot

(1) Die Verkäuferin sowie die Damen und Herren ... und ... verpflichten sich, weder selbst noch für einen anderen für die Dauer von drei Jahren ab Übergangsstichtag Geschäftsbeziehungen zu den nachfolgend genannten Unternehmen aufzubauen oder zu unterhalten:

a) ...
b) ...
c) ...

(2) Die Verkäuferin verpflichtet sich, für jede Verletzung des Wettbewerbsverbots eine Vertragsstrafe i. H. v. ... Euro an die Käuferin zu bezahlen.

§ 18 Mitwirkungspflicht der Verkäuferin

Die Verkäuferin ist verpflichtet, auch nach dem Übergangsstichtag auf Verlangen der Käuferin alle zur Übertragung und Weiterführung des Unternehmens erforderlichen oder gebotenen Unterlagen herauszugeben und Erklärungen abzugeben. Die Käuferin hat uneingeschränkten Zugang während der normalen Geschäftszeiten zu allen Büchern, Konten, Verträgen, Vereinbarungen und Aufzeichnungen. Das Personal der Verkäuferin wird angewiesen, alle von der Käuferin für erforderlich gehaltenen Informationen und Erklärungen hinsichtlich der verkauften Anteile unverzüglich zu verschaffen bzw. abzugeben. Soweit diese Dokumente Informationen enthalten, die nicht in Beziehung zu dem verkauften Unternehmensbereich stehen, dürfen diese von der Verkäuferin geschwärzt werden.

§ 19 Schiedsklausel

(1) Die Parteien sind an alle auf der Grundlage dieses Vertrags getroffenen schiedsgutachterlichen Feststellungen oder Entscheidungen gebunden.

(2) Können die Vertragsparteien sich nicht auf einen gemeinsamen Schiedsgutachter einigen, so bestimmt auf Antrag einer Partei die Wirtschaftsprüferkammer in ... einen geeigneten Schiedsgutachter. Diese Entscheidung der Wirtschaftsprüferkammer sowie die Entscheidung einer Vertragspartei zur Antragstellung ist für beide Vertragsparteien bindend.

(3) Die Vertragsparteien sind verpflichtet, dem bestellten Schiedsgutachter alle erforderlichen Unterlagen auszuhändigen und alle erforderlichen Auskünfte zu erteilen. Der Schiedsgutachter gibt beiden Vertragsparteien Gelegenheit zur Stellungnahme und führt auf Verlangen einer Partei eine mündliche Erörterung bei gleichzeitiger Anwesenheit der Vertragsparteien in ... durch. Der Schiedsgutachter übermittelt seine Entscheidung mit einer schriftlichen Begründung den Vertragsparteien.

(4) Die Vertragsparteien tragen die Kosten des Schiedsverfahrens je zur Hälfte. Einen etwaigen Kostenvorschuss haben die Parteien ebenfalls zur Hälfte zu tragen. Weigert sich eine Vertragspartei ohne rechtlichen Grund, einen Kostenvorschuss zu entrichten, wird eine an den Vertragspartner zu zahlende Vertragsstrafe in Höhe des 10-fachen Kostenvorschusses fällig.

§ 20 Verjährung

Für die Rechte der Vertragsparteien aus diesem Kaufvertrag gelten, soweit keine abweichenden Regelungen getroffen wurden, die gesetzlichen Verjährungsvorschriften.

§ 21 Schlussbestimmungen

(1) Die Kosten der Durchführung dieses Vertrags sowie die Kosten aller erforderlichen notariellen Beurkundungen trägt die Käuferin. Alle weiteren Kosten trägt die Vertragspartei, bei der sie anfallen.

(2) Alle Änderungen und Ergänzungen dieses Vertrags, insbesondere die Aufhebung dieses Schriftformerfordernisses, bedürfen der Schriftform.

(3) Dieser Vertrag unterliegt ausschließlich deutschem Recht.

(4) Ausschließlicher Gerichtsstand für alle Streitigkeiten aus diesem Vertrag ist das Landgericht ....

(5) Dieser Vertrag ersetzt alle zuvor von den Vertragsparteien im Zusammenhang mit den Vertragsverhandlungen geschlossenen Verträge, Vereinbarungen und Absichtserklärungen, insbesondere den Vertrag vom ..., den Letter of Intent vom ... und den Vertrag vom ....

(6) Sollte eine Bestimmung dieses Vertrags ganz oder teilweise unwirksam oder undurchführbar sein oder werden, bleiben die übrigen Bestimmungen hiervon unberührt. In diesem Fall soll der Vertrag mit einer Regelung durchgeführt werden, die der unwirksamen oder undurchführbaren Bestimmung unter Berücksichtigung des wirtschaftlichen Zwecks am nächsten kommt. Dies gilt entsprechend für etwaige Lücken in diesem Vertrag, die durch solche Bestimmungen zu ersetzen sind, welche die Parteien verständigerweise unter Berücksichtigung der Absichten und Ziele dieses Vertrags geschlossen hätten, wenn ihnen die Lücke im Vertrag bewusst gewesen wäre.
Anlagen

...
...
...

(Ort, Datum, Unterschriften)

3.5.3 Unternehmenskauf im Wege eines Share Deals

Anteilskaufvertrag

zwischen

Frau/Herrn ...

...

– nachfolgend Verkäuferin genannt –

und

Firma ...-GmbH,

vertreten durch ihren alleinvertretungsberechtigten Geschäftsführer ...

– nachfolgend Käuferin genannt –

Präambel

(1) Die Verkäuferin ist die alleinige Gesellschafterin der ...-GmbH (Gesellschaft) mit Sitz in ... Die Gesellschaft ist eine Gesellschaft mit beschränkter Haftung und ist im Handelsregister des Amtsgerichts ... unter HRB ... eingetragen und betreibt ein Handelsgeschäft, dessen wesentlicher Gegenstand ... ist. Das Stammkapital der Gesellschaft beträgt ... Euro und ist vollständig eingezahlt. Die Verkäuferin hält folgende Geschäftsanteile:

a) Geschäftsanteil im Nennwert von ... Euro,
b) Geschäftsanteil im Nennwert von ... Euro.
c) ...

(2) Die Verkäuferin möchte sämtliche Geschäftsanteile der ...-GmbH (Anteile) veräußern. Die Käuferin möchte diese erwerben. Dies vorausgeschickt, vereinbaren die Parteien Folgendes:

§ 1 Kauf und Übertragung der Geschäftsanteile

Die Verkäuferin verkauft der Käuferin hiermit alle von ihr bisher gehaltenen und in der Präambel näher bezeichneten Geschäftsanteile an der Gesellschaft und tritt diese an die Käuferin ab. Die Käuferin nimmt dieses Angebot zum Verkauf und zur Abtretung an. Der Verkauf und die Abtretung der Anteile umfassen alle mit den Anteilen verbundenen Rechte.

§ 2 Übergangsstichtag und Gewinnbezugsrecht

(1) Alle in diesem Vertrag vereinbarten Verfügungen werden zum ..., 24:00 Uhr wirksam (Übergangsstichtag).

(2) Der Verkauf und die Abtretung der Anteile stehen unter den folgenden aufschiebenden Bedingungen:

a) Soweit kartellrechtliche Zustimmungen für die Wirksamkeit dieses Vertrags erforderlich sind, steht der Vertrag unter der aufschiebenden Bedingung der Erteilung dieser Zustimmungen. Die Anmeldung als Zusammenschlussvorhaben werden die Vertragsparteien unverzüglich nach Beurkundung dieses Vertrags gemeinsam vornehmen. Die Käuferin hat die Führung in einem etwaigen Genehmigungsverfahren.
b) Zustimmung der Gesellschafterversammlung der Gesellschaft.

(3) Der Gewinn des laufenden Geschäftsjahres sowie ein etwaiger nicht unter den Gesellschaftern verteilter Gewinn zurückliegender Geschäftsjahre, d. h. vorgetragener Gewinn und der Gewinn zurückliegender Geschäftsjahre, für die kein Beschluss über die Ergebnis-

verwendung gefasst worden ist, stehen nach Unterzeichnung dieses Vertrags allein der Käuferin zu.

§ 3 Kaufpreis

(1) Der an die Verkäuferin zu zahlende vorläufige Kaufpreis für den Verkauf und die Übertragung der Anteile in dem in diesem Vertrag festgelegten Umfang beträgt ... Euro. Mit Ausnahme des Kaufpreisbestandteils für den Firmenwert beruhen alle anderen Bestandteile auf einer Schätzung zum Zeitpunkt des Vertragsschlusses und unterliegen einer Anpassung und Bestätigung gemäß den Bestimmungen dieses Vertrags. Der Kaufpreis setzt sich wie folgt zusammen:

a) aus dem Eigenkapital der Gesellschaft gem. § 266 Abs. 3 HGB zum Übergangsstichtag mit Ausnahme der Gewinne, die auf den Zeitraum zwischen dem ... und dem Übergangsstichtag entfallen, einschließlich aller Gewinn- und Verlustvorträge zurückliegender Jahre: ... Euro
b) aus dem Gewinn für den Zeitraum vom ... bis zum Übergangsstichtag: ... Euro
c) aus dem Körperschaftsteuerguthaben zum Übergangsstichtag, soweit diese auf die Gewinne der Geschäftsjahre aus den Jahren ... und ... entfallen: ... Euro
d) aus dem Firmenwert: ... Euro

Gesamt: ... Euro

(2) Die Zahlung des Kaufpreises erfolgt auf das Konto der Verkäuferin Nr. ..., bei der ..., BLZ ....

(3) Soweit die Käuferin die vorstehende Zahlungsverpflichtung nicht fristgemäß erfüllt, ist der ausstehende Betrag vom Übergangsstichtag an mit ... % über dem Basiszinssatz zu verzinsen.

(4) Hinsichtlich aller gegenseitigen Forderungen ist die Aufrechnung mit oder die Geltendmachung eines Zurückbehaltungsrechts wegen

Gegenforderungen ausgeschlossen, es sei denn, die Gegenforderungen sind unstreitig oder gerichtlich festgestellt.

§ 4 Kaufpreisanpassung

(1) Soweit das Eigenkapital oder der Gewinn der Gesellschaft ausweislich der testierten Stichtagsbilanz von dem bei der Bemessung des Kaufpreises zugrunde gelegten Eigenkapital gem. § 3 Abs. 1 lit. a oder dem gem. § 3 Abs. 1 lit. d festgesetzten Gewinn abweicht, ermäßigt oder erhöht sich der in § 3 Abs. 1 vereinbarte Kaufpreis entsprechend um diesen Betrag, es sei denn, die Abweichung beträgt weniger als ... Euro (Selbstbehalt). Die Stichtagsbilanz ist nach den in § 5 aufgestellten Bewertungsregeln zu erstellen.

(2) Das endgültige Körperschaftsteuerguthaben wird auf Grundlage der endgültigen und bestandskräftigen Feststellung des verwendbaren Eigenkapitals zum ... nach Durchführung einer steuerlichen Außenprüfung für das Geschäftsjahr ... festgelegt. Bei einer Abweichung des gem. § 3 Abs. 1 lit. c vorläufig festgesetzten Werts gilt § 4 Abs. 1 entsprechend.

(3) Ein über den Selbstbehalt hinausgehender etwaiger Kaufpreisminderungsbetrag ist von der Verkäuferin innerhalb eines Monats, nachdem die Stichtagsbilanz verbindlich geworden ist, an die Käuferin zurückzuzahlen. Ein etwaiger über den Selbstbehalt hinausgehender Mehrbetrag ist von der Käuferin innerhalb eines Monats, nachdem die Bilanz gem. § 5 dieses Vertrags verbindlich geworden ist, auf das in § 3 Abs. 2 dieses Vertrags genannte Konto der Verkäuferin zu zahlen.

§ 5 Stichtagsbilanz

(1) Die Gesellschaft wird zum Übergangsstichtag eine Stichtagsbilanz aufstellen, aus der sich den allgemein anerkannten Grundsätzen ord-

nungsgemäßer Buchführung folgend und unter Berücksichtigung der Bilanzkontinuität ein den tatsächlichen wirtschaftlichen Verhältnissen der Gesellschaft entsprechendes Bild ergibt. Die Stichtagsbilanz ist diesem Vertrag als Anlage ... beigefügt. Die Stichtagsbilanz ist auf der Grundlage einer von den Vertragsparteien gemeinsam durchgeführten Inventur der Gesellschaft zum Übergangsstichtag zu erstellen.

(2) Die Stichtagsbilanz wird innerhalb von zwei Monaten nach dem Übergangsstichtag erstellt und von einem durch die Verkäuferin zu bestimmenden Wirtschaftsprüfer geprüft werden. Es ist zu erwarten, dass der Prüfungsbericht innerhalb eines Monats nach Erstellung des Stichtagsabschlusses vorliegen wird.

(3) Die Käuferin ist berechtigt, die Stichtagsbilanz durch einen von ihr beauftragten Wirtschaftsprüfer zu überprüfen. Mit der Erteilung eines uneingeschränkten Bestätigungsvermerks der Abschlussprüfer beider Vertragsparteien oder dem Verzicht auf eine Überprüfung der Stichtagsbilanz durch die Käuferin ist die Stichtagsbilanz für beide Vertragsparteien verbindlich.

(4) Bei Meinungsverschiedenheiten, die sich bei der Aufstellung der Stichtagsbilanz einschließlich der Inventur ergeben und zwischen den Parteien nicht einvernehmlich behoben werden können, erstellen die Abschlussprüfer auf Antrag einer Vertragspartei eine gemeinsame Stichtagsbilanz. Bei Meinungsverschiedenheiten zwischen den Abschlussprüfern über die Aufstellung der Stichtagsbilanz soll auf Antrag eines Abschlussprüfers ein von der Wirtschaftsprüferkammer in ... zu benennender Wirtschaftsprüfer als Obergutachter verbindlich gem. § 315 BGB über die Bewertung entscheiden.

(5) Weigert sich einer der beiden Abschlussprüfer, der sich unter Berücksichtigung der schiedsgutachterlichen Entscheidung ergebenden Stichtagsbilanz den uneingeschränkten Bestätigungsvermerk zu erteilen, hat der Obergutachter den Abschluss erneut zu prüfen und als Obergutachter über die Erteilung des Bestätigungsvermerks zu entscheiden.

§ 6 Beziehung zwischen Verkäuferin und Käuferin

Es bestehen nach dem Übertragungsstichtag neben dem diesem Vertrag als Anlage ... beigefügten Geschäftsführervertrag und dem als Anlage ... beigefügten Mietvertrag keine weiteren Verträge zwischen der Gesellschaft und der Verkäuferin und/oder ihren Angehörigen (§ 15 AO). Soweit solche Beziehungen bestehen, werden diese - soweit dies möglich ist - mit dem Übergangsstichtag beendet.

§ 7 Selbstständiges Garantieversprechen bezüglich der gesellschaftlichen Verhältnisse

Die Vertragsparteien sind sich einig, dass mit den folgenden selbstständigen Garantieversprechen nach § 311 Abs. 1 BGB keine Beschaffenheitsvereinbarung nach § 434 Abs. 1 BGB und keine Beschaffenheitsgarantie nach § 443 BGB getroffen werden soll. Dies vorausgeschickt, übernimmt die Verkäuferin die Gewähr in Form eines selbstständigen Garantieversprechens gem. § 311 Abs. 1 BGB, dass alle in diesem Vertrag gemachten Angaben und insbesondere folgende Aussagen, soweit die nachfolgenden Regelungen keine abweichende Zeitbestimmung treffen, am Übergangsstichtag in jeder Hinsicht vollständig, richtig und zutreffend sind:

(1) Das Stammkapital der Gesellschaft ist voll eingezahlt. Etwaige Rückzahlungen aus dem zur Erhaltung des Stammkapitals erforderlichen Vermögen sind nicht - auch nicht verdeckt - erfolgt. Alle Sacheinlagen sind vollwertig erbracht. Alle anwendbaren Vorschriften der betreffenden Gesetze sind beachtet worden, insbesondere in Bezug auf Kapitalerhöhungen der Gesellschaft.

(2) Die Gesellschaft ist ordnungsgemäß errichtet und gemäß ihrem Gesellschaftsvertrag voll wirksam. Der Gesellschaftsvertrag der Gesellschaft gilt unverändert in der diesem Vertrag als Anlage ... beigefügten Fassung vom .... Es bestehen keine diesen Gesellschaftsvertrag ändernden Gesellschafterbeschlüsse oder gesellschaftsrechtlichen

Nebenvereinbarungen. Insbesondere bestehen keine Vereinbarungen über die Ausgabe neuer Anteile an der Gesellschaft. Es wurden ferner keine Optionen oder ähnliche Rechte bezüglich der Anteile eingeräumt. Schließlich wurden auch keine Gesellschaftervereinbarungen oder ähnliche Vereinbarungen bezüglich der Beteiligung an der Gesellschaft getroffen.

(3) Die verkauften Geschäftsanteile bestehen rechtswirksam und stehen der Verkäuferin frei von Rechten Dritter zu. Die Verkäuferin ist uneingeschränkt berechtigt, die Geschäftsanteile zu verkaufen und hierüber zu verfügen. Es existieren keine stillen Beteiligungen, partiarische Darlehen oder ähnliche Beteiligungsstrukturen bezüglich der Anteile und der Gesellschaft.

(4) Die Gesellschaft ist weder überschuldet noch zahlungsunfähig. Zudem liegen keine Gründe für die Einleitung eines Insolvenzverfahrens vor. Zum Zeitpunkt des Vertragsschlusses ist über das Vermögen der Verkäuferin weder ein Insolvenzverfahren beantragt noch eröffnet noch die Eröffnung mangels Masse abgelehnt worden. Es liegen ferner keine Umstände vor, die eine Anfechtung der Veräußerung der verkauften Geschäftsanteile nach den Bestimmungen der Insolvenzordnung oder des Anfechtungsgesetzes rechtfertigen könnten.

(5) In der Gesellschaft sind die ordentlichen Gesellschafterversammlungen ordnungsgemäß abgehalten worden. Der Verkäuferin ist nicht bekannt, dass wesentliche Gesellschafterbeschlüsse nicht ausgeführt worden sein sollen. Es gibt keine Gesellschafterbeschlüsse über die Rückzahlung des Kapitals der Gesellschaft.

(6) Abschluss und Vollzug dieses Vertrags verstoßen nicht gegen vertragliche oder gesetzliche Verpflichtungen der Gesellschaft oder der Verkäuferin und bedürfen keiner weiteren als der Zustimmung der Gesellschaft oder anderer Zustimmungen Dritter.

§ 8 Selbstständiges Garantieversprechen hinsichtlich der Vermögensverhältnisse

Bezogen auf den Zeitpunkt des Übergangsstichtags garantiert die Verkäuferin ferner Folgendes:

(1) Alle dem Betrieb des Unternehmens dienenden Gegenstände befinden sich in einem nach Alter und Nutzungsdauer angemessenen, für den betrieblichen Einsatz voll gebrauchsfähigen Zustand.

(2) Alle zur störungsfreien Fortsetzung des Geschäftsbetriebs erforderlichen Gegenstände stehen vorbehaltlich der in Anlage ... aufgeführten Gegenstände im Alleineigentum der Verkäuferin. Alle Gegenstände, die auf Basis von gesicherten Miet-, Pacht- oder Leasingverträgen beschafft sind oder einem Dritten zur Sicherheit übereignet worden sind, sind in der diesem Vertrag beigefügten Anlage 6 abschließend aufgeführt und sind zur Verfügung des Unternehmens vorhanden.

(3) An allen Gegenständen des bilanzierungsfähigen Aktivvermögens der Gesellschaft bestehen mit Ausnahme der in Anlage ... diesem Vertrag beigefügten Sicherungsübereignungen keinerlei Veräußerungsbeschränkungen und außer den Eigentumsvorbehalten von Lieferanten keine Rechte Dritter.

(4) Die Gesellschaft ist alleinige Eigentümerin der nachfolgend aufgelisteten Grundstücke:

a) ...
b) ...

Die beigefügten Grundbuchauszüge geben die tatsächlichen und rechtlichen Verhältnisse zutreffend wieder. Weitere Belastungen oder Rechte Dritter an diesen Grundstücken bestehen nicht.

(5) Die Struktur der Vermögensgegenstände und Schulden der Gesellschaft zum Übergangsstichtag entspricht im Wesentlichen derjenigen, wie sie im zuletzt erstellten testierten Jahresabschluss zum ... dargestellt ist. Insbesondere sind zwischen dem Stichtag des zuletzt erstellten und testierten Jahresabschlusses und dem Zeitpunkt des Vertragsschlusses keine wesentlichen Veränderungen der Vermögenslage der Gesellschaft eingetreten und werden nach Kenntnis der Verkäuferin auch nicht bis zum Übergangsstichtag eintreten. Die Vermögens-, Finanz- und Ertragslage wird durch den testierten Jahresabschluss zum ... ebenfalls richtig dargestellt.

(6) Zum Zeitpunkt des Vertragsschlusses und zum Übergangsstichtag sind alle Gegenstände des Anlage- und Umlaufvermögens der Gesellschaft, die üblicherweise versichert werden, gemäß Bestätigung der ...-Versicherung vom ..., die diesem Vertrag als Anlage ... beigefügt ist, ausreichend versichert. Darüber hinaus sind alle betriebsüblichen Risiken durch die in Anlage ... aufgeführten Versicherungen angemessen versichert, sodass gegen alle im Unternehmen der Gesellschaft bestehenden Risiken ausreichender Versicherungsschutz besteht.

(7) Forderungen der Gesellschaft gegen Dritte von mehr als ... Euro bestehen außer den in Anlage ... zu diesem Vertrag aufgeführten Forderungen nicht. Im Übrigen haben die Verkäuferin und die Gesellschaft alle erforderlichen verjährungshemmenden Maßnahmen vorgenommen.

(8) Die Gesellschaft hat nicht für Verbindlichkeiten Dritter einzustehen.

(9) Zum Übergangsstichtag wird die Gesellschaft keine außer den in Anlage ... abschließend aufgeführten langfristigen Verbindlichkeiten haben, die die Gesellschaft für mehr als ... Monate ab dem Übergangsstichtag binden.

(10) Zum Zeitpunkt des Vertragsschlusses ist die Gesellschaft an keinen anhängigen oder angedrohten Rechtstreitigkeiten beteiligt. Die

Verkäuferin hat keine Kenntnis von etwaigen zum Zeitpunkt des Vertragsschlusses bestehenden Ansprüchen Dritter gegenüber der Gesellschaft aus einer Vertragsverletzung, Gewährleistung oder schuldhaften oder strafbaren Handlung. Klagen, mit denen solche Ansprüche gegen die Gesellschaft geltend gemacht werden, sind nicht anhängig. Der Verkäuferin ist auch nicht bekannt, dass solche Forderungen bestehen könnten.

(11) Es bestehen keine Verbindlichkeiten der Gesellschaft aus der Verletzung gewerblicher Schutzrechte. Die Gesellschaft hat keine zurückzuzahlenden Subventionen erhalten.

§ 9 Selbstständiges Garantieversprechen hinsichtlich bestehender Arbeitsverhältnisse

Die Verkäuferin garantiert des Weiteren jeweils bezogen auf den Zeitpunkt des Vertragsschlusses:

(1) Der Personalbestand zum Zeitpunkt des Vertragsschlusses gibt die diesem Vertrag als Anlage ... beigefügte Mitarbeiterliste vollständig und richtig wieder. Diese Mitarbeiterliste enthält insbesondere Namen, Anschrift, Geburtsdatum, Familienstand, Eintrittsalter, Kündigungsfristen, aktuelle Vergütung und Nebenleistungen, alle Sondervereinbarungen und etwaige Informationen über einen Sonderstatus aller bei der Gesellschaft beschäftigten Arbeitnehmer und Mitglieder der Geschäftsleitung. Die Gesellschaft hat über die in den Personalakten und den als Anlage ... beigefügten Angaben in der Mitarbeiterliste hinaus ihren Mitarbeitern keine Extravergütungen, zusätzlichen Urlaubsansprüche, Lohn- oder Gehaltserhöhungen, betriebliche Altersversorgungen o. Ä. zugesagt. Insbesondere bestehen keine weiteren Beratungsverträge oder Umsatz- oder Gewinnbeteiligungsverträge mit Arbeitnehmern oder Mitgliedern der Geschäftsleitung.

(2) Alle für die Gesellschaft erteilten Vollmachten (Prokura, Handlungsvollmachten, Bankvollmachten) sind in der dem Vertrag als Anlage ... beigefügten Liste vollständig und richtig angegeben.

(3) Die Gesellschaft hat keine Handelsvertreterverträge oder ähnliche Verträge geschlossen, welche im Fall der Kündigung zu Ansprüchen gegen die Gesellschaft gem. § 89b HGB oder anderen Vorschriften führen könnten.

(4) Die Gesellschaft wird ab dem Zeitpunkt des Vertragsschlusses kein Anstellungsverhältnis ohne vorherige Zustimmung durch die Käuferin kündigen oder neu begründen. Keiner der in Anlage ... aufgeführten Angestellten der Gesellschaft hat das Anstellungsverhältnis bisher gekündigt oder beabsichtigt, dies zu tun.

(5) Alle zum Zeitpunkt des Vertragsschlusses bestehenden Betriebsvereinbarungen und Firmentarifverträge sind in der diesem Vertrag beigefügten Anlage ... vollständig und richtig wiedergegeben. Die Gesellschaft wird folgende Betriebsvereinbarungen und Firmentarifverträge zum nächstmöglichen Termin kündigen:

a) die Betriebsvereinbarung vom ...
b) die Betriebsvereinbarung vom ...
c) den Firmentarifvertrag vom ...

Im Übrigen wird die Gesellschaft ohne vorherige Zustimmung der Käuferin bis zum Übergangsstichtag keine Veränderung der arbeitsrechtlichen Verhältnisse herbeiführen, insbesondere nicht die Mitgliedschaft im Arbeitgeberverband aufgeben, keine Haustarifverträge oder neue Betriebsvereinbarungen abschließen sowie keine außer den oben angegebenen Betriebsvereinbarungen kündigen oder verändern.

(6) Es bestehen mit Ausnahme der in Anlage ... diesem Vertrag beigefügten Verträge keine weiteren Pensionsverpflichtungen der Gesellschaft. Für alle bestehenden Pensionsverpflichtungen und ähnlichen Verpflichtungen sind die nach betriebswirtschaftlichen Gesichtspunkten erforderlichen Rückstellungen im Jahresabschluss vom ... gebildet worden.

§ 10 Selbstständiges Garantieversprechen hinsichtlich sonstiger Vertrags- und Rechtsverhältnisse

Die Verkäuferin garantiert ferner jeweils bezogen auf den Zeitpunkt des Vertragsschlusses die Richtigkeit folgender Aussagen hinsichtlich sonstiger Vertrags- oder Rechtsverhältnisse der Gesellschaft:

(1) Es bestehen keine gerichtlichen Entscheidungen oder behördlichen Maßnahmen, aus denen sich Beschränkungen oder Behinderungen des bestehenden Geschäftsbetriebs des Unternehmens ergeben könnten. Durch den Geschäftsbetrieb des Unternehmens werden keine Vorschriften, Richtlinien oder behördlichen Anordnungen verletzt. Gerichtliche oder behördliche Verfahren wegen Verletzung öffentlich-rechtlicher Vorschriften oder Anordnungen oder wegen des Verdachts einer begangenen Straftat oder Ordnungswidrigkeit sind nicht anhängig. Ferner gibt es keine steuer-, straf- oder umweltrechtlichen Streitigkeiten mit Ausnahme der in Anlage ... aufgeführten Streitigkeiten, die diesem Vertrag beigefügt ist.

(2) Alle zum Betrieb des Unternehmens erforderlichen sach und personenbezogenen Genehmigungen oder Erlaubnisse sind zur ordnungsgemäßen Weiterführung der Geschäftstätigkeit vorhanden. Die Verkäuferin besitzt keine Kenntnis über das Vorhandensein etwaiger Rücknahme- oder Widerrufsgründe.

(3) Die von der Gesellschaft genutzten und an die Käuferin verkauften Grundstücke, Gebäude und sonstige betrieblichen Anlagen sind frei von Verunreinigungen des Bodens oder des Grundwassers durch gesundheitsgefährdende Stoffe oder sonstige Umweltverschmutzungen, auf deren Beseitigung die Käuferin in Anspruch genommen werden könnte. Die Gesellschaft hat zu jedem Zeitpunkt und in jeglicher Hinsicht den einschlägigen Gesetzen zum Schutz der Umwelt Folge geleistet. Es liegen in Bezug auf die Geschäftstätigkeit der Gesellschaft keine umweltrechtlichen Sachverhalte vor, aus denen Verluste, Schäden, Ausgaben oder Verbindlichkeiten mit finanziellen Konsequenzen entstehen könnten, die nicht in der Abschlussbilanz aufgezählt sind.

(4) Die Gesellschaft befindet sich mit Leistungen an Kunden oder sonstigen Zahlungsverpflichtungen nicht in Verzug.

(5) Die Verkäuferin und die hierzu Beauftragten haben der Käuferin alle Informationen, die gewünscht wurden, erteilt, ferner alle Informationen, die nach Einschätzung der Verkäuferin für die Käuferin von Wichtigkeit sein können.

§ 11 Selbstständiges Garantieversprechen hinsichtlich der Abschlussangaben

Die Verkäuferin garantiert ferner die Richtigkeit folgender Angaben:

(1) Der Jahresabschluss der Gesellschaft für das zurückliegende Geschäftsjahr ... wurde der Käuferin in testierter Form übergeben. Er wurde in Übereinstimmung mit den gesetzlichen Bestimmungen und den allgemein anerkannten Grundsätzen ordnungsgemäßer Buchführung und unter Berücksichtigung der Bilanzkontinuität aufgestellt und gibt ein den tatsächlichen wirtschaftlichen Verhältnissen der Gesellschaft entsprechendes Bild wieder, insbesondere was die Bewertung der Vorräte und die Gewinne angeht. Alle vorhersehbaren Risiken, Abschreibungen und Verluste wurden berücksichtigt und spiegeln sich in den entsprechenden Rückstellungen wider. Die Bilanzierungs-, Bewertungs- und Abschreibungsgrundsätze wurden unverändert und konsequent entsprechend den Vorjahren angewendet.

(2) Neben den im Jahresabschluss vom ... und in der Stichtagsbilanz vom ... ausgewiesenen Verbindlichkeiten und Eventualverbindlichkeiten bestehen keine weiteren Verpflichtungen.

(3) Die Gesellschaft hat keine Zahlungen an ihre Gesellschafter geleistet, die als Rückzahlung von Kapital gewertet werden können. Alle Zahlungen an die Gesellschafter sind im Übrigen unter Einbehaltung der anfallenden Steuern geleistet worden.

(4) Alle Forderungen, die in der Stichtagsbilanz ausgewiesen sind, können im üblichen Geschäftsverkehr unter Berücksichtigung angemessener Wertberichtigungen, wie in der Stichtagsbilanz vorgenommen, ohne weitere Kosten realisiert werden.

§ 12 Steuern, Abgaben und Beiträge

(1) Die Verkäuferin garantiert ferner die Richtigkeit folgender Angaben:

Die Gesellschaft hat alle Erklärungen und Voranmeldungen über in- oder ausländische Steuern und Abgaben ordnungsgemäß abgegeben und alle Steuern, Zölle, Sozialversicherungsbeiträge sowie sonstige Abgaben jeglicher Art (einschließlich Zinsen, Geldbußen, Strafen oder Zuschläge, die damit verbunden sind, und zwar uneingeschränkt in jeder Hinsicht) bei Fälligkeit bezahlt.

(2) Die Verkäuferin haftet für alle Steuerverbindlichkeiten einschließlich der Zinsen nach § 233a AO, Abgaben und Beiträge, einschließlich berufsgenossenschaftlicher Beiträge und Zinsen hierauf, die sich auf den Zeitraum bis zum Übergangsstichtag beziehen, soweit diese die in der Stichtagsbilanz enthaltenen Rückstellungen in Bezug auf Steuerverbindlichkeiten übersteigen. Die Verkäuferin ist verpflichtet, die Gesellschaft hinsichtlich solcher Verbindlichkeiten im Innenverhältnis freizustellen.

(3) Die Verkäuferin haftet der Gesellschaft auf Erstattung des vollen Betrags an Steuern, den diese für den Fall zu zahlen hat, dass Finanzbehörden Zahlungen von der Gesellschaft an die Verkäuferin im Zeitraum bis zum Übergangsstichtag als verdeckte Gewinnausschüttungen bewerten.

(4) Die Käuferin wird auf Verlangen der Verkäuferin die Gesellschaft veranlassen, alle vernünftigen rechtlichen Schritte gegen Steuerveranlagungen und sonstige den Zeitraum bis zum Übergangsstichtag

betreffende Entscheidungen der Finanzverwaltung, Sozialversicherungsträger und Berufsgenossenschaften zu ergreifen. Die Verkäuferin ist verpflichtet, die Käuferin und die Gesellschaft auf Verlangen der Käuferin bei Abwehr von Steuer-, Abgaben- und Beitragsforderungen zu unterstützen. Die Verkäuferin wird insbesondere im Zusammenhang mit Außen- und Betriebsprüfungen jeder Art kooperieren und die Käuferin jeweils unaufgefordert über steuer-, abgaben- und beitragsrechtliche Sachverhalte informieren.

(5) Die Käuferin wird die Verkäuferin im Fall einer Steuer-, Abgaben- und Beitragsprüfung, welche die Zeit bis zum Übergangsstichtag betrifft, unterrichten und sich über die zu ergreifenden Schritte mit dieser abstimmen.

(6) Alle Zahlungen gem. § 12 sind innerhalb von einem Monat nach Zugang der maßgeblichen Steuerfestsetzung zu leisten.

§ 13 Rechtsfolgen, Beschränkungen und Verjährung

(1) Im Fall unvollständiger, unrichtiger oder unzutreffender Garantien, kann die Käuferin unter Setzung einer angemessenen Nachfrist, die mindestens einen Monat beträgt, die Verkäuferin zur Herstellung des garantierten Zustands schriftlich auffordern. Wird der garantierte Zustand der Kaufsache nicht innerhalb der gesetzten Nachfrist hergestellt, ist die Käuferin berechtigt, Schadenersatz in Geld zu verlangen. Ein Anspruch auf Rücktritt oder die Rückabwicklung des Vertrags im Rahmen der Geltendmachung eines großen Schadenersatzes ist insoweit ausgeschlossen, wie nicht § 13 Abs. 2 dieses Vertrags in entsprechender Anwendung einschlägig ist.

(2) Der von der Verkäuferin zu ersetzende Schaden entspricht dem Betrag, der erforderlich ist, um den Zustand herzustellen, der bestehen würde, wenn die Verkäuferin die vertraglichen Pflichten vollständig und mangelfrei erfüllt hätte. Er umfasst insbesondere alle Verluste, Verbindlichkeiten, Kosten und Ausgaben einschließlich Zinsen,

Zuschläge, Kosten für Anwälte und Wirtschaftsprüfer und sonstige Sachverständige, die in einem adäquat-kausalen Zusammenhang mit der unrichtigen, unvollständigen oder fehlerhaften Erfüllung des Kaufvertrags entstanden sind. Die Haftung der Verkäuferin ist auf die Höhe des Kaufpreises begrenzt.

(3) Alle Rechte aus den selbstständigen Garantiezusagen der Verkäuferin stehen der Käuferin nur dann zu, wenn der durch die Nicht- oder Schlechterfüllung entstandene Schaden einen Mindestbetrag von ... Euro übersteigt (Selbstbehalt). Diesen (Selbstbehalt) kann die Käuferin auch dann nicht von der Verkäuferin ersetzt verlangen, wenn der Schaden die Mindestbetragsgrenze überschreitet.

(4) Das Recht der Verkäuferin, gegen Schadenersatzforderungen der Käuferin aufzurechnen oder wegen sonstiger Forderungen ein Zurückbehaltungsrecht geltend zu machen, ist auf unbestrittene und von der Käuferin ausdrücklich anerkannte Forderungen beschränkt.

(5) Die Rechte der Käuferin verjähren nach Ablauf von zwei Jahren, nachdem die Käuferin von dem Mangel Kenntnis erlangt hat, spätestens jedoch nach drei Jahren ab dem Übergangsstichtag, es sei denn, die Verkäuferin hat arglistig gehandelt. In diesem Fall verjähren die Rechte der Käuferin nicht vor Ablauf von drei Jahren ab dem gesetzlichen Verjährungsbeginn.

(6) Die in diesem Vertrag gegebenen selbstständigen Garantieversprechen und die Regelungen über die Rechtsfolgen der Verletzung dieser Garantieversprechen stellen eine abschließende Regelung zur Haftung der Verkäuferin dar. Die gesetzlichen Gewährleistungsregeln sind – soweit gesetzlich zulässig – ausgeschlossen.

§ 14 Wettbewerbsverbot und Geheimhaltung

(1) Die Vertragsparteien vereinbaren, dass die Verkäuferin nicht mit der Gesellschaft und deren laufenden Geschäften in Wettbewerb tre-

ten wird. Insbesondere wird die Verkäuferin mit der Gesellschaft weder direkt noch indirekt durch den Erwerb von Anteilen an einem direkten oder indirekten Konkurrenten in Wettbewerb treten oder direkt oder durch die Gründung eines Unternehmens bzw. durch den Erwerb von Anteilen an einem Unternehmen direkten oder indirekten Wettbewerb betreiben. Hiervon ausgenommen ist der Erwerb für Zwecke der Kapitalanlage von Aktien, die öffentlich an einer deutschen oder einer ausländischen Wertpapierbörse gehandelt werden, soweit dadurch keine Kontrolle des Unternehmens resultiert. Dieses Wettbewerbsverbot ist beschränkt auf das Gebiet der Bundesrepublik Deutschland und gilt bis zum ....

(2) Die Verkäuferin verpflichtet sich, keine der ehemaligen, derzeitigen oder künftigen Mitarbeiter oder Handelsvertreter der Gesellschaft darauf anzusprechen oder mit diesen Vereinbarungen zu treffen, für ein anderes durch die Verkäuferin oder einen Dritten geführtes oder kontrolliertes Unternehmen tätig zu werden.

(3) Die Damen und Herren ... und ... verpflichten sich, weder selbst noch für einen anderen für die Dauer von drei Jahren ab Übergangsstichtag Geschäftsbeziehungen zu den nachfolgend genannten Unternehmen aufzubauen oder zu unterhalten:

a) ...
b) ...
c) ...

(4) Die Vertragsparteien vereinbaren, den Vertragsinhalt vertraulich und gegenüber Dritten geheim zu halten, es sei denn, sie sind dazu verpflichtet, diesen gegenüber einem Gericht, einer Behörde oder anderweitig offenzulegen bzw. mitzuteilen. Die Vertragsparteien werden in solchen Fällen nach besten Kräften bemüht sein, die Vertraulichkeit soweit als nur möglich zu bewahren, ohne dabei aber den Gerichten oder Behörden die erforderliche Auskunft vorzuenthalten. Die Vertragsparteien werden sich auf eine gemeinsame offizielle Presseerklärung und sonstige Information einigen, welche der Presse, den

Kunden sowie den Geschäftspartnern der Vertragsparteien nach dem Übergangsstichtag zugeleitet werden soll.

(5) Die Verkäuferin verpflichtet sich, für jede Verletzung des Wettbewerbsverbots eine Vertragsstrafe i. H. v. ... Euro an die Käuferin zu bezahlen. Wird die Zuwiderhandlung trotz schriftlicher Abmahnung fortgesetzt, so ist für jeden weiteren begonnenen Monat der Zuwiderhandlung eine weitere Vertragsstrafe in gleicher Höhe zu zahlen. Die Ansprüche der Käuferin auf Ersatz eines weiter gehenden Schadens sowie auf Unterlassung künftigen verbotswidrigen Verhaltens bleiben unberührt. Für eine Verletzung der Verschwiegenheitsverpflichtung ist die zuwiderhandelnde Partei zur Zahlung einer Vertragsstrafe i. H. v. ... Euro verpflichtet.

(6) Für den Fall der gerichtlichen Feststellung der Unwirksamkeit einer in diesem Paragrafen vereinbarten Kondition soll das Wettbewerbsverbot im Übrigen, soweit vom Gericht für gültig erklärt, insbesondere hinsichtlich der Feststellungen über das Vertragsgebiet und den Geltungszeitraum, weitergelten.

§ 15 Mitwirkungs- und Informationspflichten

(1) Die Käuferin wird die Verkäuferin unverzüglich schriftlich über alle Ansprüche informieren, die Dritte gegen die Käuferin oder die Gesellschaft vorbringen oder androhen, soweit die Möglichkeit besteht, dass diese eine Haftung der Verkäuferin begründen können. In diesem Fall versorgt die Käuferin und/oder die Gesellschaft die Verkäuferin mit allen Materialien und Informationen und gestattet ihr Zugang zu den Büchern und Unterlagen der Gesellschaft, solange und soweit dies für die Prüfung der Begründetheit der vorgebrachten oder angedrohten Ansprüche erforderlich ist. Die Verkäuferin hat die Kosten dieser Maßnahmen zu tragen.

(2) Die Käuferin ist verpflichtet, eine etwaige Verteidigung gegen die in § 15 Abs. 1 genannten Ansprüche in Abstimmung und nach Maß-

gabe der Verkäuferin durchzuführen. Verweigert die Käuferin eine Verteidigung gegen solche Ansprüche, ist sie verpflichtet, der Verkäuferin die Abwehr solcher Ansprüche im eigenen Namen und auf eigene Rechnung zu gestatten. In diesem Fall ist die Verkäuferin verpflichtet, die Käuferin und/oder die Gesellschaft von allen hieraus resultierenden Ansprüchen freizustellen.

(3) Die Käuferin wird die Verkäuferin rechtzeitig von jeder steuerlichen Außenprüfung informieren, die sich auf Zeiträume vor dem Übergangsstichtag bezieht. Die Verkäuferin ist berechtigt, selbst oder vertreten durch einen zur Berufsverschwiegenheit verpflichteten Berater, an dieser Außenprüfung teilzunehmen. Im Übrigen gelten die Regelungen von § 15 Abs. 1 entsprechend.

(4) Die Verkäuferin ist auch nach dem Übergangsstichtag auf Verlangen der Käuferin verpflichtet, alle zur Weiterführung des Unternehmens erforderlichen oder gebotenen Unterlagen herauszugeben und Erklärungen abzugeben.

§ 16 Gesellschafterliste

Gemäß § 16 Abs. 1 GmbHG gilt die Käuferin der Gesellschaft gegenüber nur als Inhaber der übertragenen Geschäftsanteile, wenn sie in der im Handelsregister aufgenommenen Gesellschafterliste eingetragen ist. Verkäuferin und Käuferin weisen den beurkundenden Notar an, eine entsprechend geänderte Gesellschafterliste zu gegebener Zeit dem Handelsregister einzureichen.

§ 17 Schiedsklausel

(1) Alle schiedsgutachterlichen Feststellungen oder Entscheidungen, die aufgrund dieses Vertrags getroffen werden, sind für die Vertragsparteien bindend.

(2) Können die Vertragsparteien sich nicht auf einen gemeinsamen Schiedsgutachter einigen, so bestimmt auf Antrag einer Partei die Wirtschaftsprüferkammer in ... einen geeigneten Schiedsgutachter. Diese Entscheidung der Wirtschaftsprüferkammer sowie die Entscheidung einer Vertragspartei, dass der Schiedsfall eingetreten sei, ist für beide Vertragsparteien bindend.

(3) Die Vertragsparteien sind verpflichtet, dem gem. § 17 Abs. 2 bestellten Schiedsgutachter alle erforderlichen Unterlagen auszuhändigen und alle erforderlichen Auskünfte zu erteilen. Der Schiedsgutachter gibt beiden Vertragsparteien Gelegenheit zur Stellungnahme und führt auf Verlangen einer Partei eine mündliche Erörterung bei gleichzeitiger Anwesenheit der Vertragsparteien in ... durch. Der Schiedsgutachter übermittelt seine Entscheidung mit einer schriftlichen Begründung den Vertragsparteien.

(4) Die Vertragsparteien tragen die Kosten des Schiedsverfahrens je zur Hälfte. Einen etwaigen Kostenvorschuss haben die Parteien ebenfalls zur Hälfte zu tragen.

(5) Im Übrigen entscheidet unter Ausschluss des ordentlichen Rechtswegs ein Schiedsgericht über alle Rechtsstreitigkeiten aus diesem Vertrag.

§ 18 Verjährung

Für die Rechte der Vertragsparteien aus diesem Kaufvertrag gelten vorbehaltlich der Regelungen in § 13 die gesetzlichen Verjährungsvorschriften.

§ 19 Schlussbestimmungen

(1) Jede der Vertragsparteien trägt die ihr i. V. m. der Anfertigung, Ausführung und Durchführung dieses Vertrags entstehenden Kosten,

einschließlich der Honorare ihrer Anwälte, Steuerberater und Finanzberater (einschließlich Investmentbanken) sowie die auf die Erteilung von notwendigen Vollmachten entfallenden Kosten. Die im Zusammenhang mit der Unterzeichnung dieses Vertrags und den darin enthaltenen Transaktionen entstehenden Notarkosten, einschließlich der Registerkosten, trägt die Käuferin.

(2) Steuern auf das Einkommen, auf den Gewinn und auf den Veräußerungsgewinn, die sich für die Verkäuferin im Zusammenhang mit diesem Vertrag ergeben, einschließlich der in diesem Vertrag geplanten Transaktionen, sind von der Verkäuferin zu tragen.

(3) Jede Änderung dieses Vertrags ist nur gültig, wenn sie in Schriftform erfolgt und von den Vertragsparteien unterschrieben wird, es sei denn, dass eine andere Form, insbesondere die notarielle Form, gesetzlich vorgeschrieben ist. Dies gilt auch für eine Änderung dieses Schriftformerfordernisses.

(4) Dieser Vertrag unterliegt ausschließlich den Gesetzen der Bundesrepublik Deutschland.

(5) Ausschließlicher Gerichtsstand für alle Streitigkeiten aus diesem Vertrag ist das Landgericht ..., Kammer für Handelssachen.

(6) Dieser Vertrag ersetzt alle zuvor von den Vertragsparteien im Zusammenhang mit den Vertragsverhandlungen geschlossenen Verträge, Vereinbarungen und Absichtserklärungen, insbesondere den Vertrag vom ..., den Letter of Intent vom ... und den Vertrag vom ...

(7) Sollte eine Bestimmung dieses Vertrags ganz oder teilweise unwirksam oder undurchführbar sein oder werden, bleiben die übrigen Bestimmungen hiervon unberührt. In diesem Fall soll der Vertrag mit einer Regelung durchgeführt werden, die der unwirksamen oder undurchführbaren Bestimmung unter Berücksichtigung des wirtschaftlichen Zwecks am nächsten kommt. Dies gilt entsprechend für etwaige Lücken in diesem Vertrag, die durch solche Bestimmungen

zu ersetzen sind, welche die Parteien verständigerweise unter Berücksichtigung der Absichten und Ziele dieses Vertrags geschlossen hätten, wenn ihnen die Lücke im Vertrag bewusst gewesen wäre.

Anlagen

...

...

(Ort, Datum, Unterschriften)

4. Betriebsverpachtung und -vermietung

Die Verpachtung eines Betriebs passiert gar nicht so selten – i. d. R. sind steuerliche Überlegungen dafür ausschlaggebend. In der Praxis steht am Anfang eine Betriebsaufspaltung, bei der das sogenannte Besitzunternehmen die wesentlichen Betriebsgrundlagen an die Betreibergesellschaft oder Betriebsgesellschaft verpachtet. Die Betriebsverpachtung kann aber auch als hilfreiches Instrument bei der Unternehmensnachfolge genutzt werden – v. a., wenn es um den eigenen Nachwuchs geht. Während der Pachtzeit können die Nachfolger zeigen, was in ihnen steckt – der Altunternehmer kann nach Ablauf der Pachtzeit gegebenenfalls eine endgültige Betriebsübergabe verweigern.

4.1 Praxisfall

Einzelunternehmer U hat sein 65. Lebensjahr erreicht. Er möchte sich aus dem Geschäft zurückziehen, ist sich aber nicht sicher, ob sein Sohn S, der gerade sein Betriebswirtschaftsstudium abgeschlossen hat, schon „reif" für eine endgültige Übernahme seiner Nachfolge ist. Beim Unternehmen handelt es sich um ein gut eingeführtes Handwerksunternehmen, welches sich auf einem 5.000 m² großen Betriebsgrundstück befindet. Das Unternehmen hat 32 Beschäftigte. U will sein Unternehmen noch nicht endgültig an seinen Sohn übergeben, dieser soll sich erst einmal unternehmerisch bewähren. Da U verständlicherweise noch sein Einkommen aus dem Unternehmen beziehen möchte, denkt er an eine Betriebsverpachtung.

4.2 Betriebswirtschaftliche, rechtliche und steuerliche Rahmenbedingungen

Überlässt der Betriebsunternehmer sein Unternehmen für einen vertraglich fixierten Zeitraum entgeltlich einem Dritten, liegt eine klassische Betriebsverpachtung vor. Der Dritte betreibt dann das Unternehmen auf eigene Rechnung und eigene Gefahr. Der Altunternehmer bleibt dabei Eigentümer der wesentlichen Betriebsgrundlagen.

4.2.1 Betriebswirtschaftliche Aspekte

Ein Verkauf des Betriebs unter fremdüblichen Bedingungen stellt unter Angehörigen eher die Ausnahme dar. Da oft weiteres Vermögen fehlt, muss trotzdem die ausreichende finanzielle Versorgung der Eltern sichergestellt werden. Dies kann dadurch erfolgen, dass der Altunternehmer sich den Nießbrauch am Betrieb oder am Betriebsgrundstück vorbehalten oder vom Nachfolger eine Versorgungsrente zahlen lasse. Bei einer Betriebsverpachtung, die in einer späteren Unternehmensnachfolge durch einen Abkömmling münden soll, sind aber immer auch gegebenenfalls vorhandene Geschwister zu berücksichtigen. Sind nämlich weitere Abkömmlinge vorhanden, kann in der Zukunft eine Liquiditätsgefährdung des Betriebs durch Geltendmachung von Pflichtteilsergänzungsansprüchen drohen.

Tipp

In einem solchen Fall kann sich die Zahlung von Gleichstellungsgeldern gegen Pflichtteilsverzicht anbieten.

4.2.2 Rechtliche Aspekte

Grundlage des Pachtverhältnisses ist der zivilrechtliche Pachtvertrag (§§ 581 BGB). Kerninhalt der vertraglichen Vereinbarung ist die Überlassung der dem Betrieb zuzuordnenden Wirtschaftsgüter.

§ Das sagt das Gesetz

§ 581 BGB

(1) Durch den Pachtvertrag wird der Verpächter verpflichtet, dem Pächter den Gebrauch des verpachteten Gegenstands und den Genuss der Früchte, soweit sie nach den Regeln einer ordnungsmäßigen Wirtschaft als Ertrag anzusehen sind, während der Pachtzeit zu gewähren. Der Pächter ist verpflichtet, dem Verpächter die vereinbarte Pacht zu entrichten.

(2) Auf den Pachtvertrag mit Ausnahme des Landpachtvertrags sind, soweit sich nicht aus den §§ 582 bis 584b etwas anderes ergibt, die Vorschriften über den Mietvertrag entsprechend anzuwenden.

Abgrenzung von Betriebsverpachtung und Betriebsvermietung

Eine Betriebsvermietung ist dadurch gekennzeichnet, dass der Vermieter dem Mieter einen Betrieb inklusive der Geschäftsausstattung für einen bestimmten Zeitraum gegen Entgelt (Miete) überlässt. Im Gegensatz dazu wird bei der Betriebsverpachtung noch zusätzlich insbesondere der

- Geschäftswert,
- Kundenstamm,
- Lieferantenbeziehungen sowie
- Immaterialgüterrechte (Lizenzen, Patente etc.)

überlassen.

Der Pächter tritt in all die vom Altunternehmer geschlossenen Verträge bezüglich des Unternehmens ein. Dies gilt auch für die Arbeitsverträge.

In der Regel führt der Pächter das Unternehmen im Namen der bisherigen Firma fort. Damit muss er auch für alle noch offenen Verbindlichkeiten des früheren Eigentümers haften (§ 25 HGB). Eine solche Haftung kann gegenüber dritten Gläubigern nicht durch den Pachtvertrag ausgeschlossen werden. Eine diesbezügliche Vereinbarung wirkt im Grunde nur im Innenverhältnis zwischen Verpächter und Pächter.

Tipp

Die Haftung kann allerdings durch entsprechende Eintragung im Handelsregister oder durch Mitteilung an den Gläubiger ausgeschlossen werden (§ 25 Abs. 2 HGB).

4.2.3 Steuerrechtliche Rahmenbedingungen

Wenn der Unternehmer seine werbende gewerbliche Tätigkeit einstellt, muss darin unter steuerlichen Gesichtspunkten notwendigerweise eine Betriebsaufgabe zu sehen sein. Die Einstellung durch Verpachtung kann laut ständiger Rechtsprechung des BFH auch als bloße Betriebsunterbrechung zu beurteilen sein.

Verpächterwahlrecht nutzen

Der Steuergesetzgeber räumt dem Unternehmer bei der Betriebsverpachtung ein Wahlrecht ein. Der Altunternehmer kann wählen, ob er im Rahmen einer Betriebsaufgabe alle stillen Reserven versteuern will, um dann nur noch Einkünfte aus Vermietung und Verpachtung zu erzielen oder ob der Betrieb des Unternehmers weiterbestehen soll. Das Wahlrecht besteht aber nur dann, wenn eine Betriebsverpachtung (Verpachtung wesentlicher Betriebsgrundlagen) und nicht lediglich eine Vermietung einzelner Wirtschaftsgüter des Betriebsvermögens vorliegt. Wenn sich der Altunternehmer für eine Betriebsaufgabe entscheidet, muss er dem Finanzamt gegenüber die Aufgabe ausdrücklich erklären.

Tipp

Die Finanzverwaltung akzeptiert auch eine rückwirkende Aufgabeerklärung – allerdings nur bis zu drei Monaten.

Im Falle der Betriebsaufgabe gehen die verpachteten Wirtschaftsgüter in das Privatvermögen über. Insofern sind alle im Betrieb vorhandenen stillen Reserven aufzudecken und zu versteuern (Betriebsaufgabegewinn). Auch hier stehen dem mindestens 55 Jahre alten Altunternehmer die in Kapitel 3 Abschnitt 2 aufgeführten steuerlichen Begünstigungen nach den §§ 16 und 34 EStG zur Verfügung.

Die Pachteinnahmen, die der Altunternehmer erzielt, sind als Einnahmen aus Vermietung und Verpachtung nach § 21 EStG zu versteuern.

Meist günstiger – die Betriebsfortführung

Wenn der Altunternehmer bei der Betriebsverpachtung keine Aufgabeerklärung abgibt, besteht der bisherige Betrieb weiter fort. Das bedeutet, dass auch die verpachteten Wirtschaftsgüter seinem Betriebsvermögen zugehörig bleiben.

Die Sache mit den wesentlichen Betriebsgrundlagen

Eine Betriebsfortführung ist nur dann zulässig, wenn die wesentlichen Betriebsgrundlagen verpachtet wurden. Für die Anerkennung der gewerblichen Verpachtung ist es nach gefestigter Rechtsprechung des BFH ausreichend, dass die wesentlichen, dem Betrieb das Gepräge gebenden Betriebsgegenstände verpachtet werden. Dabei kommt es für die Beantwortung der Frage, was unter den wesentlichen Betriebsgrundlagen zu verstehen ist, auf die Verhältnisse des verpachtenden, nicht auf diejenigen des pachtenden Unternehmers an (BFH, Urteil vom 11.10.2007; Az.: X R 39/04). Die Betriebsverpachtung setzt u. a. voraus, dass der Verpächter dem Pächter einen Betrieb zur Nutzung überlässt, den der Pächter im Wesentlichen fortsetzen kann. Dem Verpächter muss aber immer objektiv die Möglichkeit verbleiben, den vorübergehend eingestellten Betrieb als solchen wieder aufzunehmen und fortzuführen.

! Achtung

Das Verpächterwahlrecht kann nur von natürlichen Personen, nicht aber von Kapitalgesellschaften beansprucht werden.

Gewerbesteuer fällt für Verpächter nicht an

Obwohl der Verpächter Einkünfte aus Gewerbebetrieb erzielt, sind diese nicht gewerbesteuerpflichtig. Nach Maßgabe der Vorschriften des Gewerbesteuergesetzes (GewStG) gilt die Verpachtung als Beendigung der werbenden Tätigkeit des Altunternehmers.

! Achtung

Anders sieht dies bei gewerblich geprägten Personengesellschaften oder Kapitalgesellschaften aus!

Der Pächter unterliegt grundsätzlich der Gewerbesteuer.

4.3 Risiken, Schwachstellen und Gefahren – Schenkungsteuer bei späterer Betriebsübertragung

Die Betriebsverpachtung als solche ist schenkungsteuerrechtlich irrelevant, wenn die Pachtzinsen in angemessener Höhe vereinbart wurden und auch tatsächlich bezahlt werden. Anders sieht dies bei einer späteren Betriebsübertragung an den Nachfolger aus - also nach Beendigung des Pachtvertrags. Der ruhende Betrieb des Altunternehmers ist dessen Betriebsvermögen, für das bei der Übertragung die besonderen erbschaftsteuerlichen Privilegierungen (§§ 33 13a, 13b und § 19 ErbStG) greifen:

- Verschonungsabschlag in Höhe von 85 %
- gegebenenfalls Abzugsbetrag von 150.000 Euro (Aufpassen: keine Steuerreduzierung bei Bemessungsgrundlage von mehr als 300.000 Euro)
- Versteuerung nach Erbschaftsteuerklasse I

Grundstücke können Vergünstigungen gefährden

Das ErbStG gewährt die Vergünstigungen nur, wenn das Vermögen zu nicht mehr als 50 % Verwaltungsvermögen besteht.

Als schädliches Verwaltungsvermögen gelten die nachstehenden Vermögensbestandteile:

- Dritten zur Nutzung überlassene Grundstücke (Ausnahmen: Nutzungsüberlassung bei Betriebsaufspaltung, konzerninterne Nutzungsüberlassung, Nutzungsüberlassung im Sonderbetriebsvermögen)
- Anteile an Kapitalgesellschaften, bei denen die unmittelbare Beteiligung 25 % oder weniger beträgt

- sonstige Beteiligungen an Personen- oder Kapitalgesellschaften, die ihrerseits mehr als 50 % schädliches Verwaltungsvermögen halten
- Wertpapiere oder vergleichbare Forderungen

Rückausnahme kann weiterhelfen

Im Grunde zählen bei der Betriebsverpachtung verpachtete Grundstücke zum schädlichen Verwaltungsvermögen, da es sich um Dritten zur Nutzung überlassene Grundstücke handelt. Trotzdem hat der Gesetzgeber in § 13b ErbStG sogenannte Rückausnahmen zugelassen, bei denen das verpachtete Grundstück nicht zum schädlichen Verwaltungsvermögen gezählt wird. Dies tritt ein, wenn

- der Erbe, auf den der verpachtete Betrieb übergeht, bereits Pächter des Betriebs ist oder
- bei einer Schenkung unter Lebenden der Verpächter dem Pächter im Zusammenhang mit einer zeitlich unbefristeten Verpachtung durch letztwillige oder rechtsgeschäftliche Verfügung als Erben eingesetzt hat oder
- die Verpachtung an einen Dritten erfolgt, weil der Beschenkte im Zeitpunkt der Steuerentstehung den Betrieb noch nicht führen kann, und die Verpachtung auf höchstens zehn Jahre befristet ist (wenn der Beschenkte das 18. Lebensjahr noch nicht vollendet hat, beginnt die Frist mit der Vollendung des 18. Lebensjahres).

! Achtung

Von der Rückausnahme wird ein Erbe, der den Betrieb beispielsweise aus Altersgründen noch nicht führen kann, beim Übergang von Todes wegen nicht erfasst.

Manche Steuerexperten empfehlen hier unbedingt eine Schenkung unter Lebenden vorzunehmen – notfalls sogar noch auf dem „Sterbebett".

Rückausnahmen gelten nicht bei Teilbetriebsübertragungen

Mit den Rückausnahmen werden nur komplette Betriebsverpachtungen belohnt, für die Verpachtung von Teilbetrieben gelten die Vorgaben nicht. Die Privilegierung der Grundstücke gilt darüber hinaus nur für Betriebe, die auch vor der Verpachtung begünstigungsfähiges Vermögen darstellten und diese Widmung nicht erst durch eine Umqualifizierung anlässlich der Verpachtung eingetreten ist.

Ergibt sich aufgrund der tatsächlichen Umstände eine Betriebsaufgabe, dürfte eine Nachversteuerung kaum zu umgehen sein.

4.4 Zurück zum Praxisfall

Einzelunternehmer U kann grundsätzlich zu einer Unternehmensnachfolge im Wege einer Betriebsverpachtung gegen einen angemessenen Pachtzins, der auch einem Fremdvergleich standhält, geraten werden. Voraussetzung ist dabei aber selbstredend, dass der Betrieb die Pachtzahlungen auch erwirtschaften kann. Er sollte den Pachtvertrag allerdings einige Jahre laufen lassen, um sicherzustellen, dass das Unternehmen auch mittelfristig eine Beanspruchung der Liquidität durch eventuelle Pflichtteilsansprüche anderer Berechtigter verkraften kann. Außerdem erhält U so ausreichend Gelegenheit, die ersten unternehmerischen Gehversuche seines Sohnes ausreichend zu beobachten oder auch gegebenenfalls helfend zur Hand zu gehen.

4.5 Fahrplan

Das Erstellen eines gesonderten Fahrplans bei der Betriebsverpachtung ist hier entbehrlich, da sich ein solcher Vertrag binnen Monatsfrist erstellen und unterschreiben lässt. Eine spätere Betriebsübertragung – egal ob familienintern oder -extern – sollte dagegen besonders intensiv bezüglich der steuerlichen Auswirkungen vorbereitet werden. Hier ist zumindest ein Zeitraum von sechs Monaten die untere Grenze (siehe auch Fahrplan bei der Unternehmensveräußerung an Dritte, Kapitel 3, Abschnitt 3.4).

4.6 Muster

Mustervertrag Betriebsverpachtung an Abkömmlinge

Pachtvertrag

zwischen

Herrn/Frau ..., wohnhaft ...,

– im weiteren Verpächter genannt –

und

Herrn/Frau ..., wohnhaft ...,

– im weiteren Pächter genannt –

Präaambel

Der Verpächter ist Inhaber des Einzelunternehmens ... in ... Der Gegenstand des Unternehmens ist ...

Herr/Frau ... möchte sein Einzelunternehmen langfristig auf seinen/ihren Sohn/Tochter übertragen. In einem ersten Schritt soll das Unternehmen von Herrn/Frau ... gepachtet werden. Diesbezüglich werden von den beteiligten Parteien folgende Regeln getroffen:

§ 1 Pachtgegenstand

(1) Der Verächter verpachtet mit Wirkung vom ... an den Pächter den vorstehenden Betrieb ... mit dem dazugehörigen beweglichen und unbeweglichen Anlagevermögen, insbesondere der Geschäftsausstattung, sämtlichen Maschinen und Fahrzeugen und allen sonstigen Gegenständen des Anlagevermögens einschließlich der geringwertigen Wirtschaftsgüter.

(2) Von der Verpachtung umfasst sind auch alle immateriellen, in der Bilanz nicht betragsmäßig ausgewiesenen Wirtschaftsgüter, insbesondere der Kundenstamm, der Firmenwert und gewerbliche Lizenzen, sodass der Betrieb als solcher verpachtet wird. Das verpachtete Anlagevermögen ergibt sich aus der zu diesem Vertrag genommenen Anlage.

(3) Der Verpächter verkauft an den Pächter die in der Anlage zu diesem Vertrag verzeichneten Warenvorräte, Roh- und Hilfsstoffe zum Preis von ... Euro. Die Parteien sind sich über den Eigentumsübergang einig. Gewährleistungsansprüche sind ausgeschlossen.

§ 2 Pachtzins

(1) Der monatliche Pachtzins beträgt ... Euro. Er ist im Voraus bis zum 3. Werktag des Monats zu zahlen.

(2) Ändern sich die wirtschaftlichen Verhältnisse des Unternehmens, der Branche oder der Volkswirtschaft im Allgemeinen, die bei Abschluss des Pachtvertrags vorlagen, werden die Parteien prüfen, ob eine Veränderung der Pachthöhe angemessen ist.

(3) Unterwirft der Verpächter die Umsätze aus der Verpachtung der Regelumsatzbesteuerung, ist der Pächter verpflichtet, zusätzlich die Umsatzsteuer in ihrer gesetzlichen Höhe auf den jeweiligen Pachtzins zu zahlen. Der Verpächter verpflichtet sich, die Umsatzsteuer gem. § 14 UStG in Rechnung zu stellen oder diesen Vertrag so zu ändern, dass der Vertrag den Vorsteuerabzug vermittelt.

§ 3 Überleitung von Schuldverhältnissen

(1) Der Pächter tritt in alle bestehenden Wartungs-, Telekommunikations- und Versorgungsverträge sowie in alle sonstigen Dauerschuldverhältnisse anstelle des Verpächters ein. Der Pächter ist verpflichtet, mit dem betroffenen Vertragspartner zu vereinbaren, dass der Verpächter aus den Verpflichtungen entlassen wird.

(2) Der Pächter tritt darüber hinaus in alle bestehenden Liefer- und Werkverträge anstelle des Verpächters ein. Sofern die Kunden mit der Vertragserfüllung durch den Pächter nicht einverstanden sind, verpflichtet sich der Verpächter im Innenverhältnis zur Vertragserfüllung unter Zugrundelegung der bisherigen Vertragsvereinbarungen.

(3) Die Ansprüche auf Gegenleistungen aus übernommenen Schuldverhältnissen stehen dem Pächter zu. Entsprechende Forderungen werden hiermit abgetreten. Noch ausstehende Forderungen für Lieferungen des Verpächters zieht der Pächter ein. Eingezogene Beträge kehrt er an den Verpächter aus.

(4) Der Pächter tritt außerdem in alle bestehenden Arbeitsverträge ein.

§ 4 Gewährleistung

Der Pächter übernimmt den Pachtgegenstand wie besichtigt unter Ausschluss jeder Gewährleistung des Verpächters für Sachmängel.

§ 5 Verkehrssicherungspflicht

Die Verkehrssicherungspflicht übernimmt der Pächter. Er verpflichtet sich, den Verpächter im Innenverhältnis von allen insoweit entstehenden Ansprüchen Dritter freizustellen.

§ 6 Versicherungen, Kosten

(1) Der Pächter hat auf seine Kosten für das Pachtobjekt angemessene Haftpflichtversicherungen sowie Versicherungen gegen Feuer-, Sturm-, Wasserschäden, Diebstahl und Einbruch abzuschließen und zu unterhalten.

(2) Der Pächter trägt alle Ausgaben, die den Betrieb und dessen Ausübung betreffen.

§ 7 Instandhaltung

(1) Der Pächter ist verpflichtet, das übernommene Anlagevermögen während der Dauer des Pachtverhältnisses pfleglich zu behandeln.

(2) Der Pächter ist zur laufenden Instandhaltung und Instandsetzung der Maschinen und Fahrzeuge sowie der Geschäftsausstattung einschließlich der außerordentlichen Ausbesserungen verpflichtet.

(3) Der Pächter trägt die Kosten der Erneuerungs- und Erweiterungsinvestitionen selbst.

(4) Vom Pächter angeschaffte Ersatzgegenstände sind ohne weitere Entschädigung in das Eigentum des Verpächters zu überführen. Die Gefahr des zufälligen Untergangs trägt der Pächter.

§ 8 Unterverpachtung

Der Pächter ist zur Unterverpachtung des Unternehmens nicht befugt.

§ 9 Kontrollrechte

(1) Der Verpächter ist berechtigt, den verpachteten Betrieb während der üblichen Geschäftszeiten zu besichtigen. Er hat die Besichtigung vorher anzukündigen und zwischen der Ankündigung und der Besichtigung eine angemessene Frist einzuhalten.

(2) Der Pächter ist verpflichtet, den Verpächter jährlich nach Erstellung der Jahresbilanz über die wirtschaftliche Situation des Pachtunternehmens zu unterrichten.

§ 10 Vertragsdauer

(1) Die Pacht beginnt am .... Der Vertrag wird auf unbestimmte Zeit geschlossen.

(2) Der Pachtvertrag kann schriftlich mit einer Frist von einem Jahr zum Ende des Geschäftsjahres des Pächters gekündigt werden.

(3) Das Vertragsverhältnis kann von jedem Teil aus wichtigem Grund ohne Einhaltung einer Kündigungsfrist schriftlich gekündigt werden.

(4) Bei Beendigung des Pachtverhältnisses hat der Pächter das Pachtobjekt mit sämtlichen dazugehörigen Wirtschaftsgütern an den Verpächter zurückzugeben. Der Pächter ist fortan nicht mehr berechtigt, die Firma des Verpächters zu führen. Roh- und Hilfsstoffe sowie Warenvorräte werden zu Einkaufspreisen übernommen.

(5) Ein Wertausgleich bezüglich des Inventars findet nicht statt.

§ 11 Vertragsänderungen, Salvatorische Klausel

(1) Änderungen und Ergänzungen dieses Vertrags bedürfen der Schriftform; das gilt auch für eine Änderung der Schriftformklausel selbst.

(2) Sollte eine Bestimmung dieses Vertrags aus irgendeinem Grund unwirksam oder anfechtbar sein oder werden, so soll hierdurch die Gültigkeit der übrigen Bestimmungen nicht berührt werden. Anstelle der unwirksamen Bestimmung soll eine angemessene Regelung gelten, die – soweit rechtlich möglich – dem entspricht, was die Vertragsschließenden gewollt haben. Entsprechendes gilt im Falle einer Regelungslücke.

(Ort, Datum, Unterschriften)

5. Unternehmensnachfolge bei freiberuflichen Betrieben

In Deutschland gibt es nach Angaben des BFB (Bundesverband der Freien Berufe) derzeit über eine Million selbstständige Freiberufler in vier Berufsgruppen:

- Heilberufe (Ärzte, Zahnmediziner und Apotheker),
- Rechtsanwälte, Wirtschafts- und Steuerberater,
- Architekten und Ingenieure und
- Angehörige der freien Kulturberufe.

Insgesamt beschäftigen diese Unternehmen über 3 Mio. Mitarbeiter und erwirtschaften 10,1 % des Bruttoinlandsproduktes. Im rechtlichen Sinne werden mit Freiberuf oder als freier Beruf Tätigkeiten bezeichnet, die nicht der Gewerbeordnung unterliegen. § 18 Abs. 1 Satz 1 EStG und § 1 PartGG geben eine positive Definition für freiberufliche Tätigkeiten an:

§ Das sagt das Gesetz

§ 18 Absatz 1 Satz 1

(1) Einkünfte aus selbständiger Arbeit sind

1. Einkünfte aus freiberuflicher Tätigkeit. Zu der freiberuflichen Tätigkeit gehören die selbständig ausgeübte wissenschaftliche, künstlerische, schriftstellerische, unterrichtende oder erzieherische Tätigkeit, die selbständige Berufstätigkeit der Ärzte, Zahnärzte, Tierärzte, Rechtsanwälte, Notare, Patentanwälte, Vermessungsingenieure, Ingenieure, Architekten, Handelschemiker, Wirtschaftsprüfer, Steuerberater, beratenden Volks- und Betriebswirte, vereidigten Buchprüfer, Steuerbevollmächtigten, Heilpraktiker, Dentisten, Krankengymnasten, Journalisten, Bildberichterstatter, Dolmetscher, Übersetzer, Lotsen und ähnlicher

Berufe. Ein Angehöriger eines freien Berufs im Sinne der Sätze 1 und 2 ist auch dann freiberuflich tätig, wenn er sich der Mithilfe fachlich vorgebildeter Arbeitskräfte bedient; Voraussetzung ist, dass er auf Grund eigener Fachkenntnisse leitend und eigenverantwortlich tätig wird. Eine Vertretung im Fall vorübergehender Verhinderung steht der Annahme einer leitenden und eigenverantwortlichen Tätigkeit nicht entgegen;

§ 1 Absatz 2 Satz 1 PartGG

Die Freien Berufe haben im allgemeinen auf der Grundlage besonderer beruflicher Qualifikation oder schöpferischer Begabung die persönliche, eigenverantwortliche und fachlich unabhängige Erbringung von Dienstleistungen höherer Art im Interesse der Auftraggeber und der Allgemeinheit zum Inhalt.

Freiberuflerprivileg gilt auch für ähnliche Berufe

Neben den in § 18 Abs. 1 bezeichneten Katalogberufen können auch ähnliche freiberufliche Berufe das sogenannte Freiberuflerprivileg (nämlich der Verzicht auf die Gewerbesteuer) erhalten. Ob ein ähnlicher Beruf vorliegt, wird von der Finanzverwaltung durch Vergleich mit einem bestimmten Katalogberuf festgestellt. Ein Beruf ist einem der Katalogberufe ähnlich, wenn er in wesentlichen Punkten mit ihm verglichen werden kann. Dazu gehören v. a. die Vergleichbarkeit der Ausbildung und der beruflichen Tätigkeit. Laut der Rechtsprechung des Bundesfinanzhofs (BFH) muss die selbstständig ausgeübte Tätigkeit in einem der Katalogberufe oder in einem diesen ähnlichen Berufen in einem dieser Bereiche erfolgen:

- ingenieursmäßige und ähnliche Tätigkeiten (inkl. EDV- bzw. IT-Berufe)
- rechts- und wirtschaftsberatende Berufe
- Heil- und Heilhilfsberufe

- wissenschaftliche Tätigkeit
- schriftstellerische Tätigkeit
- unterrichtende Tätigkeit
- erzieherische Tätigkeit
- künstlerische Tätigkeit
- sonstige selbstständige Arbeit

Ihre Tätigkeit üben Freiberufler meist in einer Praxis, Kanzlei oder einem ähnlichen Raum aus. Das Vorhalten eines Raums ist aber nicht zwingend – so kann ein nach der Rechtsprechung als Freiberufler eingestufter Synchronsprecher auch ausschließlich bei seinen Kunden tätig sein.

Der Praxisverkauf ist der Unternehmensverkauf des Freiberuflers

Im Gegensatz zur Unternehmensveräußerung beim gewerblichen Unternehmen wird bei Freiberuflern in einem solchen Fall meist generalisierend vom Praxisverkauf gesprochen. Wegen der meist höchstpersönlichen Art der Leistungserbringung ist ein Praxisverkauf im Weg der Unternehmensnachfolge für einen Erwerber in erster Linie dann interessant, wenn der Kunden- bzw. Mandanten- oder Patientenstamm erhalten bleibt – alle anderen Sachwerte, v. a. bei Beratern, sind meist bloßes Büroinventar (bei Arztpraxen, wie beispielsweise der eines Radiologen, kann dies natürlich ganz anders aussehen). Es geht also beim Praxisverkauf im Grunde um die entgeltliche Übertragung einer Vertrauensbeziehung, die als immaterieller Vermögenswert (Goodwill) gilt. Da das Thema Unternehmensnachfolge bei Freiberuflern selbst in einer Übersichtsdarstellung den Umfang dieses Buches sprengen würde, werden hier aus den verschiedenen Bereichen besonders wichtige Problembereiche und Lösungen vorgestellt.

5.1 Praxisfall

Anhand des Praxisfalls wird deutlich, welche steuerlichen Konsequenzen drohen, wenn ein Freiberufler nach einem begünstigten Praxisverkauf erneut tätig wird.

Orthopäde wird nach Praxisverkauf wieder freiberuflich tätig

Ein Facharzt für Orthopädie war 2005 Inhaber einer orthopädischen Praxisklinik. Er hatte eine Zulassung zum Vertragsarzt der Kassenärztlichen Vereinigung (KV) und behandelte in seiner Praxis Kassen- und Privatpatienten. Seine Praxisklinik verfügte über voll ausgestattete Operationsräume, in denen er ausschließlich Kniegelenkoperationen durchführte. 2005 verkaufte er die Praxis ohne Inventar und die Patientenkartei mit sämtlichen Krankenunterlagen an einen anderen Arzt, Dr. A. Dieser sollte auch in den Mietvertrag für die Klinikräume eintreten, was er aber nicht tat. Der Orthopäde eröffnete daraufhin eine Privatpraxis in neuen Räumen und führte in den alten Praxisräumen, deren Mietvertrag noch bestand, weiter Operationen in vermindertem Umfang durch. Die neue Praxis verfügt nicht über Operationsräume. Seit Beendigung des Mietverhältnisses operierte er seine Patienten in einer anderen Klinik in vergleichbarem Umfang. Der Orthopäde nahm in seiner Steuererklärung die Tarifbegünstigung nach § 16 Abs. 3 EStG in Anspruch. Das Finanzamt lehnte dies ab und behandelte den Gewinn aus der Veräußerung als laufenden Gewinn. Es wies zur Begründung darauf hin, dass der Kläger mit der Eröffnung der neuen Praxis die gleiche freiberufliche Tätigkeit fortsetze und diese nicht in dem bisherigen örtlichen Wirkungskreis eingestellt habe, wie es für eine steuerbegünstigte Veräußerung erforderlich sei. Der Orthopäde erhob Klage vor dem Finanzgericht.

5.2 Betriebswirtschaftliche, rechtliche und steuerliche Rahmenbedingungen

5.2.1 Betriebswirtschaftliche Rahmenbedingungen

Bei jeder Unternehmensveräußerung – so auch bei der freiberuflichen Praxis – bildet der Wert des Übernahmeobjekts das Hauptproblem. Viele Freiberufler machen sich während ihrer aktiven Tätigkeit meist keine Gedanken, welchen Wert ihre Kanzlei oder Praxis eigentlich hat. Aktuell wird diese Frage aber dann, wenn sich der Freiberufler zur Ruhe setzen will und mit einem potenziellen Nachfolger über den Kaufpreis verhandelt. Lässt der Freiberufler die Praxis von einem Sachverständigen bewerten, ist das Ergebnis oft ernüchternd – der Verkehrswert wird meist deutlich niedriger, als der Freiberufler glaubt, angesetzt.

Tipp

Trotzdem gilt der alte Kaufmannsgrundsatz: Eine Sache ist so viel wert, wie ein Dritter dafür bezahlen will!

Beim Praxisverkauf geht es v. a. um den Goodwill

Hauptgrund für den niedrigen Wertansatz ist, dass der Freiberufler i. d. R. nur den sogenannten Goodwill übertragen kann, also den Kundenstamm und den Bekanntheitsgrad der Praxis/Kanzlei. Der Wert der Praxis ist im Grunde immer an die Person des Freiberuflers gebunden. Wenn ein Arzt seine Praxis an einen Nachfolger überträgt, hat dieser keinerlei Gewähr dafür, dass die ehemaligen Patienten weiterhin die Praxis aufsuchen werden. Bei mittleren oder größeren produzierenden Gewerbebetrieben ist dies häufig völlig anders – hier steht nicht der Unternehmer im Vordergrund, sondern meist das bzw. die Produkte. Wem die Firma tatsächlich gehört, ist dem Kunden i. d. R. egal, wenn er mit Produktqualität und Preis zufrieden ist.

Ein weiterer Unterschied besteht darin, dass der Freiberufler seine Dienstleistung höchstpersönlich erbringt (bzw. durch von ihm angestellte Berufsträger, die eine bestimmte Mindestqualifikation vorweisen müssen), der produzierende Gewerbebetrieb dagegen ein Produkt herstellt.

Freiberuflerpraxen und Gewerbebetriebe werden unterschiedlich bewertet

Aus diesen Gründen werden von Sachverständigen völlig unterschiedliche Bewertungsmethoden angewandt. Bei Gewerbebetrieben wird in aller Regel mit dem Ertragswertverfahren gearbeitet, bei Freiberuflerpraxen sind verschiedene Verfahren möglich. Die Unterschiede werden bei einer Vergleichsberechnung schnell deutlich: Wenn ein Rechtsanwalt in den letzten Jahren z. B. einen Durchschnittsgewinn von 130.000 Euro erzielt, wird nach dem Ertragswertverfahren ein Kanzleiwert von mehr als 1 Mio. Euro erzielt. Beim sogenannten Übergewinnverfahren ergibt sich dagegen ein Wert zwischen 100.000 und 300.000 Euro.

➡ Hinweis

In Abschnitt 5.4.3 finden Sie drei Bewertungsbeispiele unterschiedlicher freiberuflicher Unternehmen.

5.2.2 Zivilrechtliche Besonderheiten bei der Veräußerung von Freiberuflerpraxen

Die Veräußerung von freiberuflichen Unternehmen funktioniert im Grunde nach denselben Regeln wie die von gewerblichen Unternehmen (siehe Kapitel 3, Abschnitt 3.2.1).

Es gibt aber eine gravierende Besonderheit - die Auswirkungen des § 203 StGB (siehe 5.3).

5.2.3 Steuerliche Rahmenbedingungen

Die Praxisaufgabe wie auch die Praxisabgabe/Praxisveräußerung lösen steuerrelevante Tatbestände aus. Einkommensteuerrechtlich werden Verkauf und Aufgabe in gleicher Weise als Veräußerung behandelt. Dies bedeutet, dass unabhängig von einer Kaufpreiszahlung (bei Praxisaufgabe: Überführung des Betriebsvermögens in das Privatvermögen) eine Besteuerung des Veräußerungsgewinns erfolgt. Gemäß § 18 Abs. 3 in Verbindung mit § 16 EStG muss der bei Veräußerung entstehende Gewinn versteuert werden.

Tipp

Veräußerungsgewinn ist der Betrag, um den der Veräußerungspreis nach Abzug der Veräußerungskosten den Wert des Betriebsvermögens oder den Wert des Anteils am Betriebsvermögen übersteigt (§ 16 Abs. 2 Satz 1 EStG).

Bei der Aufgabe oder bei der unentgeltlichen Übertragung (z. B. auf Sohn oder Tochter) wird anstelle des Veräußerungspreises der Verkehrswert als steuerliche Berechnungsbasis angesetzt. Der Wert des Betriebsvermögens entspricht den (Rest-)Buchwerten der Einrichtungsgegenstände der Praxis.

Altersmäßige Vergünstigungen

Bei der Besteuerung des Veräußerungsgewinns werden Freibeträge berücksichtigt, die sich am Alter und der Berufsfähigkeit des abgebenden Freiberuflers orientieren und entsprechend ihrer Höhe den zu versteuernden Gewinn mindern. Hat der Steuerpflichtige das 55. Lebensjahr vollendet oder ist er im sozialversicherungsrechtlichen Sinne dauernd berufsunfähig, so wird der Veräußerungsgewinn auf Antrag zur Einkommensteuer nur herangezogen, soweit er 45.000 Euro übersteigt. Der Freibetrag ist dem Steuerpflichtigen nur ein Mal zu gewähren. Er ermäßigt sich um den Betrag, um den der Veräußerungsgewinn 136.000 Euro übersteigt.

Fünftelregelung und ermäßigter Steuersatz

Ganz unabhängig von Alter und Berufsfähigkeit des abgebenden Freiberuflers ergibt sich bei der Praxisveräußerung neben der Freibetragsregelung noch die Möglichkeit eines zusätzlichen einkommensteuerlichen Vorteils. Der Fiskus lindert die Versteuerung des Veräußerungsgewinns, indem er nicht den persönlichen, eventuell sehr hohen Steuersatz anwendet, sondern auf Antrag durch die Inanspruchnahme der sogenannten „Fünftelregelung" (§ 34 Abs. 1 EStG) rechnerisch die Verteilung der Einkünfte auf fünf Jahre gewährt. Hat der Freiberufler das 55. Lebensjahr vollendet oder ist er im sozialversicherungsrechtlichen Sinn dauernd berufsunfähig, besteht auch die Möglichkeit, dass er die Besteuerung des Veräußerungsgewinns mit 56 % des durchschnittlichen Steuersatzes beantragt (§ 34 Abs. 3 EStG). Dabei beträgt aber der Mindeststeuersatz nach dieser Methode 14 % (§ 34 Abs. 3, Satz 2 EStG). Diese Vergünstigung gilt jedoch nur für Veräußerungsgewinne, die 5 Mio. Euro nicht übersteigen.

5.3 Risiken, Schwachstellen und Gefahren – die Nichtigkeitsgefahr bei der Praxisübertragung

Bei der Praxisübertragung eines Freiberuflers an einen Nachfolger geht es in erster Linie um die Übertragung des Patienten- bzw. Mandantenstamms. Diese setzt beispielsweise, was die laufenden Mandate einer Rechtsanwaltskanzlei betrifft, insbesondere eine Übergabe der Handakten voraus (§ 50 BRAO). Diese dürfen nur mit ausdrücklicher Zustimmung des Mandanten übergeben werden. In der Praxis ergeben sich hier meist keine größeren Schwierigkeiten. Bezüglich jeder einzelnen Handakte ist allerdings die schriftliche Zustimmung des Mandanten einzuholen. Geschieht dies nicht, stellt dies einen Verstoß gegen die Berufsgrundsätze und außerdem eine Verletzung des Berufsgeheimnisses dar (vgl. § 203 StGB).

§ Das sagt das Gesetz

§ 203 StGB

(1) Wer unbefugt ein fremdes Geheimnis, namentlich ein zum persönlichen Lebensbereich gehörendes Geheimnis oder ein Betriebs- oder Geschäftsgeheimnis, offenbart, das ihm als

1. Arzt, Zahnarzt, Tierarzt, Apotheker oder Angehörigen eines anderen Heilberufs, der für die Berufsausübung oder die Führung der Berufsbezeichnung eine staatlich geregelte Ausbildung erfordert,
2. Berufspsychologen mit staatlich anerkannter wissenschaftlicher Abschlussprüfung,
3. Rechtsanwalt, Patentanwalt, Notar, Verteidiger in einem gesetzlich geordneten Verfahren, Wirtschaftsprüfer, vereidigtem Buchprüfer, Steuerberater, Steuerbevollmächtigten oder Organ oder Mitglied eines Organs einer Rechtsanwalts-, Patentanwalts-,

Wirtschaftsprüfungs-, Buchprüfungs- oder Steuerberatungsgesellschaft,

4. Ehe-, Familien-, Erziehungs- oder Jugendberater sowie Berater für Suchtfragen in einer Beratungsstelle, die von einer Behörde oder Körperschaft, Anstalt oder Stiftung des öffentlichen Rechts anerkannt ist,

4a. Mitglied oder Beauftragten einer anerkannten Beratungsstelle nach den §§ 3 und 8 des Schwangerschaftskonfliktgesetzes,

5. staatlich anerkanntem Sozialarbeiter oder staatlich anerkanntem Sozialpädagogen oder

6. Angehörigen eines Unternehmens der privaten Kranken-, Unfall- oder Lebensversicherung oder einer privatärztlichen, steuerberaterlichen oder anwaltlichen Verrechnungsstelle

anvertraut worden oder sonst bekanntgeworden ist, wird mit Freiheitsstrafe bis zu einem Jahr oder mit Geldstrafe bestraft.

...

(3) Einem in Abs. 1 Nr. 3 genannten Rechtsanwalt stehen andere Mitglieder einer Rechtsanwaltskammer gleich. Den in Abs. 1 und Satz 1 Genannten stehen ihre berufsmäßig tätigen Gehilfen und die Personen gleich, die bei ihnen zur Vorbereitung auf den Beruf tätig sind. Den in Abs. 1 und den in Satz 1 und 2 Genannten steht nach dem Tod des zur Wahrung des Geheimnisses Verpflichteten ferner gleich, wer das Geheimnis von dem Verstorbenen oder aus dessen Nachlass erlangt hat.

Verstoß kann zur Nichtigkeit des Kaufvertrags führen

Wie dargestellt, sind von der strafrechtlichen Vorschrift auch die meisten anderen Freiberufler betroffen, was durch diverse Urteile bestätigt wird. Über die strafrechtliche Relevanz hinaus gibt es aber eine noch gravierendere Folge: Wird beim Praxiskaufvertrag gegen § 203 StGB verstoßen, führt dies zur Nichtigkeit des Vertrags nach § 134 BGB. Steht also im Vertrag, dass der Verkäufer dem Käufer die Patienten- bzw. Mandantendaten ohne Einwilligung der Betroffenen herauszugeben hat, ist dies unwirksam.

! Achtung

Ob die salvatorische Klausel, die in jedem professionellen Vertrag enthalten ist, die Nichtigkeit heilen kann, ist unter Zivilrechtsexperten derzeit umstritten.

5.4 Praxisfall, Bewertungsbeispiele und Fahrplan

5.4.1 Entscheidung im Praxisfall

Das Finanzgericht (FG) Hamburg wies die Klage des Mediziners ab. Ein steuerbegünstigter Veräußerungsgewinn läge hier nicht vor. Die Übertragung aller wesentlichen vermögensmäßigen Grundlagen der freiberuflichen Tätigkeit auf den Erwerber ist i. d. R. nur dann gewährleistet, wenn die freiberufliche Tätigkeit in dem bisherigen örtlichen Wirkungskreis wenigstens für eine gewisse Zeit aufgegeben wird. Die Überleitung des Mandanten-/Patientenstamms ist nicht gesichert, wenn der Veräußerer in Konkurrenz zu dem übertragenen Unternehmen steht, insbesondere dadurch, dass er sein bisheriges, durch Mandanten/Patienten und Praxisnamen bedingtes Wirkungsfeld als maßgebliche Grundlage zukünftiger freiberuflicher Tätigkeit nutzt und die Einstellung der bisherigen freiberuflichen Tätigkeit auch nach außen hin nicht einmal für eine gewisse Zeitspanne in Erscheinung tritt. Nur so ist eine Abgrenzung des begünstigten Veräußerungsgewinns vom nicht begünstigten laufenden Gewinn gewährleistet. Auch die Steuerbegünstigung für eine Praxisaufgabe setzt die Beendigung der bisherigen Tätigkeit voraus. Für potenzielle Patienten war die „Praxisübernahme“ hier in keiner Weise erkennbar. Die Praxisräume wurden durch den Kläger weiterhin genutzt, der Erwerber selbst war dort nie tätig. Dass der Erwerber die Patientenkartei übernommen hat, führt zu keinem anderen Ergebnis. Wie der Kläger selbst vorträgt, entsteht durch die bloße Durchführung einer Operation auf Überweisung des jeweils behandelnden Orthopäden keine dauerhafte Patientenbeziehung, zumal die meisten Patienten nicht mehr als ein Mal operiert werden (FG Hamburg, Urteil vom 05.04.2011; Az.: 6 K 191/10).

Die Folgen der Entscheidung

Veräußert ein Freiberufler seine Praxis, kann er durch eine weitere Tätigkeit die Steuervergünstigung gefährden. Unschädlich ist dabei eine Angestelltentätigkeit. Problematisch wird es, wenn die Praxis an einen Nachfolger verkauft wird und der Freiberufler Eigentümer der Immobilie bleibt. Wird er dann in der Praxis des Nachfolgers tätig, kann die Steuervergünstigung entfallen, da die Immobilie notwendiges Betriebsvermögen bleibt.

Ungefährlich ist dies allerdings, wenn ein Arzt unter 10 % seiner alten Patienten behandelt, die Aufnahme neuer Patienten ist aber definitiv schädlich.

5.4.2 Fahrplan bei einer Übertragung eines freiberuflichen Unternehmens

Maßnahme	Dauer
Grundlegende Überlegungen bezüglich der Unternehmensnachfolge bzw. einer möglichen Unternehmensveräußerung und gegebenenfalls entsprechende Vorbereitungen	1 bis 2 Jahre vor dem Tag X
Konkrete Entscheidungsphase (inklusive rechtlicher und steuerliche Analyse)	3 Monate
Matchingphase I (Suchphase)	mindestens 3 Monate
Matchingphase II (Verhandlungsphase)	mindestens 3 Monate
Übergangs- und Rückzugsphase	bei sofortigem Ausstieg entbehrlich, bei weiterer freiberuflicher Tätigkeit Gefahr des Verlusts der Steuervergünstigung (Anstellung unschädlich)

5.4.3 Drei Bewertungsbeispiele

5.4.3.1 Die Bewertung von Rechtsanwaltskanzleien (nach BRAK)

a. Ausgangssituation

Wiederbeschaffungswert des betriebsnotwendigen Vermögens:	50.000 Euro
Veräußerungswert des nicht betriebsnotwendigen Vermögens:	50.000 Euro
Höhe der Verbindlichkeiten/ Schulden:	50.000 Euro

Nettoumsatz (NU(t-3)) 3 Jahre vor der Unternehmensnachfolge:	205.000 Euro
Nettoumsatz (NU(t-2)) 2 Jahre vor der Unternehmensnachfolge:	215.000 Euro
Nettoumsatz (NU(t-1)) 1 Jahr vor der Unternehmensnachfolge:	250.000 Euro
Außerordentliche Einnahmen (AE) der letzten 3 Jahre:	0 Euro

Wertsenkende Merkmale:
- *Alter des Kanzleiinhabers über 65 Jahre*
- *Bestehen der Kanzlei seit weniger als 10 Jahren*

Werterhöhende Merkmale:
- *breit gestreuter Klientenkreis*
- *überdurchschnittlich niedrige Kosten*
- *besonderer Ruf der Kanzlei*

b. Bewertung nach der Methode der BRAK

Substanzwert der Kanzlei:

	Wiederbeschaffungswert des betriebsnotwendigen Vermögens:	50.000 Euro
+	Veräußerungswert des nicht betriebsnotwendigen Vermögens:	50.000 Euro
–	Höhe der Verbindlichkeiten/ Schulden:	50.000 Euro
=	Substanzwert der Kanzlei	50.000 Euro

Über ausstehende Forderungen sollte eine gesonderte Vereinbarung getroffen werden.

Immaterieller Wert der Kanzlei

	((NU(t-3) - AE(t-3))+(NU(t-2) - AE(t-2))+ 2x(NU(t-1) - AE(t-1)))/4	230.000 Euro
x	Multiplikator (je nach Kanzleimerkmalen zwischen 0 und 1,3)	0,7
=	Immaterieller Wert der Kanzlei	161.000 Euro

Gesamtwert der Kanzlei

	Substanzwert der Kanzlei	50.000 Euro
+	Immaterieller Wert der Kanzlei	161.000 Euro
=	Gesamtwert der Kanzlei	211.000 Euro

5.4.3.2 Die Bewertung von Steuerberaterkanzleien (nach BStBK)

a. Ausgangssituation

Wiederbeschaffungswert des betriebsnotwendigen Vermögens:	100.000 Euro
Veräußerungswert des nicht betriebsnotwendigen Vermögens:	50.000 Euro
Höhe der Verbindlichkeiten/ Schulden:	50.000 Euro
Prognostizierter Nettoumsatz 1. Jahr nach der Unternehmensnachfolge	250.000 Euro
Barwert der prognostizierten Nettoüberschüsse:	370.000 Euro

b. Bewertung nach der Methode der BStBK2

Substanzwert der Kanzlei:

	Wiederbeschaffungswert des betriebsnotwendigen Vermögens:	100.000 Euro
+	Veräußerungswert des nicht betriebsnotwendigen Vermögens:	50.000 Euro
–	Höhe der Verbindlichkeiten/ Schulden:	50.000 Euro
=	Substanzwert der Kanzlei	100.000 Euro

Immaterieller Wert der Kanzlei

	Prognostizierter Nettoumsatz der nächsten 12 Monate	250.000 Euro
x	Multiplikator (zumeist zwischen 0,8 und 1,4)	1,1
=	Immaterieller Wert der Kanzlei	275.000 Euro

Gesamtwert der Kanzlei

	Substanzwert der Kanzlei	100.000 Euro
+	Immaterieller Wert der Kanzlei	275.000 Euro
=	Gesamtwert der Kanzlei	375.000 Euro

Die Plausibilität des ermittelten Gesamtwerts der Kanzlei wird in diesem Beispiel durch den Barwert der prognostizierten Nettoüberschüsse bestätigt.

5.4.3.3 Die Bewertung von Architekten- und Ingenieurbüros

Die Berufsverbände der Architekten und Ingenieure haben sich nicht auf ein Verfahren festgelegt. Das hier skizzierte Verfahren findet jedoch bei der Bewertung von Architekten- und Ingenieurbüros oftmals Anwendung. Bei Anwendung des Verfahrens gilt es zu beachten, dass eine scharfe Trennung der einzelnen Komponenten nur schwer möglich ist. Werttreiber sollten jedoch nach Möglichkeit nur einmal berücksichtigt werden.

a. Ausgangssituation

Wiederbeschaffungswert des betriebsnotwendigen Vermögens:	100.000 Euro
Veräußerungswert des nicht betriebsnotwendigen Vermögens:	20.000 Euro
Höhe der Verbindlichkeiten/ Schulden:	70.000 Euro
Gewinn 1 Jahr (G(t-1)) vor der Unternehmensnachfolge:	120.000 Euro
Gewinn 2 Jahre (G(t-2)) vor der Unternehmensnachfolge:	90.000 Euro
Gewinn 3 Jahre (G(t-3)) vor der Unternehmensnachfolge:	80.000 Euro
Gewinn 4 Jahre (G(t-4)) vor der Unternehmensnachfolge:	60.000 Euro
Gewinn 5 Jahre (G(t-5)) vor der Unternehmensnachfolge:	50.000 Euro
Kalkulatorisches Unternehmergehalt (KU)	80.000 Euro
Bestehendes Auftragsvolumen:	230.000 Euro

b. Bewertung des Büros

Substanzwert des Büros:

	Wiederbeschaffungswert des betriebsnotwendigen Vermögens:	100.000 Euro
+	Veräußerungswert des nicht betriebsnotwendigen Vermögens:	20.000 Euro
–	Höhe der Verbindlichkeiten/ Schulden:	70.000 Euro
=	Substanzwert des Büros	50.000 Euro

Immaterieller Wert des Büros (Praxiswert)

	(5x(G(t-1)-KU)+4x(G(t-2)-KU)+3x(G(t-3)-KU)+ 2x(G(t-4) -KU)+1x(G(t-5)-KU))/(5+4+3+2+1)	11.333 Euro
x	Verflüchtigungsfaktor	3,5
=	Immaterieller Wert des Büros	39.666 Euro

Der Verflüchtigungsfaktor gibt die Wertverflüchtigung des Büros wieder und wird insbesondere dadurch beeinflusst, ob die Übertragung des Büros gleitend oder in einem Schritt erfolgt.

Auftragswert des Büros

	Auftragswert	230.000 Euro
x	Akquisitionsfaktor	0,075
=	Auftragswert des Büros	17.250 Euro

Der Akquisitionsfaktor gibt die Rentabilität sowie die Wahrscheinlichkeit der Leistungserstellung wieder und wird durch die vertragliche Absicherung, das Honorarniveau, den Koordinationsaufwand, die Komplexität und weitere Merkmale der vorliegenden Aufträge bestimmt. In der Regel liegt er zwischen 5 und 10 %.

Organisationswert des Büros

	Wert der Archive	1.000 Euro
+	Wert der Büro- und Projektorganisation	3.000 Euro

=	Organisationswert des Büros	4.000 Euro

Der Organisationswert gibt die Qualität aller Organisationshilfsmittel wie Archive, Vorlagen für Ausschreibungen, EDV-Rechenmodelle wieder. Bestimmt werden kann der Wert über die zum Aufbau der Strukturen eingesetzten Stunden.

Gesamtwert des Büros

	Substanzwert des Büros	50.000 Euro
+	Immaterieller Wert des Büros	39.666 Euro
+	Auftragswert des Büros	17.250 Euro
+	Organisationswert des Büros	4.000 Euro

=	Gesamtwert des Büros	110.916 Euro

Quelle: Sächsisches Staatsministerium für Wirtschaft, Arbeit und Verkehr

5.5 Muster

Kanzleikauf- und Übergabevertrag (Rechtsanwalt)

Zwischen Herrn/Frau Rechtsanwalt/-anwältin ..., Kanzleianschrift: ...,

- nachfolgend Verkäufer genannt -

und

Herrn/Frau Rechtsanwalt/-anwältin ..., derzeitige Anschrift: ...

- nachfolgend Käufer genannt -

wird folgender Kanzleikaufvertrag geschlossen:

§ 1 Vertragsgegenstand

Veräußert wird die von dem Verkäufer unter der Anschrift ... betriebene Rechtsanwaltskanzlei.

§ 2 Übergabestichtag

Die Kanzlei wird an den Käufer mit Wirkung zum ... um ... Uhr übertragen.

§ 3 Weiterverwendung des Namens

Der Verkäufer gestattet dem Käufer, auf den Namen des Verkäufers in wettbewerbsrechtlich und berufsrechtlich zulässiger Art hinzuweisen.

§ 4 Kaufpreis und Zahlungsmodalitäten

(1) Der Käufer zahlt an den Verkäufer für die Übernahme der in § 1 dieses Vertrags bezeichneten Kanzlei einen Netto-Gesamtbetrag in Höhe von ... Euro, der sich wie folgt zusammensetzt:

- für den Kanzleiwert (Goodwill) ... Euro
- für die Praxiseinrichtung ... Euro
- für die laufenden, noch nicht abgerechneten Mandate ... Euro
- für offene Forderungen aus bereits abgeschlossenen Mandaten ... Euro

Der Kaufpreis ist vollständig zu erbringen. Er wird fällig ...

gegebenenfalls

(...) Der Käufer leistet in Anrechnung auf den Kaufpreis eine Anzahlung von ... Euro. Der Käufer zahlt den Rest in monatlichen Raten von ... Euro. Der jeweils noch offene Kaufpreisrest wird mit ... % über dem jeweiligen Basiszinssatz nach § 247 BGB verzinst. Die Anzahlung ist bei Unterzeichnung des Vertrags zu leisten. Die Raten sind spätestens am 4. Werktag eines jeden Monats im Voraus zu zahlen. Die 1. Rate ist am ... fällig. Kommt der Käufer mit der Zahlung einer Rate um mehr als ... Tage in Verzug, so ist der gesamte Restbetrag des vereinbarten Entgelts sofort fällig.

(2) Der Käufer hat sich für die Zahlung des Entgelts in der notariellen Urkunde Urk.-Nr. ... vom ... des Notars ..., ..., ..., der sofortigen Zwangsvollstreckung in sein Vermögen unterworfen. Eine Abschrift der Urkunde ist diesem Vertrag beigefügt.

gegebenenfalls

§ ... Praxiswert

(1) Die Parteien haben zur Feststellung des Werts der Kanzlei des Verkäufers ein Bewertungsgutachten in Auftrag gegeben, das diesem Vertrag als Anlage beigefügt ist und dessen Kosten jede Partei hälftig trägt.

(2) Das Gutachten wurde wegen der Verschwiegenheitsverpflichtung des Verkäufers aufgrund seiner anonymisierten Angaben erstellt. Der Verkäufer bestätigt ausdrücklich, dass die von ihm dem Gutachter gegenüber gemachten Angaben richtig sind.

(...) Im Gutachten wurde ein Praxiswert von ... Euro festgestellt. Dieser Wert wird von dem Verkäufer und dem Käufer als Entgelt für den Wert der gemäß dieses Vertrags zu übernehmenden Kanzlei vereinbart.

§ 5 Praxiseinrichtung

(1) Der unmittelbare Besitz an der Büroeinrichtung, den Bürogeräten und der Bibliothek geht mit der Unterzeichnung dieses Vertrags auf den Käufer über. Die einzelnen Inventarstücke sind in der anliegenden Liste festgehalten und bewertet, die Vertragsbestandteil ist.

(2) Der Verkäufer bestätigt ausdrücklich, dass sämtliche in der Inventarliste genannten Gegenstände in seinem alleinigen Eigentum stehen und an ihnen weder ein Eigentumsvorbehalt noch ein anderes das Eigentumsrecht des Käufers beeinträchtigendes Recht besteht.

(3) Das bisherige Eigentum des Verkäufers am Inventar geht auf den Käufer über, sobald der hierauf entfallende Kaufpreisanteil bei dem Verkäufer eingegangen ist.

§ 6 Informationspflicht gegenüber Mandanten

(1) Der Verkäufer ist verpflichtet, alle Mandanten von der Übergabe der Kanzlei in Kenntnis zu setzen.

(2) Die Bekanntgabe hat bis zum ... zu erfolgen. Der Verkäufer wird alle Klienten schriftlich um die Zustimmung zur Übergabe der Akten und um Zustimmung zur Weiterbearbeitung durch den Käufer bitten. Dies erfolgt durch ein von beiden Parteien gemeinsam aufzusetzen-

des Rundschreiben, das unter Wahrung der Verschwiegenheitspflicht des Verkäufers in dessen Kanzlei gefertigt wird.

Die Kosten für dieses Rundschreiben einschließlich des Portos werden von den Parteien gemeinsam mit ... Euro angenommen. Diese Kosten trägt der Käufer.

(3) Der Praxisübergang ist außerdem durch Anzeigen in den folgenden Anzeigenblättern und Zeitungen bekannt zu machen: .... Es sollen jeweils eine Anzeige vor dem Übergabezeitpunkt und ... Anzeigen nach der Übergabe gemeinsam geschaltet werden. Insoweit wird mit Kosten von maximal ... Euro gerechnet. Diese Kosten trägt der Käufer.

(4) Nicht durch Rundschreiben, sondern durch ein gemeinsames, persönliches Einführungsgespräch erfolgt die Bekanntmachung der Praxisübertragung gegenüber den Mandanten, deren Aufträge in den vergangenen drei Jahren zu einem Umsatz von mehr als ... Euro geführt haben, bzw. bei solchen Neumandanten, deren Umsatzpotenzial die genannte Grenze in Zukunft erreichen könnte. Das entsprechende Gespräch ist durch Unterschrift des Mandanten zu dokumentieren.

§ 7 Bekanntmachung gegenüber Dritten

(1) Die Vertragspartner werden gemeinsam die zuständige Rechtsanwaltskammer, die Gerichte, bei denen der Verkäufer überwiegend tätig war, sowie den örtlichen Anwaltsverein und Anwaltskollegen, mit denen der Verkäufer bisher zusammengearbeitet hat, durch ein entsprechendes Rundschreiben mindestens eine Woche vor dem Übergabezeitpunkt informieren.

(2) Die Portokosten werden mit ... Euro angesetzt. Sie werden vom Käufer getragen.

(3) Jeder der Vertragspartner informiert seinen jeweiligen Haftpflichtversicherer hinsichtlich der Kanzleiübergabe.

§ 8 Akten abgeschlossener Mandate

(1) Der Verkäufer überlässt dem Käufer alle Handakten und sonstigen Unterlagen von den Aufträgen, die bereits abgewickelt sind, sofern die Mandanten zugestimmt haben.

(2) Im Falle der Zustimmung übernimmt der Käufer für den Verkäufer eine noch bestehende Aufbewahrungspflicht.

§ 9 Außenstände abgeschlossener Mandate

Der Käufer wird etwaige Außenstände aus bereits abgeschlossenen Mandaten einziehen.

§ 10 Abwicklung laufender Aufträge

(1) Akten laufender Mandate, bei denen der Mandant nicht schriftlich zugestimmt hat, werden nicht übergeben.

(2) Laufende Mandate, bei denen die schriftliche Zustimmung der Mandanten zur Weiterbearbeitung und zur Aktenübergabe vorliegt, werden von dem Käufer in eigener Verantwortung weiterbearbeitet, der insoweit in die noch nicht abgeschlossenen Mandatsverhältnisse eintritt. Die noch nicht abgewickelten Auftragsverhältnisse, bei denen der Auftraggeber einer Fortsetzung durch den Käufer zugestimmt hat, werden von dem Käufer in einem gesonderten Verzeichnis erfasst.

§ 11 Vergütung laufender Mandate

(1) Bis zum Übernahmezeitpunkt in den von dem Käufer fortgesetzten Aufträgen entstandene Gebühren stehen dem Verkäufer zu. Dies gilt auch für von dem Verkäufer vorgelegte, von den Auftraggebern zu erstattende Kosten und Auslagen. Sämtliche diesbezüglichen Ansprü-

che (Gebühren sowie die Kosten- und Auslagenbeträge) sowie Zahlungsvorgänge sind in einem entsprechend zu erstellenden Verzeichnis zu erfassen.

(2) Der Käufer hat die Vollständigkeit und Richtigkeit des Verzeichnisses zu überprüfen.

(3) Bei der Aufteilung ist unbeachtlich, ob der Verkäufer bereits Honorare vom Mandanten erhalten hat. Soweit aufzuteilende Honorare noch nicht dem Mandanten in Rechnung gestellt und aus diesem Grunde auch noch nicht beglichen wurden, hat dies der Käufer zu tun.

(4) Beide Parteien verpflichten sich gegenseitig, nach Zustimmung des Mandanten die Honoraranteile aus jedem einzelnen laufenden Mandat zu berechnen.

(5) Der Käufer ist ab Unterzeichnung dieses Vertrags auf eigene Rechnung tätig. Die vor dem Eintritt des Käufers in die laufenden Verträge angefallenen Gebühren und Auslagen stehen jedoch dem Verkäufer zu, die danach angefallenen dem Käufer. Hierbei ist gleichgültig, ob über die Gebühren und Auslagen bereits eine Honorarnote erstellt wurde. Dem Verkäufer stehen außerdem die Vorschüsse zu, die bis zum Eintritt des Käufers in die laufenden Verträge in der Kanzlei eingehen.

§ 12 Kanzleipersonal

(1) Dem Käufer liegen alle Mitarbeiterverträge und eventuell ergänzende Nachträge schriftlich vor. Sie sind diesem Vertrag als Anlagen beigefügt. Mündliche Verträge und mündliche Zusätze existieren nicht.

(2) Das Personal wurde von der Übernahme unterrichtet. Die Arbeitnehmer haben erklärt, das jeweilige Arbeitsverhältnis mit dem Käufer

fortsetzen zu wollen. Ihre Erklärungen sind als Anlage diesem Vertrag beigefügt.

(3) Mit Wirkung zum ... tritt der Käufer anstelle des Verkäufers in die Rechte und Pflichten aus den zwischen dem Verkäufer und den Arbeitnehmern bestehenden Arbeitsverhältnissen ein.

§ 13 Kanzleiräume

(1) Der Käufer tritt mit Wirkung vom ... in den zwischen dem Vermieter ... und dem Verkäufer am ... abgeschlossenen Mietvertrag mit allen Rechten und Pflichten ein.

(2) Der Käufer haftet jedoch nicht für vor dem Eintrittszeitpunkt entstandene Pflichten des Verkäufers. Dies gilt auch für etwaige Nachzahlungen für Nebenkosten, soweit sie sich auf einen Zeitraum vor dem Eintrittszeitpunkt beziehen.

(3) Der Käufer, der Verkäufer und der Vermieter haben in einem Vertrag vom ... die Übertragung des Mietvertrags auf den Käufer vereinbart.

§ 14 Übernahme weiterer Verträge

(1) Der Käufer tritt mit dem Übergabestichtag in folgende Vertragsverhältnisse ein:

a) ...
b) ...
c) ...

(2) Der Verkäufer hat für alle o. g. Vertragsverhältnisse die schriftliche Einverständniserklärung seines bisherigen jeweiligen Vertragspartners eingeholt, die auch die Regelung enthält, dass der Käufer für

etwaige Zahlungsrückstände des Verkäufers, die einen Zeitraum vor dem Eintrittsstichtag betreffen, nicht haftet und der Verkäufer für etwaige Zahlungsrückstände des Käufers nicht haftet, die einen Zeitraum nach dem Eintrittsstichtag betreffen.

(3) Die Vereinbarungen zur Übernahme der Vertragsverhältnisse durch den Käufer sind als Anlagen diesem Vertrag beigefügt.

gegebenenfalls

§ ... Risikoversicherung

Der Käufer hat zur Absicherung der vereinbarten Ratenzahlung des Kaufpreises eine Risikolebensversicherung zugunsten des Verkäufers abzuschließen.

Der Käufer ist zur pünktlichen Zahlung der Versicherungsprämien verpflichtet und hat auf Verlangen dem Verkäufer die Zahlung der Prämien nachzuweisen.

§ ... Weiterveräußerung der Praxis

Der Käufer oder dessen Erben sind bis zur vollständigen Zahlung des vereinbarten Kaufpreises nicht befugt, die Praxis an einen Dritten zu veräußern oder zu übertragen.

§ 15 Pflichten des Verkäufers

(1) Der Verkäufer ist verpflichtet, daran mitzuwirken, dass Mandanten, deren Aufträge noch nicht abgewickelt sind, das Auftragsverhältnis zu dem Käufer fortsetzen.

(2) Der Verkäufer verpflichtet sich für die Dauer von ... Monaten nach dem Übergabestichtag zu einer überleitenden Mitarbeit. Der Verkäufer wird, nachdem die Mandanten einer Mandatsübernahme durch

den Übernehmer zugestimmt haben, den Käufer in die laufenden Mandate einweisen und ihn mit allen für die Kanzlei besonders wichtigen Mandanten bekannt machen.

(3) Der Verkäufer steht zu diesem Zweck dem Käufer während der Zeit der überleitenden Mitarbeit wie folgt zur Verfügung: ... (mindestens einen vollen Tag in der Woche).

(4) Für seine Mitarbeit erhält der Verkäufer ein Honorar in Höhe von ... Euro je Zeitstunde.

§ 16 Mängelgewährleistung

(1) Die Büroeinrichtung, die Bürogeräte sowie die Bibliothek werden wie besichtigt übernommen. Der Käufer hat sich vom Zustand der Einrichtung und der Geräte überzeugt, er kennt in etwa die Anschaffungsdaten. Treten Mängel auf, werden entsprechende Rechte des Käufers ausdrücklich ausgeschlossen, es sei denn, es kommt § 444 BGB zur Anwendung.

(2) Der Verkäufer versichert, dass er Eigentümer der in der Inventarliste aufgeführten Gegenstände und uneingeschränkt verfügungsberechtigt ist. Insbesondere besteht an keinem Gegenstand ein Eigentumsvorbehalt eines Dritten, und der Verkäufer hat keinen Gegenstand einem Dritten zur Sicherung übereignet.

(3) Im Übrigen sind Mängelansprüche ausgeschlossen.

(4) Hinsichtlich des ideellen Praxiswerts (Goodwills) ist dem Käufer Folgendes bekannt: Der Verkäufer übernimmt weder die Gewähr für eine Weitermandatierung durch bisherige Auftraggeber noch für den zu erzielenden Umsatz der Kanzlei.

§ 17 Verbindlichkeiten des Verkäufers

(1) Verbindlichkeiten, die bis zum Übergabestichtag entstanden sind, begleicht der Verkäufer.

(2) Sollten für die Zeit vor dem Übergabestichtag Steuernachzahlungen aufgrund einer Außenprüfung oder sonstigen finanzamtlichen Feststellung zu zahlen sein, haftet hierfür im Innenverhältnis ausschließlich der Verkäufer.

(3) Das Gleiche gilt für Schadenersatzforderungen aufgrund beruflichen Verschuldens für die Zeit vor dem Übergabestichtag, die von der Berufshaftpflicht nicht abgedeckt werden.

(4) Eine etwa im Außenverhältnis erfolgte Inanspruchnahme des Käufers durch Dritte hat der Verkäufer im Innenverhältnis dem Käufer gegenüber unverzüglich auszugleichen.

§ 18 Wettbewerbsverbot

(1) Der Verkäufer verpflichtet sich, innerhalb eines Zeitraums von ... Jahren, gerechnet vom Übergabestichtag an, im Bezirk des Landgerichts ... sowie in den angrenzenden Landgerichtsbezirken ... und ... nicht als Anwalt oder Geschäftsführer einer Rechtsanwaltsgesellschaft oder Steuerberatungsgesellschaft mbH tätig zu sein.

(2) Für jeden Fall einer Nichtbeachtung dieser Verpflichtung wird hiermit eine Vertragsstrafe in Höhe von ... Euro vereinbart.

§ 19 Schiedsklausel

(1) Alle Streitigkeiten, die sich aus diesem Vertrag oder seiner Abwicklung ergeben, sind unter Ausschluss des ordentlichen Rechtswegs wie folgt zu regeln: Die Parteien sollen zunächst einen Vermitt-

lungsvorschlag des Vorstands der Anwaltskammer einholen (§ 73 Abs. 2 Nr. 2 BRAO).

(2) Falls eine der Parteien mit dem Vorschlag nicht einverstanden ist oder gleich die Entscheidung durch ein Schiedsgericht wünscht, ist dieses ausschließlich zuständig. Das Schiedsgericht besteht aus insgesamt drei Mitgliedern, die jeweils über die Befähigung zum Richteramt verfügen müssen. Jede Partei bestimmt einen Beisitzer, der Vorsitzende wird von dem Präsidenten der für den Kanzleisitz zuständigen Rechtsanwaltskammer bestimmt.

Das Schiedsgericht hat innerhalb von einem Monat zusammenzutreten und spätestens sechs Wochen nach seiner Anrufung eine Entscheidung zu treffen. Das weitere zu beachtende Verfahren wird in einem besonderen Schiedsvertrag geregelt, der als Anlage diesem Vertrag beigefügt ist.

(3) Die Entscheidung des Schiedsgerichts ist bindend.

§ 20 Allgemeine Bestimmungen

(1) Sämtliche Anlagen, auf die in diesem Vertrag Bezug genommen worden ist, sind Gegenstand dieses Vertrags.

(2) Der Käufer ist berechtigt, der für ihn zuständigen Rechtsanwaltskammer eine Kopie dieses Vertrags nebst Anlagen zur Kenntnisnahme zu übersenden.

§ 21 Schriftform, Salvatorische Klausel

(1) Sämtliche dieses Vertragsverhältnis betreffenden Änderungen und Zusätze bedürfen zu ihrer Wirksamkeit der Schriftform. Dies gilt auch für eine Änderung dieser Schriftformklausel.

(2) Sollten einzelne Bestimmungen dieses Vertrags unwirksam sein oder werden oder sollte dieser Vertrag Lücken enthalten, wird dadurch die Wirksamkeit der übrigen Bestimmungen nicht berührt. Anstelle der unwirksamen Bestimmung ist diejenige wirksame Bestimmung zu vereinbaren, welche dem Sinn und Zweck der unwirksamen Bestimmung entspricht oder am nächsten kommt.

(3) Im Falle von Vertragslücken gilt diejenige Bestimmung als vereinbart, welche nach Sinn und Zweck dieses Vertrags vereinbart worden wäre, hätten die Parteien diesen Punkt bei Vertragsschluss bedacht.

(4) Beide Parteien bestätigen, eine Ausfertigung dieses von beiden Parteien unterzeichneten Vertrags sowie der in diesem Vertrag aufgeführten Anlagen erhalten zu haben.

Anlagen:

...

...

...

(Ort, Datum, Unterschriften)

6. Unternehmensbeteiligungen – Unternehmensnachfolge bei Beteiligungen an einer Kapitalgesellschaft

Mehr als 1 Mio. Unternehmen werden in Deutschland in der Rechtsform der Kapitalgesellschaft – in der Hauptsache als GmbH – betrieben. Auch bei Familienunternehmen erfreut sich die GmbH großer Beliebtheit. Im Gegensatz zum Einzelunternehmen ist allerdings bei der Gestaltung der Unternehmensnachfolge eine Vielzahl von gesellschaftsrechtlichen und steuerlichen Besonderheiten zu beachten. Die Probleme werden durch die verschiedenen Konstellationen, in denen die GmbH betrieben werden kann, noch komplexer. Grundsätzlich ist der Gesellschaftsanteil an der GmbH laut GmbHG allerdings frei veräußerbar und vererbbar.

Sind mehrere Gesellschafter beteiligt, und ein Gesellschafter möchte sich aus Alters- oder gesundheitlichen Gründen zurückziehen, kann er von den anderen „ausbezahlt" werden. Dies bedeutet, dass die übrigen Gesellschafter den Anteil des Gesellschafters gegen Zahlung eines Kaufpreises übernehmen können. Oft ist eine Übertragung oder Abtretung von Gesellschaftsanteilen an andere Gesellschafter im Gesellschaftsvertrag ausdrücklich erlaubt – es sind aber auch andere Varianten nicht unüblich.

6.1 Praxisfall

Unternehmer U ist mit 80%iger Beteiligung Mehrheitsgesellschafter und Geschäftsführer an einer mittelständischen GmbH, die keine nennenswerten Verbindlichkeiten besitzt und wirtschaftlich erfolgreich ist. Die weiteren Anteile von je 10 % halten seine Schwester und sein Bruder. U ist mittlerweile 67 Jahre alt und möchte sich aus dem Unternehmen zurückziehen. Er hat einen Sohn, der sowohl altersmäßig wie auch fachlich das Unternehmen als Geschäftsführer weiterführen kann und soll. Da U für eine „ordentliche" Unternehmensführung die Mehrheitsbeteiligung des aktiven Geschäftsführers für unerlässlich hält, denkt er darüber nach, ob und wie er seinem Sohn die Beteiligung überlassen kann. Ihn interessieren verständlicherweise die steuerlichen Auswirkungen einer solchen Übergabe.

6.2 Betriebswirtschaftliche, rechtliche und steuerliche Rahmenbedingungen

6.2.1 Betriebswirtschaftliche Rahmenbedingungen

Die betriebswirtschaftlichen Rahmenbedingungen sind das A und O jeder Planung der Unternehmensnachfolge. Dabei ist es zunächst einmal unerheblich, auf welche Art und Weise diese ausgestaltet wird – entscheidend ist, dass keine Verschlechterung, sondern immer auch eine Verbesserung durch den Stabwechsel erreicht werden soll und dass die Existenz des Unternehmens durch gegebenenfalls aus dem Unternehmen zu finanzierende Kosten der Übergabe nicht gefährdet wird.

Bezüglich der Kapitalgesellschaft GmbH ist bei einem Anteilseignerwechsel zu beachten, dass den neuen Gesellschafter bei schlechterer wirtschaftlicher Entwicklung gegebenenfalls Zahlungsverpflichtungen treffen können, die einen Nachschuss an Kapital erforderlich machen. Daher bedeutet ein neuer Anteilseigner, der sich selbst in kritischen wirtschaftlichen Verhältnissen befindet, immer auch ein Risiko für den Bestand des Unternehmens.

Selbst ein Wechsel bei der Geschäftsführung der GmbH ist – wie jeder andere Führungswechsel bei einem Unternehmen – mit der jedenfalls theoretisch nicht auszuschließenden Gefahr eines Scheiterns des neuen Geschäftsführers bei seinen Entscheidungen verbunden.

Im Übrigen sind hier die Aussagen zu den allgemeinen betriebswirtschaftlichen Rahmenbedingungen in den anderen Kapiteln einschlägig.

6.2.2 Rechtliche Rahmenbedingungen und Besonderheiten

§ 15 Abs. 1 GmbHG legt fest, dass die Geschäftsanteile einer GmbH veräußerlich und vererblich sind. Dies klingt für den Gesellschafter zunächst einmal so, als sei er hier keinerlei Einschränkungen unterworfen. Dies gilt in gewissem Maß auch für den Erbfall. Stirbt ein Gesellschafter, so geht sein Anteil an der GmbH ohne weiteres mit allen Rechten und Pflichten ungeteilt auf die Erben über (§ 1922 Abs. 1 BGB). Für den Übergang bedarf es generell keiner Mitwirkung der anderen Gesellschafter.

! Achtung

Seit der Einführung des MoMiG 2008 kann der Erbe seine Gesellschafterrechte aber erst dann wahrnehmen, wenn er in die beim Handelsregister niedergelegte Gesellschafterliste eingetragen ist!

Gesellschaftsvertrag kann in die Gestaltung der Nachfolge eingreifen

Die Vererblichkeit an sich kann durch die Satzung weder ausgeschlossen noch geändert werden, eine Sonderrechtsnachfolge mit dinglicher Wirkung (wie bei der Personalgesellschaft möglich) ist bei der GmbH ausgeschlossen. Anders sieht dies bei den sogenannten gesellschaftsvertraglichen Nachfolgeregelungen aus. Die Gesellschafter haben i. d. R. ein Interesse daran, detaillierte Regelungen für den Todesfall eines Mitgesellschafters zu treffen. Gerade bei Familien-GmbHs sind sie meist bestrebt, den Gesellschafterkreis auf bestimmte Personen beschränkt zu halten. Dazu lassen sich im Gesellschaftsvertrag die verschiedensten Vorkehrungen treffen. Im Grunde geht es hier um das weitere Schicksal des Gesellschaftsanteils in der GmbH nach dem Erbfall. Eine einfache Nachfolgeklausel kann beispielsweise vorsehen, dass nach dem Todesfall des Gesellschafters die Gesellschaft mit dem Erben oder sonstigen durch Todes wegen Begünstigten fortgesetzt wird.

Einziehungs- und Abtretungsklauseln

Der Gesellschaftsvertrag kann durch eine sogenannte Einziehungsklausel vorsehen, dass bei Vorliegen bestimmter Umstände der Geschäftsanteil nach dem Versterben des Gesellschafters eingezogen werden darf oder muss. Die rechtliche Basis hierfür findet sich in § 46 Nr. 4 GmbHG. Möglich ist auch eine Bestimmung, nach der der Geschäftsanteil nur an bestimmte Personen vererbt werden kann, anderenfalls eine Abtretung des Anteils an die Gesellschaft erfolgen muss (Abtretungsklausel). § 34 GmbHG legt diesbezüglich die Anforderungen für den rechtlichen Bestand der Einziehung fest.

§ Das sagt das Gesetz

§ 34 GmbHG

(1) Die Einziehung (Amortisation) von Geschäftsanteilen darf nur erfolgen, soweit sie im Gesellschaftsvertrag zugelassen ist.

(2) Ohne die Zustimmung des Anteilsberechtigten findet die Einziehung nur statt, wenn die Voraussetzungen derselben vor dem Zeitpunkt, in welchem der Berechtigte den Geschäftsanteil erworben hat, im Gesellschaftsvertrag festgesetzt waren.

(3) Die Bestimmung in § 30 Abs. 1 bleibt unberührt.

Als Folge des Ausscheidens aus der GmbH durch Einziehung oder Abtretung steht dem Erben ein Abfindungsanspruch (analog § 738 Abs. 1 Satz 2 BGB) zu. Soweit der Gesellschaftsvertrag keine abweichende Regelung vorsieht, muss die Abfindung dem vollen wirtschaftlichen Wert des Anspruchs entsprechen.

Verkauf oder Schenkung der Geschäftsanteile ist zulässig

Laut § 15 Abs. 1 GmbHG sind Geschäftsanteile generell veräußerbar oder verschenkbar. Allerdings kann auch hier die Satzung bestimmte Beschränkungen individuell vorsehen. Gemäß § 15 Abs. 4 GmbHG darf durch entsprechende Gesellschaftsvertragsklausel die Abtretung der Geschäftsanteile von der Genehmigung der Gesellschaft abhängig gemacht werden. Die rechtliche Übertragung der Anteile richtet sich dabei nach den üblichen Voraussetzungen des Share Deals (siehe Kapitel 3). Die Übertragung von Geschäftsanteilen bei der GmbH muss aber immer notariell beurkundet werden (§ 15 Abs. 3 GmbHG).

➔ Hinweis

Bei der Veräußerung eines Anteils an einer Gesellschaft des bürgerlichen Rechts (GbR), einer Partnerschaftsgesellschaft (PartG), einer Offenen Handelsgesellschaft (OHG) und der Kommanditgesellschaft (z. B. GmbH & Co. KG) an Dritte ist stets die Zustimmung der Gesellschafter erforderlich – anderenfalls bleibt ein Verkauf schwebend unwirksam (§ 719 Abs. 1 BGB).

Bei der GmbH ist lediglich die Übertragung eines bloßen Teils eines Geschäftsanteils an Dritte immer zustimmungspflichtig (§ 17 GmbHG), während die Übertragung von „ganzen“ Geschäftsanteilen grundsätzlich frei möglich ist. Bei der AG ist eine Übertragung von in Aktien verbrieften Gesellschaftsanteilen generell frei möglich, abgesehen von möglichen Haltepflichten. Eine seltene Ausnahme bildet die vinkulierte Namensaktie, die zusätzlich der Zustimmung der Gesellschaft bedarf.

6.2.3 Steuerliche Rahmenbedingungen

Der Übergang des Anteils einer Kapitalgesellschaft kann entweder unentgeltlich, teilentgeltlich oder vollentgeltlich erfolgen. Eine unentgeltliche Anteilsübertragung (mehr als 1 %) löst nach § 17 EStG keine steuerlichen Folgen beim Altgesellschafter aus. Der neue Erwerber übernimmt die Anschaffungskosten des Gesellschafters und führt diese bis zu einem Verkauf oder einer Liquidation der GmbH fort. Stille Reserven werden nicht aufgedeckt.

Bei einer teilentgeltlichen Übertragung (d. h., das gezahlte Entgelt liegt unter dem Verkehrswert) kommt die sogenannte Trennungstheorie zur Anwendung. Wird beispielsweise ein Entgelt von 50 % des Verkehrswerts gezahlt, wird der Vorgang aufgespalten: In Höhe von 50 % werden die stillen Reserven aufgedeckt und müssen versteuert werden, während die anderen 50 % unentgeltlich an den Nachfolger übertragen werden. Das Teilentgelt selbst unterliegt der Einkommensteuer. Die vollentgeltliche Übergabe unterliegt den Besteuerungsvorgaben der §§ 17 und 3 Abs. 4 EStG.

6.3 Risiken, Schwachstellen und Gefahren – Übertragung gegen Versorgungsleistung

Die Übertagung von GmbH-Beteiligungen bietet eine nicht überschaubare Anzahl an steuerlichen Gefahren, deren Darstellung den begrenzten Rahmen dieses Buches überfordern würde. Eine intensive individuelle steuerliche Prüfung ist deshalb bei Übergabefällen ein absolutes Muss. Exemplarisch sei hier das Problem der regelmäßigen Versorgungsleistungen vorgestellt.

Übertragung gegen Versorgungsleistungen

Seit 2008 hat sich die bis dato gültige steuerliche Begünstigung von Versorgungsverträgen durch den Sonderausgabenabzug (§ 10 Abs. 1 Nr. 1a EStG) verschärft. Eine steuerbegünstigte Anteilsübertragung gegen Versorgungsleistungen ist nur noch dann möglich, wenn die folgenden Voraussetzungen insgesamt vorliegen:

- Es werden mindestens 50 % der GmbH-Anteile übertragen.
- Der Übertragende ist Geschäftsführer der GmbH.
- Der Erwerber übernimmt die Geschäftsführertätigkeit nach der Anteilsübertragung.

Der Gesetzeswortlaut sieht hier vor, dass es sich um eine erstmalige Geschäftsführertätigkeit handeln muss. Weiterhin verlangt die Verschärfung, dass die Versorgungsleistungen nicht mit steuerfreien Einkünften in wirtschaftlichem Zusammenhang stehen dürfen.

Schädlicher Beteiligungserwerb bei teilentgeltlicher Schenkung

Die Anforderungen an die Nutzung des Verlustvortrags bei der GmbH haben sich seit 2008 ebenfalls verschärft. Ein schädlicher Beteiligungserwerb mit Untergang des Verlustvortrags (§ 8c KStG) kann sich nach Auffassung der Finanzverwaltung beispielsweise auch bei einer Schenkung ergeben. Davon ausgenommen ist neben dem Erbfall (Tod des Vaters) eine Schenkung im Rahmen der vorweggenommenen Erbfolge. Überträgt der Vater seine GmbH-Beteiligung zusammen mit seinem gesamten übrigen Vermögen auf seine Söhne, so soll der Verlustvortrag weiter bestehen bleiben. Das BMF schränkt diese Möglichkeit aber deutlich ein. Erfolgt die Übergabe im Wege der vorweggenommenen Erbfolge nur zu einem geringen Teil entgeltlich, so führt dies insgesamt zur Schädlichkeit. Überträgt ein Vater beispielsweise seine GmbH-Anteile zusammen mit den damit in Verbindung stehenden Bankschulden von 100.000 Euro, so liegt ein schädlicher Beteiligungserwerb vor. Die Verlustnutzung ist eingeschränkt. Auch eine

Schuldübernahme durch die Söhne ist schädlich, genauso wie die Übertragung der GmbH-Anteile gegen eine Versorgungsrente für den Vater.

> **Tipp**
>
> Bei einer unentgeltlichen Übertragung der Anteile könnte der Vater die Bankschulden vorher übernehmen. Dies führt allerdings dazu, dass der Vater nach der Übertragung die weiterlaufenden Zinsen nicht mehr steuerlich geltend machen kann. Im Einzelfall ist zu überlegen, ob die Nichtabzugsfähigkeit der nachlaufenden Zinsen beim Vater, im Vergleich zum schädlichen Beteiligungserwerb, das kleinere Übel darstellt.

6.4 Zurück zum Praxisfall

Im Praxisfall muss der Unternehmer unbedingt prüfen, welche Restriktionen die Satzung bezüglich der Übertragung der Geschäftsanteile vorsieht. Erst danach ist es sinnvoll, ein Übergabeszenario gesellschaftsrechtlich aufzubauen. Gleiches gilt für die Bestellung des Sohnes zum Geschäftsführer, obwohl hier aller Voraussicht nach wenige Hürden vorliegen werden. Des Weiteren ist zu prüfen, ob für die Übergabe überhaupt ein Kaufpreis gezahlt werden sollte. Entscheidend dürften dabei die finanziellen Bedürfnisse und die steuerliche Belastung beim Altgesellschafter sein. Außerdem besteht die Gefahr der Aufdeckung stiller Reserven.

6.5 Fahrplan

Maßnahme	Dauer
Grundlegende Überlegungen bezüglich der Unternehmensnachfolge bzw. einer möglichen Unternehmensveräußerung und gegebenenfalls entsprechende Vorbereitungen	5 bis 7 Jahre vor dem Tag X
Konkrete Entscheidungsphase (inklusive betriebswirtschaftlicher, rechtlicher und steuerlicher Analyse, gegebenenfalls Due Dilligence)	3 bis 6 Monate
Matchingphase I und II	entfällt bei familieninterner Lösung, anderenfalls 6 bis 12 Monate bis Vertragsschluss
Übergangsphase	individuell verschieden (i. d. R. 3 bis 6 Monate)
Rückzugsphase	kann beim Verkauf entbehrlich sein, anderenfalls 3 bis 36 Monate (gegebenenfalls auch länger möglich, aber bei getroffener Nachfolgeentscheidung wenig empfehlenswert)

6.6 Muster

Im Fall einer entgeltlichen oder teilentgeltlichen Übertragung kann der Altgesellschafter auf den Mustervertrag zum Share Deal mit den entsprechenden Anpassungen zurückgreifen (siehe Kapitel 3, Abschnitt 3.5.3).

7. Management Buy-Out und Management Buy-In

Wie aus den vorangegangenen Kapitel deutlich wird, ergeben sich bei der Unternehmensnachfolge eine Vielzahl von Optionen.

Als Unterfall der Unternehmensveräußerung an Dritte ist v. a. der sogenannte Management Buy-Out (MBO) zu nennen. Dabei übernimmt das bisherige Management - bzw. ein Teil davon - das Unternehmen in eigener Regie. Der MBO ist also eine Unternehmensübernahme von innen. Laut Institut für Mittelstandsforschung in Bonn (IfM) wurden in Deutschland im Jahr 2005 ca. 44 % der Familienunternehmen innerhalb der Familie weitergegeben. Bei den verbleibenden 56 % kamen folgende Nachfolgeregelungen zum Tragen:

- MBO/MBI ca. 27 %
- Verkauf an andere Unternehmen ca. 21 %
- Stilllegung mangels Nachfolge ca. 8 %

Beim sogenannten Management Buy-In (MBI) übernehmen außenstehende, branchenexterne Fachleute das Unternehmen. Hier handelt es sich um den klassischen Fall einer Unternehmensveräußerung an Dritte.

Ein dritter, wenn auch seltener Fall ist das sogenannte Employee Buy-Out (EBO). Hier beteiligt sich neben dem Management auch die Belegschaft bzw. Teile davon.

Gemeinsam ist beiden Varianten, dass das Unternehmen als solches weitergeführt werden soll. In der Regel bleiben beim MBO die Eigenständigkeit und Identität des Unternehmens gewahrt; Gleiches gilt meist auch für Standorte und Arbeitsplätze.

Viele Unternehmer nutzen diesen Weg, um den familienexternen Generationswechsel gezielt zu gestalten und dabei sowohl die eigenen, aber auch die Interessen des Unternehmens und seiner Mitarbeiter weitgehend zu wahren.

MBO bietet beiden Parteien Vorteile

Für Unternehmenseigner und Erwerber sind dabei die vielfältigen Varianten reizvoll, die jeweils an die Anforderungen der individuellen Ausgangssituation angepasst werden können. Eine Neugestaltung des Gesellschafterkreises bietet bei gesellschaftlich organisierten Unternehmen beispielsweise ausreichend Möglichkeit, auch die Interessenlagen von Mitarbeitern zu berücksichtigen. Einzelne, für das Unternehmen wichtige Know-how-Träger können beim MBO enger an das Unternehmen gebunden werden. Eine denkbare Variante besteht u. a. darin, durch eine Kombination von MBO und MBI dem Unternehmen neues Know-how zu erschließen.

➡ Hinweis

Viele Fachleute aus der Beratungspraxis bevorzugen MBO oder MBI als ideale Nachfolgeregelung, wenn die entsprechenden Rahmenbedingungen stimmen.

Für das Management bedeutet der MBO den Schritt in die Selbstständigkeit. Der Kauf des „eigenen“ Unternehmens ist überschaubar, da die leitenden Angestellten aufgrund ihrer Funktion genaue Kenntnis über das Unternehmen besitzen. Zusätzlich ist der MBO im Vergleich mit einer Neugründung mit erheblich geringerem Risiko verbunden, weil die Organisation, Kunden, Lieferanten und Mitarbeiter sowie Kenntnisse über die Branche, den Markt und das Umfeld vorhanden sind.

7.1 Praxisfall

Ein 65-jähriger Unternehmer, der einen florierenden kunststoffverarbeitenden Betrieb mit 25 Mitarbeitern und einem Jahresumsatz von 10 Mio. Euro besitzt, möchte sich zur Ruhe setzen. Das Unternehmen ist bis auf einen Betriebsmittelkredit in Höhe von 300.000 Euro schuldenfrei. Familieninterne Nachfolger sind nicht vorhanden, der bisherige Geschäftsführer (Chemiker) und der Prokurist wären bereit, das Unternehmen zu übernehmen. Sie können einen kleineren Teil (ca. 1 Mio.) des verlangten Kaufpreises von 5 Mio. Euro selber stemmen, müssen für den Rest aber Fremdkapital aufbringen. Die Erwerber versuchen, mittels staatlicher Förderung die Finanzierungsfrage zu lösen.

7.2 Betriebswirtschaftliche, rechtliche und steuerliche Rahmenbedingungen

7.2.1 Betriebswirtschaftliche Rahmenbedingungen

Wie schon in der Einleitung erwähnt, müssen beim MBO bzw. MBI aus Erwerbersicht die wirtschaftlichen Rahmenbedingungen stimmen.

Tipp

Man könnte die Auffassung vertreten, dass die Rahmenbedingungen für den Alteigentümer irrelevant sind – schließlich will er beim Verkauf nur den höchsten Preis erzielen. Das ist natürlich zu kurz gedacht – ein Unternehmen, bei dem etwas nicht „stimmt", wird nämlich kaum zu veräußern sein.

Welche Rahmenbedingungen entscheidend sind

Generell sind die wirtschaftlichen Rahmenbedingungen nicht nur für MBO/MBI ausschlaggebend, sondern auch für alle anderen Nachfolgevarianten. Im Wesentlichen handelt es sich um die Kriterien, die in der nachfolgenden Checkliste aufgeführt sind.

☑ Checkliste: Wirtschaftliche Rahmenbedingungen des zu übernehmenden Unternehmens

	JA	NEIN
Liegen konservative Finanzstrukturen vor (d. h., die Verschuldung des Unternehmens ist gering)?	☐	☐
Ist der Cashflow vergleichsweise hoch und nachhaltig?	☐	☐
Verfügt das Unternehmen über nicht betriebsnotwendige Vermögenswerte oder Randaktivitäten, die gegebenenfalls veräußert oder beliehen werden können?	☐	☐
Bestehen Rationalisierungspotenziale im Unternehmen (beispielsweise überhöhte Lagerkapazitäten etc.)?	☐	☐
Besteht ein größerer Investitionsstau?	☐	☐
Liegen keine durch das Unternehmen geschaffenen bestandsgefährdenden Risiken vor (beispielsweise Gewährleistungsansprüche aus Großprojekten, unsichere F- & E-Aktivitäten)?	☐	☐
Bewegt sich das Unternehmen auf entwickelten Märkten und besitzt es dort eine gesicherte Marktposition?	☐	☐
Wurde das Unternehmen schon bisher im operativen Tagesgeschäft v. a. durch das Management ohne – bzw. mit geringer – Beteiligung des Alteigentümers geführt?	☐	☐
Sind die personellen und organisatorischen Strukturen im Unternehmen klar definiert?	☐	☐
Verfügt das Unternehmen über zuverlässige Steuerungsmechanismen und Managementsysteme?	☐	☐
Existiert ein verlässliches Controlling?	☐	☐

	JA	NEIN
Können für das Unternehmen wesentliche Know-how-Träger unter der Belegschaft gehalten werden?	☐	☐
Steht die Belegschaft einer Übernahme durch das Management zumindest offen gegenüber?	☐	☐
Sind die Auftrags- und Lieferverhältnisse auch ohne den Alteigentümer aufrechtzuerhalten?	☐	☐
Liegen keine strittigen Rechtsverhältnisse bezüglich wichtiger Immaterialgüterrechte (beispielsweise Patente, Lizenzen etc.) vor?	☐	☐
Fazit: Je mehr Fragen mit Ja beantwortet werden können, desto besser sind die Chancen bei einer MBO-Übernahme.		

Preis und Management müssen stimmen

Neben den in der Checkliste genannten Kriterien sollten für eine erfolgreiche MBO-/MBI-Übernahme noch zwei weitere, entscheidende Bedingungen erfüllt sein:

1. Es sollte vom Alteigentümer ein angemessener und fairer Kaufpreis, der sich an einer konservativen Unternehmensbewertung orientiert, genannt sein. Überhöhte Kaufpreise lassen nahezu jede MBO-Transaktion scheitern, da die Kapitaldienstbelastungen aus dem künftigen Cashflow des Unternehmens bedient werden müssen.
2. Die neue Geschäftsführung bzw. das Managementteam sollte den künftigen Anforderungen in jeder Hinsicht gerecht werden können.

Die Finanzierung ist die Achillesferse

Die Studie des IfM weist nach, dass die meisten Verkaufsverhandlungen an der Finanzierung scheitern. Das gilt in besonders hohem Maße für MBO-Übernahmen. In der Praxis stehen dem sich beteiligenden Management i. d. R. relativ geringe Eigenmittel zur Verfügung, sodass eine Übernahme zu einem hohen Anteil fremdfinanziert werden muss. Häufig passiert dies durch eine Fremdbeteiligung – entweder durch private Equity-Firmen, gegebenenfalls mit oder ohne staatlicher Förderungsbeteiligung.

Tipp

Dies kann auch von Vorteil sein. Die betroffenen Managereigentümer müssen zwar nicht das gesamte Kapital aufbringen, sie stecken aber dafür ihre ganze Arbeitsleistung in das Unternehmen.

Ohne Bewertung geht es nicht

Alle an der MBO-Transaktion Beteiligten sind gezwungen, Bewertungen durchzuführen. Dazu zählen in erster Linie

- das Management,
- der Alteigentümer und
- gegebenenfalls der Kapitalgeber.

Sie alle müssen ihre Grenzpreise ermitteln – also die Preise festlegen, ab denen sich eine Übernahme bzw. Beteiligung nicht mehr lohnt. Die Kapitalgeber legen den Finanzierungsrahmen fest, schreiben das maximale Finanzierungsvolumen und die Zinskonditionen vor. Diesbezüglich entstehen also drei Problembereiche:

1. Was ist das Unternehmen zum Erwerbszeitpunkt tatsächlich wert?
2. Wie hoch ist die Wertschöpfung bzw. lässt sich das Investment entsprechend realisieren?
3. Ist das Unternehmen während der Finanzierungsphase überhaupt in der Lage, den notwendigen Kapitaldienst für die Zinszahlungen und gegebenenfalls erforderliche Tilgungen aufzubringen?

Im Gegensatz zum „normalen" Geschäftsrisiko beim Unternehmenskauf kommt bei MBO-Übernahmen noch ein besonders hohes Finanzierungsrisiko dazu. Die Erwerber müssen zwar für einen gewissen Zeitpunkt auf Gewinnausschüttungen verzichten, das Unternehmen muss aber innerhalb der vorgesehenen Frist die jeweiligen Kapitalgeber bedienen.

7.2.1.1 Discounted Cashflow- oder Ertragswertverfahren

Im Grunde bieten sich für die Bewertung des Unternehmens zwei Berechnungsmodelle an:

- das Ertragswertverfahren und
- die Discounted Cashflow-Methode (DCF).

Dabei ist zu beachten, dass die Verwendung des Ertragswerts eigentümerbezogen verstanden wird, während der DCF teilweise als Wert für Eigentümer und den Fremdkapitalgeber verstanden wird. Beide Berechnungen können allerdings miteinander kombiniert werden.

Ertragswert im Einzelnen

Der Ertragswert bildet die Summe der diskontierten zukünftigen Ausschüttungen an die Eigentümer. Notwendige Komponenten sind hier:

- mehrwertige Ausschüttungserwartungen (Risiken und Chancen)
- Planungshorizont und Rechenformel (Phasenmethoden)
- Zinsfuß

Discounted Cashflow (DCF)

In der Praxis hat sich meist das DCF-Verfahren als Bewertungsmodell durchgesetzt. Hierbei werden zukünftige Cashflows zu einem durchschnittlichen Kapitalkostensatz abgezinst. Dabei darf aber nicht vernachlässigt werden, dass sich der durchschnittliche Kapitalkostensatz grundsätzlich an der Zielkapitalstruktur des künftigen Unternehmens orientieren muss. Die eigentliche Bewertung wird dann unter den Ertragsaussichten des bestehenden Unternehmens („wie es steht und liegt") vorgenommen.

7.2.1.2 Wertschöpfung und Realisierung des Investments

Um die Wertschöpfung des Investments bei der MBO-Transaktion zu ermitteln, ist es notwendig, den Wert des Zielunternehmens auf der Basis des erwarteten Cashflows, der unter den neuen Eigentümern erwirtschaftet werden soll, darzustellen. Nur wenn der erwartete Wert die getätigte Kapitalinvestition überschreitet, kann die Transaktion als positives NPV (Net Present Value)-Investment gelten.

➡ Hinweis

Net Present Value steht für den Barwert abgezinster künftiger Zahlungen.

Der NPV berechnet sich folgendermaßen:

	Barwert der (vorhandenen) Vermögensgegenstände (= DCF-Wert aus schuldenfreien Assets) und gegebenenfalls
+	Barwert der künftigen Steuerersparnisse (DCF-Wert aus zusätzlichen Abschreibungen und Zinsen)
=	Barwert aller Vermögensgegenstände
./.	Schuldenstand zu Beginn der MBO-Transaktion
=	potenziell zu generierender Mehrwert des übernommenen MBO-Unternehmens

Abb.: Formel zur Berechnung des NPV

Damit aber eine echte Wertsteigerung erzielt werden kann, sollten und müssen die neuen Eigentümer daran arbeiten, strategisch operative Leistungsverbesserungen und höhere Cashflows zu realisieren. Mögliche Zielvorgaben könnten hier sein:

- Steigerung des Nettoumsatzes (beispielsweise um 8 % jährlich in den nächsten fünf Jahren)
- Abbau des Working Capitals (beispielsweise von 20 auf 10 %)
- Entwicklung neuer lukrativerer Produkte (innerhalb der gleichen und einer anderen Branche)
- Erschließung neuer Märkte (geografisch)
- Implementierung neuer Marketingkonzepte

Ausgangspunkt eines Wertschöpfungsvergleichs und damit der Machbarkeit sind die bilanziellen Strukturen zu Beginn der MBO-Transaktion und diejenigen, die zu einem späteren, bestimmten Zeitpunkt (beispielsweise nach fünf bis zehn Jahren wegen Exit des Finanzinvestors oder Kreditablaufs) erzielt werden sollten.

7.2.1.3 Schuldentilgungsfähigkeit

Den Erwerbern des zu übernehmenden Unternehmens muss klar sein, dass beim MBO die Schulden, eventuelles Nachrangkapital (bei Mezzanine-Finanzierung) und gegebenenfalls gewährte Gesellschafterdarlehen eines Finanzinvestors planmäßig zurückgezahlt werden müssen. Wenn der mittelfristige Finanzplan ergibt, dass die ausgearbeitete MBO-Struktur so nicht verlässlich finanzierbar ist, müssen Gegenmaßnahmen ergriffen werden. Diese können beispielsweise darin bestehen, dass der Fremdkapitalanteil vermindert und das Eigenkapital erhöht wird. Ist dies – aus welchen Gründen auch immer – nicht realisierbar, muss die Unternehmensstrategie (z. B. Expansion, neue Produkte) auf Einsparpotenziale neu überdacht werden.

Fehlende Kapitaldienstfähigkeit ist beim MBO ein generelles K.o.-Kriterium

Ist die Kapitaldienstfähigkeit (Tilgungen und Zinsen) nicht

- dauerhaft,
- vollständig und
- planmäßig

gesichert und kann die Eigenkapitalquote nicht erhöht werden, ist die Übernahme zum Scheitern verurteilt.

Bei jedem MBO-Modell stehen die Fragen nach dem zukünftigen

- Jahresüberschuss,
- Cashflow und
- der sich entwickelnden Kapitalstruktur (Eigenkapitaldarstellung anhand einer Planbilanz)

im Vordergrund.

Tipp

Grundregel: Ein MBO muss sich i. d. R. aus Cashflow und Eigenkapital refinanzieren.

Für Fremdkapitalgeber zählen allein die künftigen Gewinnaussichten

Im Gegensatz zu den üblichen Betriebsmittelkrediten stellen bei dieser Art der Transaktion die zukünftigen Gewinne und nicht die besicherungsfähigen Aktiva des Zielunternehmens die zentrale Grundlage der Investitionsentscheidung der Fremdkapitalgeber dar. Die meisten Experten gehen davon aus, dass ein sinnvoller MBO nur bei Unternehmen vorgenommen werden sollte, die einen zusätzlichen Cashflow – nach der Übernahme – generieren können und in einer stabilen oder beurteilbaren Branche bzw. der entsprechenden Nische agieren.

Basel III wirft seine Schatten voraus

Künftig wird sich wohl auch der geforderte Eigenkapitalanteil bzw. ein möglicher Mezzanine-Finanzierungsanteil aufgrund der Basel III-Anforderungen an die Kreditinstitute (Inkrafttreten bis spätestens 2018) erhöhen, da der Fremdkapitalanteil der Institute generell, insbesondere bei MBO-Transaktionen, reduziert werden soll.

➡ Hinweis

Es wird daher von den Kapitalgebern entsprechend Druck auf das Management ausgeübt werden, den jeweiligen Businessplan so genau wie möglich einzuhalten bzw. umzusetzen, um künftig verbesserte Cashflows zu erzielen. Ebenfalls dürfte auch die durch Basel III angestrebte Verbesserung der Eigenkapitalsituation (Erhöhung der EK-Quote) eine beschleunigte Schuldentilgung erzwingen.

7.2.2 Rechtliche Rahmenbedingungen

Grundsätzlich gibt es zwei rechtliche Formen, die MBO-Transaktion zwischen Alteigentümer und den Erwerbern durchführen. Dies sind der

- Asset Deal und der
- Share Deal.

Beim Asset Deal gehen die einzelnen Aktiva und Passiva im Wege der Einzelrechtsnachfolge auf die Erwerber. In der Regel wird hier eine

Erwerbsgesellschaft (New Company; abgekürzt NewCo), meist in Form einer GmbH gegründet, die das Target (Zielunternehmen) kauft und eventuell vorhandene Verbindlichkeiten übernimmt. Die Anteile der NewCo werden von den Erwerbern gehalten. Diese nimmt die erforderlichen Darlehen und bzw. oder entsprechende Mezzanine-Finanzierungen auf. Zur Absicherung der Fremdfinanzierung stehen nur die Aktiva des Zielunternehmens und eventuelle persönliche Garantien der Gesellschafter der NewCo zur Verfügung. Die neu erworbenen Aktiva werden bilanziell bei der NewCo ausgewiesen und abgeschrieben. Der Share Deal beinhaltet dagegen die Übernahme der Anteile der Kapitalgesellschaft (Alteigentümer). Der Anteilserwerb wird bei der Erwerbsgesellschaft als Beteiligung in der Bilanz ausgewiesen. Der Kaufpreis bezüglich der erworbenen Aktivwerte wird in den Beteiligungsansatz eingerechnet – er kann nicht als Goodwill aktiviert und planmäßig abgeschrieben werden.

➡ Hinweis

Näheres zu den rechtlichen Besonderheiten bei Asset Deal und Share Deal finden Sie in Kapitel 3, Abschnitt 3.2.1.

Aus Haftungsgründen wird der „Alteigentümer“ den Share Deal bevorzugen, weil bei dem Anteilserwerb auch sämtliche Verbindlichkeiten übergehen. Die Erwerbsgesellschaft wird i. d. R. den Asset Deal bevorzugen, der die Möglichkeit bietet, auf die erworbenen materiellen und immateriellen Vermögensgegenstände Abschreibungen vorzunehmen.

Anhand der Grafik wird die Struktur eines klassischen MBOs deutlich.

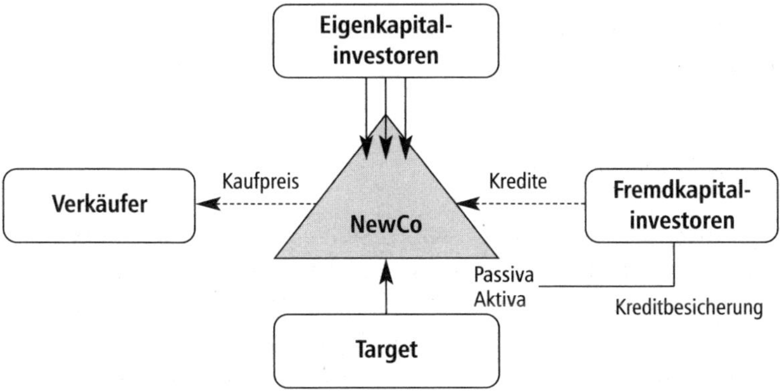

Abb.: Struktur eines klassischen MBOs

MBO-Transaktion in der Praxis

Die Fremdkapitalinvestoren gründen - wie oben erwähnt - zusammen mit den Managementerwerbern die neue Erwerbsgesellschaft. Dabei sind hinsichtlich der Gesellschafterstruktur grundsätzlich zwei Optionen möglich:

a) Unternehmergesteuerter MBO

Hier übernehmen die Managementerwerber die (Stimmen-)Mehrheit der NewCo und wahren damit den unternehmerischen Einfluss auch über ihre Stellung als Hauptgesellschafter. Das wesentliche Kriterium mittelständischer Familienunternehmen - die Identität von Geschäftsführung und Mehrheitsanteil an der Gesellschaft - wird so gewährleistet. Nach Angabe von Experten ist der unternehmensgesteuerte MBO v. a. bei Übernahmen im Rahmen von 10 bis 15 Mio. Euro das meist gewählte Modell. In einem solchen Fall werden die Erwerber in erster Linie einen Fremdkapitalgeber suchen, dem es auf ein langfristiges Arrangement ankommt. Übersteigt das Transaktionsvolumen diese Grenze, ist aufgrund der meist eingeschränkten finanziellen Leistungsfähigkeit der Managementerwerber für diese Variante naturgemäß wenig Raum, hier kann die untenstehende Alternative weiterhelfen.

b) Institutioneller MBO

Hier beteiligen sich mindestens zwei - oft aber auch mehrere - Fremdkapitalgeber an der NewCo, diese halten dann die Mehrheit. Die Managementerwerber sind dabei nur Minderheitsgesellschafter. Ein solches Modell ist i. d. R. mit höherem Konfliktpotenzial zwischen Mehrheitsgesellschaftern und Management behaftet, es erfordert daher ein größeres Fingerspitzengefühl der betroffenen Parteien. Außerdem sind gegebenenfalls Interessengegensätze zwischen Fremdkapitalgeber (möglichst schneller Exit) und unternehmensführenden Minderheitsgesellschaftern (nachhaltiger Unternehmensaufbau) unvermeidlich.

7.2.3 Steuerliche Rahmenbedingungen

Die Veräußerung an Mitarbeiter ist aus steuerrechtlicher Sicht beim Alteigentümer nicht anders zu beurteilen als eine Unternehmensveräußerung an Dritte (siehe deshalb Kapitel 3, Abschnitt 3.2.2). Von entscheidender steuerlicher Bedeutung kann allerdings die Überführung des Unternehmens in einen geeigneten Rechtsmantel für die Managementerwerber werden. Je nach Größe und Organisationsgrad des Unternehmens bietet sich hier eher die Rechtsform einer GmbH & Co. KG oder sogar einer „kleinen AG" an.

7.3 Risiken, Schwachstellen, Gefahren

Wie schon vorangehend erwähnt, liegt die größte Schwachstelle des MBOs beim Finanzierungskonzept – hieran scheitern die meisten Übernahmen. Obwohl dies selbstverständlich ein Erwerberproblem darstellt, ist auch der Alteigentümer betroffen. Scheitert die Finanzierung, muss er nach anderen kaufwilligen Interessenten Ausschau halten. Dabei ist es empfehlenswert, die Wachstums- und Ergebnisplanungen eher konservativ auszurichten. Das Finanzierungskonzept der Erwerber setzt sich meist aus einer Vielzahl von Bausteinen zusammen. Grundsätzlich wird hier anhand von drei Finanzierungsebenen unterschieden:

- **Finanzierungsebene der Managementerwerber**

Hierzu werden die Eigenmittel sowie weitere Potenziale persönlicher Refinanzierungsmöglichkeiten gezählt.

Handelt es sich um eine Existenzgründung – was in den meisten Fällen zu unterstellen sein wird –, sollten unbedingt staatliche Förderprogramme (z. B. KfW, ländereigene Förderinstitute und Beteiligungsgesellschaften) mit ihren relativ günstigen Konditionen ins Kalkül gezogen werden.

- **Finanzierungsebene der Erwerbsgesellschaft**

Hier muss selbstverständlich die Finanzierung des Kaufpreises und der Erwerbsnebenkosten sichergestellt sein.

Neben dem von Managementerwerbern und Fremdkapitalgebern aufzubringenden Gesellschaftskapital wird die Erwerbsgesellschaft wahrscheinlich auf weiteres Fremdkapital in Form von Darlehen und gegebenenfalls auf Mezzanine-Kapital angewiesen sein. Das nachrangige (aber eigenkapitalnahe) Mezzanine-Kapital wird nicht selten von den Finanzinvestoren gestellt, die sich auch direkt im Gesellschaftskapital engagiert haben. Denkbar sind hier stille Beteiligungen oder Gesellschafterdarlehen.

- **Finanzierungsebene des Zielunternehmens**

Das Zielunternehmen muss die Zins- und Tilgungslasten tragen können. Gegebenenfalls kann es notwendig sein, die bestehende Finanzierung des Zielunternehmens ganz oder teilweise neu zu strukturieren, sodass sich das Finanzierungsvolumen entsprechend erhöht.

Das Finanzierungskonzept muss generell so angelegt sein, dass der Kapitaldienst aus dem künftigen freien Cashflow bedient werden kann.

Kreditinstitute sind bei Finanzierungen wesentlich zurückhaltender geworden

Mittlerweile muss bei einem MBO der Anteil von Eigenkapital und eigenkapitalähnlichen Mitteln im Allgemeinen eine Quote von mindestens 30 bis 40 % erreichen. Transaktionen mit deutlich geringerem Eigenkapital und einem Fremdfinanzierungsanteil bis zu 80 oder 90 % (sogenannte Leveraged Buy-Outs, LBO), wie sie vor dem Hintergrund progressiver Wachstumsplanungen Ende der 90er-Jahre in einigen Fällen realisiert wurden, sind sowohl bei Banken wie auch bei staatlichen Förderungsinstituten nahezu unmöglich durchzusetzen.

Alteigentümer sollten beim Kaufpreis gegebenenfalls Abstriche machen

Sollte sich bei der Planung der Unternehmensnachfolge herausstellen, dass v. a. ein MBO als Veräußerungsmodell übrig bleibt, sollten sich Alteigentümer eher auf einen realisierbaren Kaufpreis einlassen, anstatt Maximalforderungen anzusetzen. Übertriebene Preise sind kurz- oder mittelfristig nicht durchsetzbar. Entweder die Transaktion scheitert bezüglich der Finanzierung oder die Kaufwilligen halten nach anderen Objekten Ausschau. Das dürfte gar nicht so selten sein – schließlich ist die Zahl der auf dem Markt angebotenen Unternehmen um etliches größer als die der Nachfrager.

7.4 Zurück zum Praxisfall

In unserem Praxisfall dürften die potenziellen Erwerber schnell merken, dass sie bei der Finanzierung vor verschlossenen Türen stehen. Mit einer Eigenkapitalquote von 10 % dürfte wohl jede Bank zu einer Übernahme Nein sagen. Auch wenn es sich bei dem Kunststoffbetrieb um ein im Kern gesundes Unternehmen in einer etablierten Branche handelt, dürften auch Privat Equity-Unternehmen und Mezzanine-Kapitalgeber wenig Interesse daran haben – es sei denn, künftige neue Produkte ließen auf eine außergewöhnliche massive kurz- bzw. mittelfristige Explosion des Cashflows schließen. Denkbarer Ausweg könnte allerdings hier eine schrittweise – über zehn Jahre gestreckte – ansteigende Beteiligung am Unternehmen sein. Hier könnten u. U. auch die Banken mitspielen. Dies ist v. a. dann wahrscheinlicher, wenn sich die entsprechenden Raten mindestens vollständig aus der jährlichen Gewinnbeteiligung erwirtschaften lassen. Eine solche Konstruktion ist zwar beim Alteigentümer mit dem von ihm immer noch getragenen unternehmerischen Risiko verbunden, dies schmilzt sich aber im Laufe der Zeit weiter ab und lässt sich durch entsprechende vertragliche Gestaltung zumindest vermindern. Ein weiterer Nachteil für den Unternehmer besteht natürlich darin, dass er die einkommensteuerlichen Begünstigungen (siehe Kapitel 3, Abschnitt 3.2.2.2) der Betriebsaufgabe verliert.

➡ Hinweis

Dem Alteigentümer ist daher anzuraten, gegebenenfalls noch andere externe potenzielle Kaufinterressenten zu ermitteln. Ein Verkauf an diese kann, selbst wenn Abstriche beim Kaufpreis gemacht werden müssen, immer noch eine finanziell günstigere Möglichkeit darstellen. Je nach Interessenlage des Unternehmers kann dadurch natürlich auch - sofern gewünscht - ein endgültiger Rückzug des Alteigentümers in die Wege geleitet werden.

7.5 Fahrplan

Der Fahrplan bei einem MBO richtet sich - zumindest für den Alteigentümer - im Grunde nach den Vorgaben bei einer normalen Unternehmensveräußerung. Allerdings entfällt bzw. verkürzt sich die Matchingphase I aufgrund der fehlenden Suche. Trotzdem kann die Verhandlungsphase (Matchingphase II) hier wesentlich länger dauern - insbesondere dann, wenn bei der Erwerbsgesellschaft noch Investoren gesucht und überzeugt werden müssen.

Maßnahme	**Dauer**
Grundlegende Überlegungen bezüglich der Unternehmensnachfolge bzw. einer möglichen Unternehmensveräußerung und gegebenenfalls entsprechende Vorbereitungen	10 bis 8 Jahre vor dem Tag X
Konkrete Entscheidungsphase (inklusive betriebswirtschaftliche rechtliche und steuerliche Analyse, Due Dilligence)	6 bis 9 Monate
Matchingphase I	entfällt

Matchingphase II (Verhandlungsphase mit Vertragsschluss)	mindestens 3 Monate
Übergangsphase	individuell verschieden (i. d. R. 3 bis 6 Monate)
Rückzugsphase	kann beim Verkauf entbehrlich sein, anderenfalls 3 bis 36 Monate (gegebenenfalls auch länger möglich, aber bei getroffener Nachfolgeentscheidung wenig empfehlenswert)

7.6 Muster

Hier kann der Unternehmer auf die beiden Musterverträge zu Asset Deal und Share Deal mit den entsprechenden Anpassungen zurückgreifen (Kapitel 3, Abschnitte 3.5.2 und 3.5.3).

Auf Erwerberseite ist allerdings eine größere Anzahl von Verträgen untereinander und im Rahmen der zu gründenden Erwerbsgesellschaft notwendig. Auf eine diesbezügliche Darstellung muss allerdings aus Platzgründen verzichtet werden.

8. Stiftung

Die folgenden Ausführungen sollen einen ersten Überblick über die rechtlichen und steuerlichen Rahmenbedingungen von Stiftungen als Instrument der Unternehmensnachfolge geben. Dabei sollen zunächst – ausgehend von einem Praxisfall – die möglichen Motive für die Errichtung einer Stiftung und in sehr knapper Form die Historie von Stiftungen dargestellt werden. Im Anschluss daran folgen die einzelnen rechtlichen und steuerrechtlichen Grundlagen des Stiftungsrechts. Schließlich werden die konkreten und in der Praxis am häufigsten vorkommenden Erscheinungsformen von Unternehmensstiftungen sowie deren Risiken und Gefahren näher beleuchtet.

Die folgenden Ausführungen beschränken sich dabei auf die privaten und rechtsfähigen Stiftungen mit dem Sitz im Inland gem. §§ 80 ff. BGB.

8.1 Praxisfall

Unternehmer U ist Alleingesellschafter einer mittelständischen GmbH. Die Geschäfte laufen gut und der Erhalt des Unternehmens ist aus wirtschaftlicher Sicht langfristig gesichert. U ist verheiratet und hat zwei Kinder. Die Kinder und seine Ehefrau kommen als Unternehmensnachfolger nicht in Betracht. Auch im Betrieb ist kein potenzieller Nachfolger auszumachen. U macht sich Gedanken über die Zukunft des Unternehmens. Er möchte das Unternehmen, welches er als sein Lebenswerk ansieht, langfristig erhalten. Ein Verkauf der Unternehmensanteile scheidet für ihn grundsätzlich aus. Er möchte – nach seinem Tod – sein Vermögen/Unternehmen für gute Zwecke einsetzen. Daneben soll aber auch seine Familie durch die Erträge aus dem Unternehmen wirtschaftlich abgesichert werden. Ein Bekannter von U hat ihn auf die Möglichkeit einer Stiftungsgründung aufmerksam gemacht.

8.2 Rechtliche und steuerliche Rahmenbedingungen

Motive zur Errichtung einer Stiftung

Die Rechtsform der Stiftung erfreut sich in den letzten Jahren zunehmender Beliebtheit. Seit 1996 ist die Zahl der Stiftungen in Deutschland erheblich gestiegen. Zum 31.12.2010 bestanden in Deutschland 18.162 rechtsfähige Stiftungen.

Im Jahr 2010 wurden 824 Stiftungen neu gegründet. Etwa 60 % aller Stiftungen in Deutschland wurden in den Jahren seit 1990 errichtet. Die Mehrheit der Stiftungen verfügt über ein Vermögen von weniger als 500.000 Euro. Die überwiegende Zahl der Stiftungen sind damit Stiftungen mit geringem bzw. mittlerem Vermögen.

Viele Unternehmer oder Gesellschafter möchten ihr Unternehmen über den Tod hinaus erhalten. Die Gründe hierfür sind vielfältig. Oftmals geht es um den Erhalt des Unternehmens für die Familie, um Gemeinwohlzwecke oder um die Sicherung des Lebenswerks des Unternehmers.

Die Errichtung einer Stiftung erfordert kein sehr großes Vermögen. Zwar sind die in der breiten Öffentlichkeit bekannten Stiftungen auch große und mit einem umfangreichen Grundstockvermögen ausgestattete Stiftungen (z. B. die Bertelsmann-Stiftung in Gütersloh). Zwingend ist dies allerdings nicht. Die staatlichen Anerkennungsbehörden genehmigen i. d. R. bereits Stiftungen mit einem Grundstockvermögen von 50.000 bis 100.000 Euro.

> **Tipp**
>
> Die Stiftung kann als Instrument der Unternehmensnachfolge insbesondere dann sinnvoll sein, wenn
>
> - keine oder für die Unternehmensnachfolge ungeeignete Erben vorhanden sind,
> - die Zahl der Erben zu groß ist,
> - Ziel der Erhalt des Unternehmens in einer Hand ist,
> - Ziel die Erhaltung des eigenen Namens oder des Namens des Unternehmens ist,
> - der Wunsch nach Erfüllung von Gemeinwohlzwecken besteht oder
> - eine Ersparnis von Steuern bezweckt wird.

Wurzeln des Stiftungswesens liegen im Mittelalter

Die Rechtsform der Stiftung ist bereits seit dem Mittelalter bekannt. Die häufigste Form dieser frühen Stiftungen waren die sogenannten Memoralstiftungen. Sie sollten das Andenken des Stifters über dessen Tod hinaus erhalten und verfolgten meistens mildtätige Zwecke. Eine der bekanntesten mittelalterlichen Stiftungen, die bis heute besteht, ist die sogenannte Fuggerei. Die Augsburger Sozialsiedlung wurde 1521 von dem Stifter Jakob Fugger gegründet.

Die Zahl der Stiftungen nahm in der jüngeren Geschichte Deutschlands erst ab den 1950er-Jahren langsam wieder zu. Dies ist im Wesentlichen auf das Wiederkehren finanzieller Mittel, aber v. a. auf die die Stiftungserrichtung fördernden Rechtsänderungen hinsichtlich der Gemeinnützigkeit und des Stiftungszivilrechts zurückzuführen.

8.2.1 Rechtsgrundlagen der Stiftung

Das Stiftungsrecht setzt sich zusammen aus:

- Bundesrecht
- Landesrecht

Die §§ 80 bis 88 des Bürgerlichen Gesetzbuches (BGB) enthalten die zivilrechtlichen Grundlagen für die rechtsfähige Stiftung. Die jeweiligen Stiftungsgesetze der Länder regeln diesbezüglich die öffentlich-rechtlichen Fragen, v. a.:

- die staatliche Aufsicht
- die staatliche Genehmigung

8.2.1.1 Zivilrechtliche Wesensmerkmale und Besonderheiten

Die Stiftung ist eine juristische Person. Sie ist damit selbst Träger von Rechten und Pflichten. Die Stiftung hat – anders als andere juristische Personen – keine Mitglieder oder Gesellschafter. Die Stiftungen haben somit keinen „Eigentümer". Sie gehören sich quasi selbst und bestehen als verselbstständigtem Vermögen.

Die Wesensmerkmale einer Stiftung sind:

- Stiftungszweck/Stiftungswille
- Stiftungsvermögen
- Stiftungsorganisation

Stiftungszweck und Stiftungswille

Der Stiftungszweck wird durch den Stifterwillen bestimmt. Der Stiftungswille ist sozusagen die Richtschnur für die gesamte Ausprägung

der Stiftung. Gleichzeitig bestimmt der Stiftungszweck die Stiftungsorganisation und die konkrete Ausgestaltung der einzelnen Stiftungsorgane. Es bestehen keinerlei Vorgaben für die Zweckbestimmung der Stiftung. Es besteht der Grundsatz der Stiftungsfreiheit. Der Stiftungszweck darf jedoch nicht unmöglich sein. Ebenso darf er nicht gemeinwohlgefährdend sein. Soll sie auch besondere Steuervergünstigungen erhalten, muss die Stiftung auch einen steuerbegünstigten Zweck verfolgen. Die Voraussetzungen der Steuervergünstigungen sind in der Abgabenordnung (AO) geregelt (vgl. §§ 51 ff. AO).
Die grundsätzliche Freiheit des Stiftungswillens ermöglicht auch die Verfolgung mehrerer Ziele durch den Stifter. Der Stifter kann beispielsweise ein Haupt- und mehrere Nebenziele benennen. Er kann dabei den einzelnen Zielen unterschiedliche Bedeutung beimessen. Ebenso kann der Stifter die Verfolgung der einzelnen Ziele einer chronologischen Anordnung unterstellen oder andere Maßgaben für die Abfolge der einzelnen Ziele festlegen (z. B. nach Prioritäten).

Der Stiftungswille muss im sogenannten Stiftungsgeschäft unmissverständlich zum Ausdruck kommen. Das Stiftungsgeschäft ist eine einseitige und nicht empfangsbedürftige Willenserklärung des Stifters. Darin bestimmt der Stifter die mit dem Stiftungsvermögen zu verfolgenden Ziele. Der Stiftungswille hat zentrale Bedeutung für das dauerhafte Bestehen der Stiftung

Tipp

Der Stiftungszweck sollte möglichst konkret formuliert sein. Denn hierdurch lassen sich etwaige Zweifel bei der Ermittlung des Stiftungszwecks vermeiden. Außerdem erhalten die Stiftungsorgane klare Vorgaben. Andererseits sollte der Stiftungszweck einen gewissen Spielraum zulassen – denn der Stiftungszweck sollte auch unter sich verändernden Bedingungen weiter verfolgt werden können.

Das Stiftungsvermögen bildet die Basis

Der Kernbestandteil der Stiftung ist das Stiftungsvermögen. Dies wird auch als Grundstockvermögen bezeichnet. Das Stiftungsvermögen wird durch den Stifter auf die Stiftung übertragen. In der Stiftung dient es der dauerhaften und nachhaltigen Verfolgung des Stiftungszwecks.

Das Grundstockvermögen kann auch nach der Errichtung der Stiftung durch sogenannte Zustiftungen weiter erhöht werden. Eine Verringerung des Grundstockvermögens ist hingegen nicht möglich. Die Vermögensmasse ist uneingeschränkt zu erhalten. Dies soll die Ertragskraft der Stiftung dauerhaft gewährleisten.

Nur die Erträge des Grundstockvermögens dürfen zur Erfüllung des Stiftungszwecks verwendet werden. Das Grundstockvermögen als solches darf hierfür nicht angetastet werden.

Das Vermögen einer Stiftung kann neben ihrem Grundstockvermögen auch weitere Vermögenspositionen beinhalten. Solche Vermögenspositionen können etwa bestimmte Betriebsmittel oder Rücklagen sein.

Die Höhe des Stiftungsvermögens ist grundsätzlich nicht festgelegt. Dennoch muss es zum Zwecke der dauerhaften und nachhaltigen Erfüllung des Stiftungszwecks ausreichend hoch sein (vgl. § 80 Abs. 2 BGB). Die Bestimmung des Stiftungszwecks ist somit auch entscheidend für die notwendige Höhe des Stiftungsvermögens.

Das Stiftungsvermögen kann aus Sachen und Rechten aller Art bestehen. Beispiele: Geldvermögen, Aktien, GmbH-Anteile, Nutzungsrechte, Grundstücke. Entscheidend ist lediglich, dass das gesamte Vermögen ausreichend Ertrag erbringt, um

- eine dauerhafte Zweckerfüllung zu gewährleisten,
- die Aufwendungen der Vermögensverwaltung und der Stiftungsorganisation zu decken und
- den realen Erhalt des Grundstockvermögens zu sichern; eine reine Sachstiftung ist aus diesem Grund problematisch.

> **! Achtung**
>
> Die genaue Höhe des Stiftungsvermögens sollte sich an dem konkreten Stiftungszweck orientieren. Auch einfache Stiftungszwecke erfordern i. d. R. ein Stiftungsvermögen von mindestens 50.000 bis 100.000 Euro. Die Genehmigungsbehörden erkennen i. d. R. Stiftungen mit einem Grundstockvermögen unter 50.000 Euro nicht an.

Stiftungsorganisation ist formell geregelt

Die gesetzlichen Voraussetzungen der Stiftungsorganisation sehen grundsätzlich einen Vorstand vor. Der Vorstand handelt für die Stiftung und vertritt sie nach außen. Der Stifter kann grundsätzlich selbst festlegen, wie viele Mitglieder der Stiftungsvorstand umfassen soll, wie diese bestellt werden und wie deren Aufgabenverteilung gestaltet werden soll. Der Stifter kann außerdem die Einrichtung von – neben dem Stiftungsvorstand – weiteren Organen anordnen. Insbesondere bei größeren Stiftungen kommt als zusätzliches Organ ein Stiftungsrat/Stiftungsbeirat in Betracht. Der Stiftungsrat/Stiftungsbeirat übt i. d. R. Kontroll- bzw. Aufsichtsfunktionen aus und überwacht insbesondere den Stiftungsvorstand.

Darüber hinaus kann in bestimmten Fällen ein drittes (beratendes) Organ, wie z. B. ein Fachbeirat, empfehlenswert sein.

Letztlich hängt die konkrete Ausgestaltung der Stiftungsorganisation vom Zweck der Stiftung ab. Auch der Stifter selbst kann sich – entweder befristet oder langfristig – in die Stiftungsorganisation einbringen. Damit kann der Stifter unmittelbar auf die Stiftung Einfluss nehmen und die Erfüllung des Stiftungszwecks gewährleisten.

Der organisatorische Aufwand für die Stiftung sollte in einem angemessenen Verhältnis zum Umfang der Stiftungstätigkeit stehen. Die Stiftungsorganisation ist im Zweifel eher einfach und kostensparend auszugestalten.

8.2.1.2 Die Errichtung der Stiftung

Die Errichtung einer rechtsfähigen Stiftung erfordert ein sogenanntes Stiftungsgeschäft und die staatliche Anerkennung.

Stiftungsgeschäft und Stiftungssatzung

Das Stiftungsgeschäft ist eine einseitige Willenserklärung des Stifters. Diese Willenserklärung ist nicht empfangsbedürftig. Sie ist eine verbindliche Erklärung des Stifters über die Widmung einer bestimmten Summe zu einem bestimmten Zweck. Die konkreten Voraussetzungen des Stiftungsgeschäfts sind im Einzelnen in § 81 Abs. 1 BGB geregelt. Das Stiftungsgeschäft bedarf danach zunächst der Schriftform. Die Stiftung muss durch das Stiftungsgeschäft eine Satzung erhalten.

Die Stiftungssatzung dient der weiteren Konkretisierung des Stiftungswillens. Sie soll Einzelheiten zur Verwirklichung des Stiftungszwecks und dessen Organisation enthalten. Außerdem enthält die Satzung Regelungen über den Namen der Stiftung, den Sitz der Stiftung sowie auch deren Zweck. Zudem enthält die Satzung den Betrag des Stiftungsvermögens und die Organisationsstruktur (z. B. Regelungen zum Vorstand).

Tipp

In der Praxis hat sich folgender Aufbau der Stiftungssatzung bewährt:

- gegebenenfalls Präambel
- Name, Sitz, Rechtsform, Geschäftsjahr
- Stiftungszweck
- gegebenenfalls (weitere) Vorschriften zur Gemeinnützigkeit
- Vorschriften über das Stiftungsvermögen
- Vorschriften über die Mittelverwendung

- Bildung, Aufgaben und Beschlussfassung des Vorstands
- gegebenenfalls Bildung, Aufgaben und Beschlussfassung weiterer Organe
- Vorschriften über Satzungsänderungen
- Vorschriften über die Auflösung der Stiftung und den Vermögensanfall
- gegebenenfalls deklaratorische Vorschriften über die Stiftungsaufsicht

Ein Muster für ein Satzungsgeschäft und für eine Satzung ist in Abschnitt 8.6.2 enthalten.

Die Stiftungssatzung kann auch im Nachhinein noch verändert werden. Eine Änderung der Stiftungssatzung darf jedoch keinesfalls der Verfolgung des Stiftungszwecks entgegenstehen. In der Praxis sind Satzungsänderungen jedoch aufgrund der staatlichen Aufsicht schwierig umzusetzen.

Es ist zwischen der Errichtung einer Stiftung unter Lebenden und der Errichtung von Todes wegen zu unterscheiden.

Das Stiftungsgeschäft zu Lebzeiten des Stifters bedarf lediglich der Schriftform. Die Errichtungsurkunde (Stiftungsgeschäft) wird eigenhändig vom Stifter unterschrieben. Eine notarielle Beurkundung ist nur ausnahmsweise erforderlich bzw. sinnvoll (z. B. bei Übertragung von Grundstücken auf die Stiftung).

Die Stiftung kann ihr Vermögen auch durch Erbeinsetzung, Vermächtnis oder Auflage erhalten. Diesbezüglich hat der Stifter gegebenenfalls besondere Formvorschriften zu beachten.

Die Anerkennung der Stiftung von Todes wegen erfolgt erst nach Eröffnung der letztwilligen Verfügung. Der Stifter bzw. Erblasser kann die Stiftungssatzung als Bestandteil des Stiftungszwecks im Rahmen seiner letztwilligen Verfügung vorgeben. Auf diese Weise wird die genaue Bestimmung des Stiftungszwecks durch den Stifterwillen sichergestellt.

Tipp

Die nach dem Tod des Stifters zur Einholung der staatlichen Anerkennung beauftragte Person (z. B. Testamentsvollstrecker) kann auch - um auf veränderte Umstände zu reagieren - zur Anpassung/Ergänzung des Stiftungszwecks ermächtigt werden. Der Stifter kann auch bereits zu Lebzeiten eine Abstimmung der Stiftungssatzung mit der zuständigen Behörde vornehmen.

Stifter können sowohl einzelne als auch mehrere Privatpersonen sein. Ebenso können einzelne oder mehrere Gesellschaften Stifter einer Stiftung sein. Mehrere Personen als Stifter müssen sich auf einen gemeinsamen Stiftungszweck einigen. Der Stiftungszweck mehrerer Stifter muss wie bei der Stiftung einer Einzelperson genau bestimmt sein.

8.2.1.3 Staatliche Anerkennung ist unverzichtbar

Die Stiftung entsteht erst durch die staatliche Anerkennung. Erst dadurch erhält sie ihre Rechtsfähigkeit. Jedes Bundesland bestimmt die für die staatliche Anerkennung zuständige Behörde selbst. Infolgedessen können hier in Deutschland - je nach Bundesland - Unterschiede bestehen. In Bayern ist die Regierung des Bezirks, in dem sich der vom Stifter bestimmte Sitz der Stiftung befindet, die zuständige Anerkennungsbehörde.

Tipp

Der Entwurf des Stiftungsgeschäfts und der Stiftungssatzung sollten vor Unterzeichnung des Stiftungsgeschäfts mit der zuständigen Anerkennungsbehörde abgestimmt werden. Dieses Verfahren vermeidet Schwierigkeiten/Verzögerungen im Anerkennungsverfahren.

Die Anerkennung einer Stiftung ist schriftlich zu beantragen. Grundsätzlich besteht ein Rechtsanspruch auf Anerkennung einer Stiftung. Dieser Anspruch wurde mit der Modernisierung des Stiftungsrechts 2001 gesetzlich verankert (vgl. § 80 Abs. 2 BGB). Im Anerkennungsverfahren werden v. a. das Vorliegen einer vollständigen Stiftungssatzung, die ausreichende finanzielle Ausstattung und die Nichtgefährdung des Gemeinwohls durch die Stiftung geprüft. Die Stiftungsaufsicht wird gegebenenfalls die Anpassung/Ergänzung der Stiftungssatzung anregen.

Tipp

Die Stiftungsaufsicht fordert i. d. R. für die Anerkennung der Stiftung folgende Unterlagen an:

1. Antragsschreiben mit
   - der Anschrift der Stiftungsverwaltung,
   - der Erklärung, ob der Stifter mit der Bekanntgabe seines Namens bei der Veröffentlichung der Stiftungsanerkennung im öffentlichen Stiftungsverzeichnis einverstanden ist, und
   - der schriftlichen Einverständniserklärung der Stiftungsvorstände,
2. Stiftungsgeschäft und Satzung (mindestens 2-fach im Original),
3. geeigneter Nachweis bzgl. der Bereitstellung des Vermögens (z. B. Bankbestätigung über Barvermögen, Gesellschafterliste etc.).
4. Wenn es sich um eine steuerbegünstigte Stiftung handelt: schriftliche Äußerung des Finanzamts zum Entwurf der Stiftungssatzung hinsichtlich der Anerkennung der Gemeinnützigkeit.

Das Anerkennungsverfahren ist für gemeinnützige bzw. überwiegend gemeinnützige Stiftungen kostenfrei. Privatnützige Stiftungen sind von der Kostenbefreiung nicht erfasst.

Kosten, die dem Stifter durch die Errichtung und die Übertragung des Vermögens auf die Stiftung entstehen (z. B. Notarkosten), sind immer von ihm zu tragen, sofern im Stiftungsgeschäft nichts Gegenteiliges geregelt ist.

Die staatliche Aufsicht überwacht die Einhaltung der rechtlichen Rahmenbedingungen für die rechtsfähigen Stiftungen durch die Stiftungsorgane. Sie soll das selbstständige Bestehen der Stiftung fördern und sichern. Bestimmte Rechtsgeschäfte der Stiftung sind von der Aufsichtsbehörde zu genehmigen. Die Stiftungsaufsicht achtet darauf, dass das Grundstockvermögen der Stiftung erhalten bleibt und die Erträge dem Stiftungszweck entsprechend verwendet werden.

Der Zweck der staatlichen Aufsicht besteht in der Wahrung des Stifterwillens. Die Stiftung hat aus diesem Grund der staatlichen Aufsicht alle wesentlichen Änderungen der Stiftung (z. B. Anschrift, Vertretungsberechtigung) mitzuteilen. Ebenso ist die Stiftung innerhalb von sechs Monaten nach Beendigung des Geschäftsjahres zur Vorlage eines Rechnungsabschlusses und einer Vermögensübersicht (Jahresrechnung) verpflichtet. Neben der Jahresrechnung muss der Stiftungsaufsicht auch ein Bericht über die Erfüllung des Stiftungszwecks vorgelegt werden.

8.2.1.4 Stiftung kann zeitlich begrenzt werden

Die Stiftung wird grundsätzlich dauerhaft errichtet. Sie besteht somit auf unbestimmte Zeit. Dennoch kann eine Stiftung auch mit einem zeitlich begrenzten Stiftungszweck errichtet werden. Meist ist das Ende des Stiftungszwecks bei der Gründung der Stiftung noch nicht bestimmbar. Dies ist beispielsweise der Fall, wenn der Stiftungszweck einer bestimmten Forschung gewidmet ist oder der Wiederherstellung eines Denkmals o. Ä. Eine zeitliche Begrenzung einer Stiftung ist jedoch nicht unabhängig von der Erledigung ihres Stiftungszwecks möglich. Die steuerliche Begünstigung der Stiftung setzt ebenfalls ein dauerhaftes Bestehen der Stiftung voraus.

Tipp

Die Stiftung eignet sich nicht als Rechtsform für die kurzfristige Verfolgung bestimmter Zwecke. Hierfür stehen i. d. R. bessere Alternativen zur Verfügung. Solche Alternativen können beispielsweise ein Verein, eine Gesellschaft oder eine nicht rechtsfähige Stiftung sein.

8.2.2 Steuerrechtliche Grundlagen

8.2.2.1 Stiftung ist ein selbstständiges Steuersubjekt

Die Stiftung ist grundsätzlich als Steuersubjekt zu qualifizieren und damit steuerpflichtig. Die Erträge einer Stiftung unterliegen daher grundsätzlich der Körperschaftsteuer. Der Körperschaftsteuersatz beträgt derzeit 15 % zuzüglich Solidaritätszuschlag.

Eine Stiftung unterliegt in den meisten Fällen nicht der Gewerbesteuer.

Bestimmte Erträge der Stiftung können ausnahmsweise steuerfrei sein (z. B. Gewinn aus der Veräußerung von GmbH-Anteilen, Dividenden etc.).

Außerdem sind bei der Stiftung auch die Umsatzsteuer und – insbesondere im Fall von Übertragungen von Grundstücken auf die Stiftung – die Grunderwerbsteuer relevant.

Bezüglich der Umsatzsteuer ist zunächst die umsatzsteuerliche Unternehmereigenschaft der Stiftung zu prüfen. Die Ausübung einer selbstständigen gewerblichen oder beruflichen Tätigkeit einer Stiftung führt zur Unternehmereigenschaft (vgl. § 2 Abs. 1 Satz 1 Umsatzsteuergesetz). Die Umsätze der Stiftung sind in diesem Fall grundsätzlich umsatzsteuerbar und -pflichtig. Das Umsatzsteuerrecht kennt allerdings etliche sachliche Befreiungen (z. B. für Grundstücksvermietungen).

Besondere Steuervergünstigungen bestehen für sogenannte steuerbegünstigte Stiftungen. Steuerbegünstigte Stiftungen dienen dem Gemeinwohl. Diese Zweckrichtung rechtfertigt die - teils erheblichen - Steuerbegünstigungen solcher Stiftungen.

Steuerbegünstigte Zwecke sind (vgl. §§ 51 ff. AO):

- gemeinnützige Zwecke (vgl. § 52 AO, z. B. Förderung der Forschung und Wissenschaft)
- mildtätige Zwecke (vgl. § 53 AO)
- kirchliche Zwecke (vgl. § 54 AO)

Insbesondere gemeinnützige oder mildtätige Zwecke eignen sich in der Praxis für Stiftungen im Zusammenhang mit einer geplanten Unternehmensnachfolge. Der überwiegende Teil der Stiftungen in Deutschland sind solche steuerbegünstigte Stiftungen.

Die steuerlichen Regelungen legen jedoch strenge Maßstäbe an die Mittelverwendung, die tatsächliche Geschäftsführung und die Satzung von steuerbegünstigten Stiftungen an.

Tipp

Die Verwendung der von der Finanzverwaltung veröffentlichten Mustersatzung für steuerbegünstigte Organisationen ist empfehlenswert (siehe z. B. www.finanzamt.bayern. de → Augsburg-Stadt → unter Steuerinfos).

Außerdem ist die Abstimmung mit dem zuständigen Finanzamt bezüglich der Erfüllung der Voraussetzungen für die Steuerbegünstigung vor Vornahme des Stiftungsgeschäfts sinnvoll.

Steuerbegünstigte Stiftungen sind grundsätzlich von der Körperschaft-, der Gewerbe- und der Grundsteuer befreit (vgl. § 5 Abs. 1 Nr. 9 Körperschaftsteuergesetz, § 3 Nr. 6 Gewerbesteuergesetz, § 3 Abs. 1 Nr. 3b Grundsteuergesetz). Die Umsatzsteuer enthält keine persönliche Steuerbefreiung für steuerbegünstigte Stiftungen.

Steuerbegünstigte Stiftungen können – trotz der grundsätzlichen Steuerbefreiung – einer partiellen Steuerpflicht unterliegen. Eine partielle Steuerpflicht im Bereich der Ertragsteuer besteht bei Betrieb eines sogenannten wirtschaftlichen Geschäftsbetriebs (vgl. § 5 Abs. 1 Nr. 9 Satz 2 KStG, § 3 Nr. 6 GewStG). Ein wirtschaftlicher Geschäftsbetrieb setzt eine planmäßige und nachhaltige Tätigkeit der Stiftung voraus, die nicht Land- und Forstwirtschaft ist. Gleichzeitig muss die Stiftung damit Einnahmen oder ähnliche wirtschaftliche Vorteile erzielen. Die Tätigkeit muss insgesamt über den Rahmen einer reinen Vermögensverwaltung – wie es die gemeinnützige Stiftung eigentlich tut – hinausgehen.

Steuerbegünstigte Stiftungen haben eine steuerfreie Sphäre und gegebenenfalls eine steuerpflichtige Sphäre (vgl. §§ 14, 64 ff. AO). Die steuerfreie Sphäre der Vermögensverwaltung beinhaltet alle passiven Einkünfte der Stiftung. Als solche gelten etwa Kapitalerträge sowie Einnahmen aus Vermietung und Verpachtung und Dividenden aus Kapitalgesellschaftsbeteiligungen.

Als steuerpflichtig gelten dagegen aktive Einkünfte sowohl aus der Unterhaltung eines wirtschaftlichen Geschäftsbetriebs als auch aus einer Beteiligung an einer gewerblichen Personengesellschaft. Hierbei besteht jedoch eine Besteuerungsgrenze in Höhe von 35.000 Euro,

Kombination von Gemeinwohl und Familienwohl ist zulässig.

Besonders interessant ist die vom Steuergesetzgeber vorgesehene Möglichkeit der Kombination von Gemeinwohlzwecken und Familienversorgung. Grundsätzlich muss eine steuerbegünstigte Stiftung im Sinne der §§ 51 ff. AO ihre gesamten Mittel für die steuerbegünstigten Zwecke verwenden. Eine Ausnahme besteht für Familienstiftungen. So darf eine steuerbegünstigte Stiftung (maximal) ein Drittel ihres Einkommens für die Absicherung des Stifters und seiner nächsten Angehörigen verwenden (vgl. § 58 Nr. 5 AO).

Nächste Angehörige sind nur der Ehegatte, die Eltern, Großeltern, Kinder und Enkel, Geschwister, Pflegeeltern und Pflegekinder. Adoptivkinder treten in ein vollständiges Verwandtschaftsverhältnis zu der annehmenden Familie; steuerlich bleibt daneben auch die blutsmäßige Verwandtschaft bestehen. Es zählt daher sowohl die Adoptivverwandtschaft als auch die blutsmäßige Verwandtschaft.

Die von einer gemeinnützigen Stiftung gezahlten laufenden wiederkehrenden Zuwendungen an die Begünstigten können entweder steuerfrei oder steuerpflichtig sein (vgl. §§ 22 Nr. 1 Satz 2 bzw. 22 Nr. 1a) oder b), § 3 Nr. 40i) EStG). Die von einer nicht gemeinnützigen Stiftung gezahlten laufenden wiederkehrenden Zuwendungen an die Begünstigten stellen Einkünfte aus Kapitalvermögen nach § 20 Abs. 1 Nr. 9, § 3 Nr. 40 Satz. 1d) EStG dar. Im Einzelnen ist diesbezüglich vieles strittig.

8.2.2.2 Erbschaft- und schenkungsteuerliche Begünstigungen

Die unentgeltliche Übertragung von Vermögen auf eine Stiftung unterliegt grundsätzlich der Erbschaft- bzw. Schenkungsteuer. Eine solche unentgeltliche Übertragung von Vermögen auf die Stiftung kann zum einen durch Schenkung unter Lebenden erfolgen oder von Todes wegen (vgl. § 7 Abs. 1 Nr. 8 Erbschaftsteuergesetz (ErbStG), § 3

Abs. 2 Nr. 1 ErbStG). Der Erwerb des Vermögens (Zweckzuwendung i. S. d. § 8 ErbStG) unterliegt der Steuerklasse III. Diese schöpft zwischen 30 und 50 % des zugewendeten Werts ab (§§ 15 Abs. 1, 19 ErbStG).

Für die sogenannte Zweckzuwendung besteht ein Freibetrag von derzeit 20.000 Euro (vgl. § 16 I Nr. 7 ErbStG). Dies bedeutet, dass 20.000 Euro ohne weitere Voraussetzungen erb- und schenkungsteuerfrei sind. Im Rahmen von Familienstiftungen sind höhere Freibeträge möglich (§ 15 II ErbStG). Der Freibetrag kann, sollte nur der Ehegatte begünstigt sein, 500.000 Euro betragen.

Die Erbschaft- bzw. Schenkungsteuer entsteht nicht bereits durch die Errichtung einer Stiftung, sondern erst durch die tatsächliche Übertragung von Vermögen auf die Stiftung. Eine Zustiftung kann ebenfalls entweder von Todes wegen oder als Schenkung unter Lebenden erfolgen (vgl. §§ 3 Abs. 1 Nr. 1, 7 Abs. 1 Nr. 8 ErbStG).

Neben der Besteuerung des Erwerbs bei der (erstmaligen) Übertragung von Vermögen auf eine Stiftung werden Stiftungen alle 30 Jahre der Erbschaftsteuer unterworfen (sogenannte Erbersatzsteuer, vgl. § 1 Abs. 1 Nr. 4 ErbStG). Voraussetzung für den Anfall von Erbersatzsteuer ist aber die Stiftungserrichtung im Familieninteresse (vgl. §§ 1 Abs. 1 Nr. 4, 24 ErbStG).

Zuwendungen an steuerbegünstigte Stiftungen im Sinne der §§ 51 ff. AO sind steuerfrei (vgl. § 13 Abs. 1 Nr. 16 b) ErbStG). Die Steuerbefreiung gilt sowohl für Schenkungen als auch für Zuwendungen von Todes wegen. Die Steuerbefreiung umfasst auch die Erbersatzsteuer.

Besonderheiten bestehen bei der Übertragung von Grundstücken auf eine Stiftung. Eine Grundstücksübertragung ist grundsätzlich grunderwerbsteuerpflichtig. Da jedoch die Übertragung eines Vermögens auf eine Stiftung grundsätzlich der Erbschaft- und Schenkungsteuer unterliegt, ist die Übertragung eines Grundstücks in diesen Fällen grunderwerbsteuerfrei (vgl. § 3 Nr. 2 GrEStG). Diese Grunderwerbsteuerbefreiung gilt auch für steuerbegünstigte und damit bereits aus diesem Grund von der Erbschaft- und Schenkungsteuer befreite Stiftungen.

Die Vererbung oder Schenkung von Betriebsvermögen ist nach der Erbschaftsteuerreform wie folgt begünstigt:

Zum begünstigten Vermögen gehören grundsätzlich der inländische Wirtschaftsteil des land- und forstwirtschaftlichen Vermögens sowie entsprechendes land- und forstwirtschaftliches Vermögen, das einer Betriebsstätte in einem Staat der EU oder des EWR dient.

Außerdem gehört dazu inländisches Betriebsvermögen beim Erwerb eines ganzen Gewerbebetriebs, eines Teilbetriebs, eines Mitunternehmeranteils oder das der Ausübung der selbstständigen Arbeit dienende Vermögen und entsprechendes Betriebsvermögen, das einer Betriebstätte in einem Staat der EU oder des EWR dient.

Begünstigt sind ferner Anteile an Kapitalgesellschaften, wenn der Erblasser oder Schenker mehr als 25 % der Anteile hält.

Unter den folgenden Voraussetzungen sind 85 % des Betriebsvermögens von der Steuer befreit (§ 13b Abs. 4 ErbStG):

- Der Anteil des Verwaltungsvermögens am Betriebsvermögen darf maximal 50 % betragen.
- Der Betrieb muss mindestens fünf Jahre fortgeführt werden.
- Bei mehr als 21 Mitarbeitern darf die Mindestlohnsumme innerhalb von fünf Jahren nach dem Erwerb 400 % der Ausgangslohnsumme nicht unterschreiten (Ausgangslohnsumme ist die durchschnittliche Lohnsumme der letzten fünf Wirtschaftsjahre, bevor der Betrieb verschenkt oder vererbt wurde).

Zum sogenannten „schädlichen“ Verwaltungsvermögen gehören auszugsweise:

- an Dritte verpachtete oder vermietete Grundstücke, Grundstücksteile, grundstücksgleiche Rechte und Bauten
- Anteile an Kapitalgesellschaften (GmbH oder AG), an denen der Erblasser oder Schenker zu 25 % oder weniger beteiligt ist
- Anteile an Personengesellschaften (GbR, OHG, KG etc.), soweit bei diesen Gesellschaften das Verwaltungsvermögen mehr als 50 % beträgt
- Wertpapiere oder vergleichbare Forderungen, wenn sie nicht dem Hauptzweck des Gewerbebetriebs eines Kreditinstituts oder eines Finanzdienstleisters zuzurechnen sind
- Kunstgegenstände, Kunstsammlungen, wissenschaftliche Sammlungen, Bibliotheken und Archive, Münzen, Edelmetalle und Edelsteine, wenn der Handel oder deren Verarbeitung nicht der Hauptzweck des Gewerbes ist

Erfüllt das Betriebsvermögen die o. g. Begünstigungsvoraussetzungen, dann bleiben 85 % ohne Ansatz. Die verbleibenden 15 % des begünstigten Vermögens bleiben außer Ansatz, wenn sein Wert 150.000 Euro nicht überschreitet.

Der Abzugsbetrag verringert sich jedoch anteilig, wenn der Wert des nicht begünstigten Vermögens 150.000 Euro übersteigt. Bei einem Wert von 450.000 Euro (15 %) entfällt der Abzugsbetrag vollständig. Dies ist ab einem Betriebsvermögen im Steuerwert von 3 Mio. Euro der Fall.

Wenn das Verwaltungsvermögen nicht mehr als 10 % des Betriebsvermögens darstellt und der Betrieb sieben Jahre fortgeführt wird und die Lohnsumme bei mehr als 21 Arbeitnehmern im Sieben-Jahres-Zeitraum mindestens 700 % beträgt, kann die sogenannte Optionsverschonung beantragt werden. In diesem Fall bleibt der Übergang des Betriebsvermögens zu 100 % erb- bzw. schenkungsteuerfrei.

Die Bewertung des Betriebsvermögens erfolgt bei Anteilen an Kapitalgesellschaften durch den Börsenkurs am Stichtag oder, wenn dies nicht möglich oder üblich ist, nach den Verkäufen unter Dritten im vergangenen Jahr.

Ist auch dies nicht möglich, so erfolgt die Bewertung wie beim übrigen Betriebsvermögen nach den allgemeinen Bewertungsregelungen (vgl. § 11 Abs. 2 BewG).

8.2.2.3 Steuerliche Absetzbarkeit der Erstausstattung sowie von Spenden und Zuwendungen

Zuwendungen an steuerbegünstigte Stiftungen, insbesondere die Erstausstattung einer Stiftung mit Vermögen, spätere Aufstockungen des Grundstockvermögens durch Zustiftungen und Spenden an solche Stiftungen, können bei der Einkommensteuer als Sonderausgaben (und auch bei Körperschaft- und Gewerbesteuer) steuermindernd abgesetzt werden. Absetzbar sind:

- jede finanzielle Zuwendung oder Spende bis zu einer Höhe von 20 % des Gesamtbetrags der Einkünfte oder – alternativ – vier Promille der Summe der gesamten Umsätze und der im Kalenderjahr aufgewendeten Löhne und Gehälter; Zuwendungen, die die Höchstgrenze überschreiten, können zeitlich unbegrenzt in folgende Jahre vorgetragen werden;
- Zuwendungen in das Grundstockvermögen (anlässlich der Errichtung oder später als Zustiftung) zusätzlich zu den vorstehend genannten Höchstbeträgen bis zu einem Gesamtbetrag von 1 Mio. Euro (Ehegatten jeder für sich) innerhalb eines Zehn-Jahres-Zeitraums (d. h. verteilbar nach Belieben auf das Jahr der Zuwendung und die neun folgenden Veranlagungszeiträume); diese Abzugsmöglichkeit gilt nicht für Körperschaften als Spender.

8.3 Verschiedene Formen der Stiftung

8.3.1 Familienstiftung ist das Regelmodell

Die Familienstiftungen dürften wohl die wichtigste Erscheinungsform der nicht gemeinnützigen (unternehmensbezogenen) Stiftungen sein. Die Familienstiftung ist dabei keine besondere Rechtsform, sondern eine Anwendungsform der Stiftung.

Familienstiftungen dienen vorrangig dem Wohl und den Interessen einer bzw. mehrerer Familien und deren Nachkommen. Der Kreis der begünstigten Personen ist begrenzt. Der Stiftungszweck der Familienstiftung erfordert ein dem Interesse und Nutzen eines bestimmten (familiären) Personenkreises zur Verfügung stehendes Stiftungsvermögen. Die Einbringung des Unternehmens oder der Unternehmensbeteiligung in die Stiftung verhindert eine Zersplitterung oder Erbteilung des Familienvermögens. Das Familienvermögen wird somit dauerhaft zusammengehalten und zugleich eine Begünstigung der einzelnen Familienmitglieder gewährleistet. In der Regel dürfte der Schutz vor Zersplitterung des Unternehmens - beispielsweise durch Verkauf an Dritte, Börsengang etc. - das Hauptmotiv für die Errichtung einer Familienstiftung sein.

Eine Alternative zur Familienstiftung ist beispielsweise eine testamentarische Verfügung mit einer Dauertestamentsvollstreckung. Eine weitere Alternative ist die Gründung einer (vermögensverwaltenden) Familiengesellschaft. Beide Alternativen bleiben jedoch hinsichtlich ihrer Regelungsdichte bzw. ihrer Dauerhaftigkeit hinter den Möglichkeiten der Familienstiftung zurück.

So ist die Vollstreckung der testamentarischen Verfügung auf eine Laufzeit von 30 Jahren bzw. auf die Lebenszeit des jeweiligen Beteiligten beschränkt.

Eine Familiengesellschaft kann zwar von längerer Dauer sein, jedoch ist der Zweck einer Gesellschaft grundsätzlich dem Willen ihrer

Gesellschafter unterstellt. Somit ist nicht nur der Verwendungszweck des Familienvermögens von dem Willen der Gesellschafter abhängig, sondern auch das Fortbestehen der Gesellschaft selbst.

Die zivilrechtlichen Vorschriften über die Stiftung (§§ 80 ff. BGB) finden uneingeschränkt auf die Familienstiftung als Stiftung des bürgerlichen Rechts Anwendung.

Grundsätzlich unterliegen auch Familienstiftungen der staatlichen Aufsicht. Reine Familienstiftungen sind in einigen Bundesländern aber von der staatlichen Stiftungsaufsicht ausgenommen.

Die steuerlichen Rahmenbedingungen für eine Familienstiftung sind ungünstig. Ihre Erträge sind grundsätzlich voll steuerpflichtig. Es bestehen – abgesehen von den allgemeinen Begünstigungen für Betriebsvermögen – bei der Erbschaft- und Schenkungsteuer keine Vorteile.

Wird eine Familienstiftung errichtet, besteht hinsichtlich der Berechnung der Steuerlast eine Besonderheit (vgl. § 15 II 1 ErbStG): Bei der Besteuerung der Familienstiftung richtet sich die Steuerklasse nach dem Verwandtschaftsgrad des Stifters zu dem entferntesten von der Stiftung Begünstigten (Destinatär). Je geringer der Verwandtschaftsgrad zwischen Stifter und dem weitest entferntesten Destinatär, desto niedriger ist die steuerliche Belastung bei der erstmaligen Übertragung des Vermögens auf die Stiftung. Von dieser Privilegierung sind jedoch spätere Zustiftungen zu dem Stiftungsvermögen der Familienstiftung ausgenommen.

Setzt der Stifter beispielsweise seinen Ehegatten und seine Kinder als Destinatäre der Familienstiftung ein, findet die Steuerklasse I Anwendung. Da die Kinder als Destinatäre im erb- und schenkungsteuerlichen Sinn am weitesten vom Stifter entfernt sind, besteht ein Freibetrag in Höhe von 400.000 Euro (vgl. § 16 I Nr. 2 ErbStG).

Neben dieser Privilegierung unterliegen die Familienstiftungen einer regelmäßig wiederkehrenden Erbersatzsteuer (vgl. §§ 1 I Nr. 4, 24 ErbStG). Die Erbersatzsteuer wird nach jeweils 30 Jahren aufgrund eines fingierten Erbfalls gegenüber der Stiftung erhoben. Da das auf die Stiftung übertragene Vermögen als Grundstockvermögen dauerhaft in der Stiftung verbleibt, kann es keiner Erbschaftsteuer „auf natürlichem Weg" unterfallen. Aus diesem Grund wird regelmäßig auf die Erbfallfiktion zurückgegriffen. Bei der Erbfallfiktion ist der Verwandtschaftsgrad der Destinatäre der Stiftung nicht von Bedeutung. Die Erbschaftsteuer fällt immer gemäß dem Steuersatz der Steuerklasse I an. Dieser gilt sodann für die Hälfte des steuerpflichtigen Vermögens. Zuzüglich wird der doppelte Freibetrag nach § 16 I Nr. 2 ErbStG (derzeit insgesamt 800.000 Euro) gewährt.

Eine Kompromisslösung stellen steuerbegünstigte Familienstiftungen i. S. d. §§ 51 ff. AO dar. Sie sind – wie oben ausführlich erläutert – von der Körperschaft- und der Erbschaft- und Schenkungsteuer befreit und können dennoch einen Teil ihrer Erträge für die Versorgung des Stifters bzw. seiner nächsten Angehörigen verwenden.

+ Wesentliche Vorteile

- Vermeidung einer Vermögenszersplitterung durch insbesondere Verkauf des Unternehmens oder der Unternehmensbeteiligung
- Sicherstellung des dauerhaften Weiterbestehens des Unternehmens nach Maßgabe der Vorstellungen des Stifters
- wirtschaftliche Absicherung der Stifterfamilie

– Wesentlicher Nachteil

- ungünstige steuerliche Rahmenbedingungen (Ausnahme: Die Stiftung ist steuerbegünstigt im Sinne der §§ 51 ff. AO.)

8.3.2 Unternehmensträger- und Beteiligungsträgerstiftung

Gemeinsames Merkmal einer Unternehmensträger- bzw. Beteiligungsträgerstiftung ist die Zugehörigkeit eines Unternehmens oder einer Unternehmensbeteiligung zum Stiftungsvermögen.

Die Unternehmensträgerstiftung betreibt selbst ein Unternehmen. Die Beteiligungsträgerstiftung hingegen hält lediglich Beteiligungen an Personen- oder Kapitalgesellschaften. Eine Stiftung kann sich dabei an einer Aktiengesellschaft oder GmbH oder an einer Personengesellschaft beteiligen.

Eine Unternehmensträger- oder Beteiligungsträgerstiftung kann auch als Familienstiftung oder als steuerbegünstigte Stiftung ausgestaltet werden. In der Praxis stellen solche „gemischten" Erscheinungsformen den Regelfall dar.

8.3.2.1 Unternehmensträgerstiftung bildet den Kopf

Die Unternehmensträgerstiftung ist selbst operativ tätig und führt das Unternehmen. Stiftung und Unternehmen sind folglich eine rechtliche und wirtschaftliche Einheit. Die Stiftung betreibt das Unternehmen, wie es auch ein Einzelkaufmann tun würde. Die Stiftung gilt in dieser Form als Kaufmann kraft Gewerbebetrieb. Sie ist nach handelsrechtlichen Vorschriften zur kaufmännischen Führung von Büchern verpflichtet (vgl. § 238 HGB).

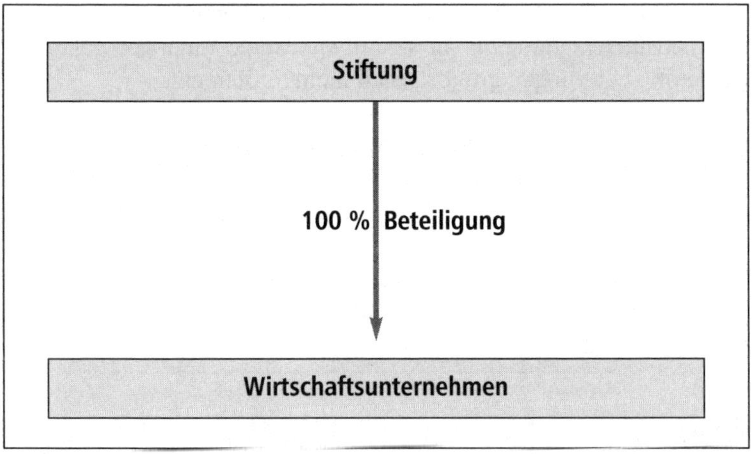

= Einheit

Abb.: Unternehmensträgerstiftung

Die Unternehmensträgerstiftung ist körperschaftsteuerpflichtig. Hinzu kommt die Gewerbesteuerpflicht, denn eine Unternehmensträgerstiftung erzielt – anders die meisten anderen Stiftungen – originär gewerbliche Einkünfte. Sie wird als juristische Person gleich einer GmbH oder einer AG besteuert.

Die Höhe der Gewerbesteuer richtet sich nach dem Hebesatz der Gemeinde. Beispiel: Der Hebesatz beträgt 400 %. Der Gewerbesteuersatz beträgt in diesem Fall 14 %. Damit ergibt sich – den Hebesatz von 400 % unterstellt und vereinfacht dargestellt – eine Gesamtsteuerbelastung der Stiftung von rund 30 %.

Die Unternehmensträgerstiftungen unterliegen den allgemeinen Regelungen über die Erbschaft- und Schenkungsteuer. Es können daher die Steuervergünstigungen bei Übertragung von Betriebsvermögen auf die Stiftung und die bei Familienstiftungen in Betracht kommen.

Eine Unternehmensträgerstiftung kann aufgrund ihrer originären gewerblichen Tätigkeit nicht zugleich steuerbegünstigte Zwecke

i. S. d. §§ 51 ff. AO verfolgen. Infolgedessen kommen für die Unternehmensträgerstiftung die für steuerbegünstigte Stiftungen geltenden Steuererleichterungen grundsätzlich nicht in Betracht.

+ Wesentliche Vorteile

- absoluter Schutz des Unternehmens vor Zersplitterung durch Verkauf o. Ä.
- dauerhafte Sicherung und Weiterbestehen des Unternehmens
- Der Stifterwille bestimmt unmittelbar die Unternehmensführung aufgrund der Einheit von Stiftung und Unternehmen.

– Wesentliche Nachteile

- Gegebenenfalls künftig notwendig werdende Anpassungen des Unternehmens an geänderte Umstände sind aufgrund des starren „Stiftungskorsetts“ nur schwer umsetzbar.
- Unternehmensinteressen und – hiervon abweichende – Familieninteressen können innerhalb der Stiftung Zielkonflikte entstehen lassen.
- Das Stiftungsvermögen haftet für Schulden des operativen Unternehmens.
- Keine Trennung von Unternehmens- und Stiftungsführung, denn der Stiftungsvorstand ist zuständig für die Führung der Stiftung und die Führung des Unternehmens. Deshalb sollte die Stiftungssatzung besondere Regelungen hinsichtlich der Auswechslung des Stiftungsvorstands vorsehen.

8.3.2.2 Beteiligungsträgerstiftung ist Anteilseignerin

Im Gegensatz zur Unternehmensträgerstiftung betreibt die Beteiligungsträgerstiftung kein operatives Unternehmen. Sie ist vielmehr nur an einer Personen- oder Kapitalgesellschaft beteiligt.

In der Regel kann die Beteiligungsträgerstiftung beherrschenden Einfluss auf das Beteiligungsunternehmen ausüben. Diese „beeinflusste" Gesellschaft ist i. d. R. der eigentliche Träger des Unternehmens.

Die Beteiligungsträgerstiftung kommt in der Praxis in verschiedenen Erscheinungsformen vor:

- Die Beteiligungsträgerstiftung hält unmittelbar Anteile an einer selbst operativ tätigen Personen- oder Kapitalgesellschaft.
- Die Beteiligungsträgergesellschaft ist an einer Holdinggesellschaft beteiligt. In diesem Fall hält die Holding unmittelbar die Anteile an den operativ tätigen Personen- oder Kapitalgesellschaften.
- Die Beteiligungsträgerstiftung kann auch die Geschäftsleitungsfunktion bei dem Beteiligungsunternehmen ausüben. Diese Erscheinungsform kommt in der Praxis v. a. bei der „Stiftung & Co. KG" vor.
- Doppelstiftung

Im Folgenden wird näher auf die Stiftung mit einer Beteiligung an einer Kapitalgesellschaft, auf die Stiftung & Co. KG sowie die Doppelstiftung eingegangen.

Beteiligungsträgerstiftung mit Beteiligung an einer Kapitalgesellschaft

Die Beteiligungsträgerstiftung mit einer unmittelbaren Beteiligung an einer Kapitalgesellschaft stellt eine „klassische" Stiftungsstruktur dar. Die wohl bekanntesten Beispiele dieser Art sind die Robert Bosch Stiftung und die Bertelsmann Stiftung. Die Robert Bosch Stiftung ist an der operativ tätigen Robert Bosch GmbH zu 92 % am Vermögen beteiligt.

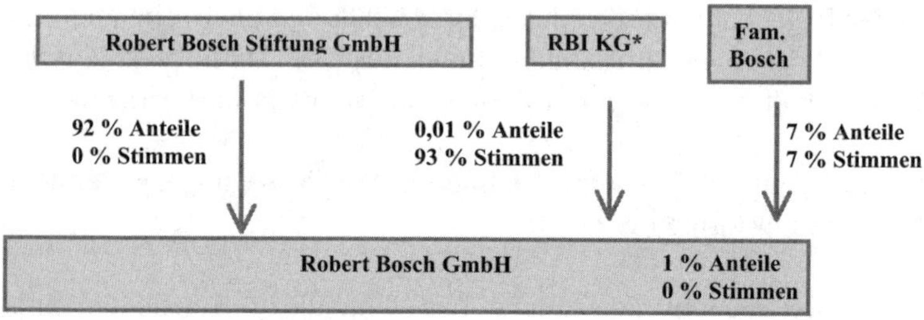

* = Robert Bosch Industrietreuhand KG

Abb.: Beispiel einer Beteiligungsträgerstiftung – Robert Bosch GmbH

Die Beteiligungsträgerstiftung unterliegt der Körperschaftsteuer. Allerdings sind Dividenden und Veräußerungsgewinne bei der Stiftung i. d. R. (zu 95 %) steuerfrei. Es besteht in den meisten Fällen keine Gewerbesteuerpflicht.

Die Stiftung unterliegt bei der Erbschaft- und Schenkungsteuer den allgemeinen Regeln. Es gelten – insbesondere bei entsprechender Höhe der Beteiligung an der Kapitalgesellschaft – die für Betriebsvermögen sowie für Familienstiftungen bestehenden Vergünstigungen.

Besondere ertrag-, erbschaft- und schenkungsteuerliche Vorteile bestehen im Fall einer steuerbegünstigten Beteiligungsträgerstiftung.

+ Wesentliche Vorteile

- klare Trennung zwischen Führung des operativen Unternehmens und Führung der Stiftung
- dauerhafter Unternehmenserhalt und Schutz vor Zersplitterung des Unternehmens
- Das Stiftungsvermögen haftet nicht für Schulden des operativen Unternehmens.
- Eine Kombination aus der Inanspruchnahme weitreichender Steuervorteile und wirtschaftlicher Absicherung der Stifterfamilie ist möglich.

– Wesentliche Nachteile

- In der Regel hat die Stifterfamilie keinerlei Einfluss auf das Schicksal des Unternehmens.
- sehr starke Stellung der Stiftungsorgane hinsichtlich Geschäftsleitung des Unternehmens

8.3.3 Sonderfall Stiftung & Co. KG

Die Erscheinungsform der Stiftung & Co. KG ist in Deutschland wenig verbreitet. In der Stiftung & Co. KG ist die Stiftung die persönlich haftende Komplementärin. Die Kommanditisten sind meistens Familienmitglieder. Das Unternehmen bleibt somit wirtschaftlich im Besitz der Familienmitglieder. Gleichzeitig wird durch die Stiftung eine Unternehmenskontinuität gewährleistet. Die Stiftung selbst ist i. d. R. am Vermögen der Kommanditgesellschaft nicht beteiligt.

Gemäß §§ 164, 170 HGB steht dem persönlich haftenden Gesellschafter somit die Geschäftsführung der Kommanditgesellschaft und damit des eigentlichen Unternehmens zu. Die Stiftung hat infolgedessen auf die Geschicke der Kommanditgesellschaft einen erheblichen Einfluss. In der Regel wird den Kommanditisten lediglich ein Widerspruchsrecht gewährt. Dieses Widerspruchsrecht beschränkt sich meistens auf über den gewöhnlichen Geschäftsbetrieb hinausgehende Maßnahmen der Geschäftsführung.

Die Stiftung erzielt aus steuerlicher Sicht gewerbliche Einkünfte. Die Kommanditisten erzielen ebenfalls Einkünfte aus Gewerbebetrieben.

Die Übertragung der Kommanditanteile vom Schenker/Erblasser auf die Beschenkten/Erben richtet sich bei der Erbschaft- und Schenkungsteuer nach den allgemeinen Regeln. Die erbschaft- und schenkungsteuerlichen Vorteile für Betriebsvermögen haben dabei erhebliche Bedeutung.

+ Wesentliche Vorteile

- Die Bündelung der Entscheidungskompetenzen in der Hand der Stiftung sichert die Unternehmenskontinuität.
- Geschäftsführung und Eigentümerstellung können in der Stiftung & Co. KG strikt getrennt werden. Das Unternehmen bleibt wirtschaftlich im Besitz der Familie.

– Wesentliche Nachteile

- extrem starke Stellung der Stiftungsorgane
- Die Stiftung trägt als persönlich haftende Gesellschafterin das gesamte Unternehmensrisiko.

8.3.4 Doppelstiftung – Kombination von Familienstiftung und gemeinnütziger Stiftung

Weiterhin besteht die Möglichkeit der Errichtung einer Doppelstiftung. Die Doppelstiftung besteht i. d. R. aus einer nicht steuerbegünstigten Familienstiftung und einer gemeinnützigen Stiftung. Beide Stiftungen sind an der Beteiligungsgesellschaft beteiligt.

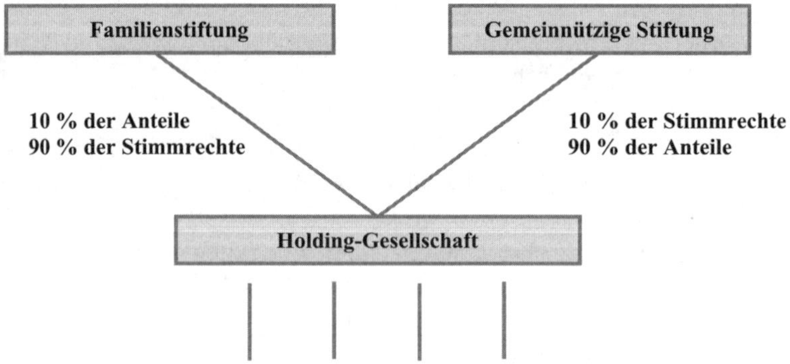

Abb.: Doppelstiftung

Die Beteiligungsgesellschaft kann sowohl eine operativ tätige Personen- bzw. Kapitalgesellschaft sein. Ebenso kann es sich dabei auch – wie im Schaubild – um eine zwischengeschaltete Holding handeln.

Die Doppelstiftung versucht die Vorteile von steuerbegünstigten Stiftung mit den Vorteilen der Familienstiftung zu kombinieren. Steuerbegünstigte Stiftungen sind grundsätzlich von den Ertragsteuern und der Erbschaft- und Schenkungsteuer befreit.

Die steuerbegünstigten Stiftungen sind aber bei der Verwendung von Mitteln für den Stifter und seine Angehörigen beschränkt. Sie dürfen maximal ein Drittel der Erträge für diese Zwecke verwenden. Reine Familienstiftungen unterliegen in dieser Hinsicht keinerlei Beschränkungen.

Die reine Familienstiftung ist andererseits nicht derart erbschaft- bzw. schenkungsteuerlich begünstigt. Aus diesem Grund erhält die Familienstiftung i. d. R. nur eine geringe Beteiligung am Vermögen der Gesellschaft. Als Ausgleich dafür wird der Familienstiftung aber eine qualifizierte Mehrheit der Stimmrechte übertragen. Somit soll ein dauerhafter Einfluss der Familie auf die Unternehmensführung gesichert werden. Aufgrund des Stimmrechts der Familienstiftung kann die Familie das Ausschüttungsverhalten der Beteiligungsgesellschaft bestimmen und steuern.

Die Familienstiftung ist zwar voll körperschaftsteuerpflichtig. Ausgeschüttete Dividenden sind jedoch bei der Familienstiftung zu meistens 95 % steuerfrei und können daher praktisch ohne Besteuerung vereinnahmt und an die Familienmitglieder weitergeleitet werden.

Die steuerbegünstigte Stiftung hingegen wird am Vermögen der Beteiligungsgesellschaft mehrheitlich beteiligt. Denn sie ist von der Erbschaft- und Schenkungsteuer sowie der Erbersatzsteuer befreit.

Sie erhält jedoch gemäß dem Gesellschaftsvertrag der Beteiligungsgesellschaft geringe Stimmrechte an der Gesellschaft. Durch die Beteiligung der gemeinnützigen Stiftung an der Beteiligungsgesellschaft erhält die Stiftung ausreichend Mittel, um ihrem Stiftungszweck nachzugehen.

Die wirtschaftliche Begünstigung der Familie kann bei der Doppelstiftung noch verstärkt werden. Denn die Stiftung kann – wenn der Stifter dies bestimmt hat – einen Teil des Einkommens für den Stifter und seine nächsten Angehörigen verwenden (vgl. § 58 Nr. 5 AO).

+ Wesentliche Vorteile

- Die Doppelstiftung ermöglicht – wie die anderen Erscheinungsformen der Stiftung auch – den dauerhaften Erhalt des Unternehmens in einer Hand.
- Die Doppelstiftung ermöglicht zudem die wirtschaftliche Optimierung der Absicherung der Stifterfamilie. Denn die Familie erhält Zuwendungen sowohl von der reinen Familienstiftung als auch von der steuerbegünstigten Stiftung. Die Verwendung des Unternehmensvermögens für steuerbegünstigte Zwecke erfolgt damit in einem geringeren Umfang als bei einer rein steuerbegünstigten Stiftung.
- Die Stifterfamilie kann aufgrund von den der Familienstiftung zustehenden Stimmrechten weiter Einfluss auf das Unternehmen ausüben.

– Wesentliche Nachteile

- Die Stiftungsstruktur ist komplex. Es sind zwei Stiftungen mit teilweise unterschiedlicher Ausprägung und Zielsetzung erforderlich.

8.4 Praxisfall und Hinweise auf Risiken und Gefahren

U überlegt, eine steuerbegünstigte Stiftung nach seinem Tod zu errichten. Die Stiftung soll von der Möglichkeit von Zuwendung an seine nächsten Angehörigen Gebrauch machen (§ 58 Nr. 5 AO).

U hat von einem Bekannten die folgende Übersicht über die wesentlichsten Risiken/Gefahren einer Stiftung sowie eine Art Checkliste erhalten.

Wesentliche Risiken und Gefahren einer Stiftung/Stiftungsgründung

- Der Stifter bzw. seine Familie verliert mit der Stiftungserrichtung endgültig das Eigentum am Unternehmen.
- Das Unternehmen wird dauerhaft nach den Wertvorstellungen des Stifters geführt. Dieser Umstand kann zu mangelnder Flexibilität bei sich verändernden Rahmenbedingungen für das Unternehmen führen.
- Die Übertragung von Vermögenswerten auf die Stiftung schmälert den Nachlass des Stifters für die Erben. Dies kann Pflichtteils bzw. Pflichtteilsergänzungsansprüche gegen die Stiftung auslösen. Diesbezüglich sollte unbedingt Vorsorge getroffen werden (z. B. durch den Abschluss von Erb- oder Pflichtteilsverzichtsverträgen).

8.5 Checkliste und Fahrplan

☑ Checkliste: Errichtung einer Stiftung		
Prüfen Sie, ob die Vorbereitungen zur Errichtung der Stiftung ausreichend sind	**JA**	**NEIN**
Sind Überlegungen des potenziellen Stifters hinsichtlich seiner Motivation zur Errichtung einer Stiftung angestellt worden?	☐	☐
Wurde der Familienbezug angemessen berücksichtigt, insbesondere bezüglich		
o Familienbegünstigung versus steuerbegünstigte Stiftung?	☐	☐
o Gewährleistung eines dauerhaften Unterhalts der Familie mit dem Stiftungsvermögen?	☐	☐
o Einflussnahmen/Organstellung der Familie?	☐	☐
Wurde der Zeitpunkt unter Berücksichtigung der Punkte		
o Gründung einer Stiftung unter Lebenden versus von Todes wegen?	☐	☐
o schrittweise Ausstattung?	☐	☐
o Berücksichtigung etwaiger Pflichtteilsansprüche bei Erbfall innerhalb von zehn Jahren nach Stiftungserrichtung?	☐	☐
o Gewährleistung des Gleichlaufs von Stiftungsgeschäft, Testament und gegebenenfalls Gesellschaftsvertrag des Unternehmers entsprechend gewählt?	☐	☐
Erfolgten ausreichend Vorüberlegungen zur Ausgestaltung der Stiftung in Bezug auf		
o Art der Stiftung (Familienstiftung, steuerbegünstigte Stiftung etc.)?	☐	☐
o Kontrollrechte der Familie bzw. Mitwirkungs- und Informationsrechte?	☐	☐
o Sicherstellung eines gewissen Handlungsspielraums der Geschäftsführung des Unternehmens?	☐	☐
o Berücksichtigung der steuerlichen Aspekte?	☐	☐
Fazit: Wenn Sie alle Fragen mit Ja beantworten können, haben Sie die wesentlichen Punkte erfüllt.		

Maßnahme	Dauer
Entwurf des Stiftungsgeschäfts und der Satzung nach Maßgaben der landesgesetzlichen Regelungen und der einschlägigen steuerlichen Vorschriften	6 Monate
Abstimmung der Entwürfe mit der zuständigen Stiftungsaufsicht und mit dem zuständigen Finanzamt	3 Monate
Unterzeichnung des Stiftungsgeschäfts und der Satzung durch den/die Stifter	2 Wochen
Einreichung von Stiftungsgeschäft und Satzung bei der Stiftungsaufsicht mit dem Antrag auf Anerkennung der Stiftung	2 Wochen
nach Anerkennung: Einzahlung des Stiftungskapitals/Übertragung des Stiftungsvermögens	3 Monate nach Antrag auf Anerkennung
gegebenenfalls Konstituierung der Organe der Stiftung	4 Wochen

8.6 Muster

➜ Hinweis

Bei den nachfolgenden Mustervorlagen für ein Stiftungsgeschäft und eine Stiftungssatzung handelt es sich um das offizielle Muster der Regierung von Schwaben. Die Vorlagen finden Sie unter **www.regierung.schwaben.bayern.de** im Bereich „Wir für Sie" ➔ „Genehmigungen" ➔ „Bereich 1 – Sicherheit, Kommunales, Soziales" ➔ „Stiftungen"

8.6.1 Stiftungsgeschäft

Dieses Muster gilt für die Errichtung einer rechtsfähigen Stiftung unter Lebenden. Beim Stiftungsgeschäft von Todes wegen sind die besonderen erbrechtlichen Formvorschriften zu beachten (Testament, Erbvertrag).

* = Nichtzutreffendes streichen

U r k u n d e

über die Errichtung der ... (Name der Stiftung) in ...

Hiermit errichte(n) ich/wir* ... (Vorname/n, Name/n, evtl. Anschrift/en)

folgende Stiftung:

I.

Die Stiftung soll den Namen ...[1)] führen, ihren Sitz in ...[2)] haben und die Rechtsfähigkeit erlangen.

II.

Zweck der Stiftung ist ...[3)]
Die Einzelheiten über die Verwirklichung des Stiftungszwecks werden in der Stiftungssatzung geregelt.

III.

Die Stiftung wird mit einem Grundstockvermögen von ... Euro ausgestattet.

Im Einzelnen[4]:

1. ...
2. ...
3. ...

IV.

Die Stiftung soll von einem Stiftungsvorstand gesetzlich vertreten und zusammen mit einem Stiftungsrat verwaltet werden.[5]

Die Einzelheiten werden durch die Stiftungssatzung geregelt.

V.

Für die Stiftung gilt die anliegende Satzung; sie ist wesentlicher Bestandteil dieses Stiftungsgeschäfts.

(Ort, Datum, Unterschriften)

1) Der Name der Stiftung ist das wesentliche Kennzeichen ihrer Identität und insofern unverzichtbares und schutzwürdiges Merkmal ihrer Eigenschaft als Rechtsperson. Er sollte deshalb möglichst in kurzer, einprägsamer Form den Stifter, die Stiftungsart oder den Stiftungszweck erkennen lassen. Eventuell bestehende Namensrechte sind zu beachten; von anderen Stiftungen am selben Ort soll sich der Name der Stiftung unterscheiden.

2) Den Sitz der Stiftung (Gemeinde, Stadt) bestimmt der Stifter nach dem Ort der Verwaltung, dem Wirkungsbereich, gegebenenfalls den zum Vermögen der Stiftung gehörenden Liegenschaften oder anderen (subjektiven oder objektiven) Bezugspunkten. Nach dem Sitz der Stiftung bestimmt sich die örtliche Zuständigkeit der Stiftungsaufsichts- und -anerkennungsbehorde.

3) Z. B. „Förderung des Gesundheitswesens und der Behindertenhilfe" oder „Erhaltung des Denkmals ..." usw. Die Formulierung des Stiftungszwecks sollte in Stiftungsgeschäft und Stiftungssatzung (§ 2 Abs. 1 des Musters) wörtlich übereinstimmen.

4) Anzugeben sind der (Gesamt-)Wert zum Zeitpunkt der Stiftungserrichtung und die Art und Bezeichnung des Grundstockvermögens und gegebenenfalls sonstigen Vermögens der Stiftung (z. B. Geldvermögen, Wertpapiere, Immobilien). Die detaillierte Angabe der einzelnen Vermögensbestandteile und gegebenenfalls -werte erfolgt gegebenenfalls in der Satzung oder einer Anlage hierzu (vgl. auch Fußnote 10 und Anlage zu § 4 der Satzung).

5) Der Stifter kann die Verwaltung der Stiftung abweichend regeln (siehe Teil I, Nr. 8 des Merkblatts und Vorbemerkungen zu den Mustern). Gesetzlich vorgeschrieben ist nur der Vorstand.

8.6.2 Stiftungssatzung

Dieses Muster berücksichtigt sowohl das geltende Stiftungs- als auch das Steuerrecht. Es empfiehlt sich daher, die fett gedruckten Bestimmungen (§§ 1, teilweise 2, 3, 4, 5, 6, 12 bis 15) möglichst ohne Änderungen zu übernehmen.

Hinsichtlich der Organe (Zahl, Bezeichnung, Größe, Aufgabenverteilung, Bestellung, Geschäftsgang) hat der Stifter einen großen Gestaltungsspielraum. Das Satzungsmuster (§§ 6 bis 11) enthält nur beispielhaft bzw. rahmenartig hierzu Regelungen. Es bedarf daher insbesondere bei den §§ 7 und 9 noch einer individuellen Ausformung.

* = Nichtzutreffendes streichen

Satzung

der ... (Name der Stiftung) in ...

Präambel[6)]

...

§ 1 Name, Rechtsstellung, Sitz[7)]

Die Stiftung führt den Namen ... Sie ist eine rechtsfähige Stiftung des bürgerlichen Rechts mit Sitz in ...

§ 2 Stiftungszweck

(1) Zweck der Stiftung ist ...[8)]

(2) Der Stiftungszweck wird insbesondere durch folgende Maßnahmen verwirklicht:

1. ...
2. ...
3. ...

(3) Die Stiftung verfolgt damit ausschließlich und unmittelbar gemeinnützige/mildtätige/gemeinnützige und mildtätige* Zwecke i. S. d. Abschnitts „Steuerbegünstigte Zwecke" der Abgabenordnung.

(4) Die Stiftung kann auch anderen, ebenfalls steuerbegünstigten Körperschaften, Anstalten und Stiftungen oder einer geeigneten öffentlichen Behörde finanzielle oder sachliche Mittel zur Verfügung stellen, wenn diese Stellen mit den Mitteln den Stiftungszweck nach Absätzen 1 und 2 fördern.[9)]

§ 3 Einschränkungen

(1) Die Stiftung ist selbstlos tätig. Sie verfolgt nicht in erster Linie eigenwirtschaftliche Zwecke. Sie darf keine juristische oder natürliche Person durch Ausgaben, die dem Zweck der Stiftung fremd sind, oder durch unverhältnismäßig hohe Unterstützungen, Zuwendungen oder Vergütungen begünstigen.

(2) Ein Rechtsanspruch auf Leistungen der Stiftung steht den durch die Stiftung Begünstigten aufgrund dieser Satzung nicht zu.

§ 4 Grundstockvermögen

(1) Das der Stiftung zur dauernden und nachhaltigen Erfüllung ihres Stiftungszwecks zugewendete Vermögen (Grundstockvermögen) ist in seinem Wert ungeschmälert zu erhalten. Es besteht zum Zeitpunkt der Errichtung der Stiftung aus ... Euro Barvermögen. Es ergibt sich aus der Anlage; diese ist wesentlicher Bestandteil dieser Satzung.[10]*

(2) Zustiftungen (Zuwendungen zum Grundstockvermögen) sind zulässig. Zuwendungen ohne Zweckbestimmung aufgrund einer Verfügung von Todes wegen können dem Grundstockvermögen zugeführt werden.[11]

§ 5 Stiftungsmittel

(1) Die Stiftung erfüllt ihre Aufgaben

1. aus den Erträgen des Grundstockvermögens,
2. aus Zuwendungen, soweit sie vom Zuwendenden nicht zur Aufstockung des Grundstockvermögens bestimmt sind; § 4 Abs. 2 Satz 2 bleibt unberührt,[12]
3. ....[13]

(2) Sämtliche Mittel dürfen nur für die satzungsgemäßen Zwecke verwendet werden.

(3) Im Rahmen der steuerrechtlichen Bestimmungen dürfen Rücklagen gebildet werden, insbesondere, soweit dies erforderlich ist, um das Grundstockvermögen in seinem Wert ungeschmälert zu erhalten und die steuerbegünstigten satzungsgemäßen Zwecke dauernd und nachhaltig erfüllen zu können.[14]

§ 6 Stiftungsorgane

(1) Organe der Stiftung sind:

1. der Stiftungsvorstand,
2. der Stiftungsrat.[15]

(2) Die Mitglieder der Stiftungsorgane sind zur gewissenhaften und sparsamen Verwaltung der Stiftung verpflichtet.[16]

(3) Die Tätigkeit in den Stiftungsorganen ist ehrenamtlich. Anfallende Auslagen werden ersetzt. Für den Sach- und Zeitaufwand der Mitglieder des Stiftungsvorstands kann der Stiftungsrat eine in ihrer Höhe angemessene Pauschale beschließen[17].

§ 7 Stiftungsvorstand[18]

(1) Der Stiftungsvorstand besteht aus ... Mitgliedern[19]. Sie werden vom/von* ....[20] auf die Dauer von ... Jahren[21] bestellt/gewählt*; bei vorzeitigem Ausscheiden eines Vorstandsmitglieds wird das neue Mitglied nur für den Rest der Amtszeit bestellt/gewählt.*[22] Wiederbestellung/Wiederwahl* ist zulässig. Ein ausscheidendes Mitglied bleibt bis zur Bestellung/Wahl* des jeweiligen nachfolgenden Mitglieds – auf Ersuchen des Stiftungsrats* – im Amt.[23]

(2) Der Stiftungsvorstand wählt aus seiner Mitte einen Vorsitzenden und einen stellvertretenden Vorsitzenden, der den Vorsitzenden in allen Angelegenheiten bei Verhinderung vertritt.[24]

§ 8 Vertretung der Stiftung, Aufgaben des Stiftungsvorstands, Geschäftsführung

(1) Der Stiftungsvorstand vertritt die Stiftung gerichtlich und außergerichtlich. Er hat die Stellung eines gesetzlichen Vertreters. Seine Mit-

glieder sind einzelvertretungsberechtigt. Im Innenverhältnis vertritt der Vorsitzende die Stiftung allein.[25)]

(2) Der Stiftungsvorstand ist befugt, anstelle des Stiftungsrats dringliche Anordnungen zu treffen und unaufschiebbare Geschäfte zu besorgen. Hiervon hat er dem Stiftungsrat spätestens in der nächsten Sitzung Kenntnis zu geben.

(3) Der Stiftungsvorstand führt entsprechend den Richtlinien und Beschlüssen des Stiftungsrats die Geschäfte der laufenden Verwaltung. Aufgaben des Stiftungsvorstands[26)] sind insbesondere:

1. die Aufstellung des Haushaltsvoranschlags der Stiftung,[27)]
2. die Vorlage von Vorschlägen zur Verwendung der Erträge des Grundstockvermögens und zum Verbrauch bestimmter Zuwendungen,
3. die ordnungsgemäße Buchführung und Sammlung der Belege,[28)]
4. die Erstellung der Jahresrechnung (Aufstellung über die Einnahmen und Ausgaben der Stiftung und Vermögensübersicht), die Fertigung des Berichts über die Erfüllung des Stiftungszwecks und die Vorlage der für die Rechnungsprüfung erforderlichen Unterlagen innerhalb von sechs Monaten nach Ablauf des Geschäftsjahres an die Stiftungsaufsichtsbehörde.[29)]

(4) Der Stiftungsvorstand hat die Jahresrechnung der Stiftung durch einen Prüfungsverband, einen Wirtschaftsprüfer oder einen vereidigten Buchprüfer prüfen zu lassen.[30)] Die Prüfung und der Vermerk über das Ergebnis der Prüfung müssen sich auch auf die Erhaltung des Grundstockvermögens und die bestimmungsgemäße Verwendung seiner Erträge und zum Verbrauch bestimmter Zuwendungen erstrecken.

(5) Geschäftsjahr ist das Kalenderjahr.[31)]

(6) Für den Geschäftsgang des Stiftungsvorstands gelten die Bestimmungen des § 11 dieser Satzung entsprechend[32)].

§ 9 Stiftungsrat[33)]

(1) Der Stiftungsrat besteht aus ... Mitgliedern.[34)] Sie werden vom/von* ... auf die Dauer von ... Jahren bestellt/gewählt;* bei vorzeitigem Ausscheiden eines Mitglieds wird das neue Mitglied nur für den Rest der Amtszeit bestellt/gewählt.* Wiederbestellung/Wiederwahl* ist zulässig. Ein ausscheidendes Mitglied bleibt bis zur Bestellung/Wahl* des jeweiligen nachfolgenden Mitglieds – auf Ersuchen des Stiftungsrats* – im Amt.

(2) Mitglieder des Stiftungsrats dürfen nicht zugleich dem Stiftungsvorstand angehören.[35)]

(3) Der Stiftungsrat wählt aus seiner Mitte einen Vorsitzenden und einen stellvertretenden Vorsitzenden, der den Vorsitzenden in allen Angelegenheiten bei Verhinderung vertritt.

§ 10 Aufgaben des Stiftungsrats

(1) Der Stiftungsrat entscheidet in allen grundsätzlichen Angelegenheiten und berät, unterstützt und überwacht den Stiftungsvorstand bei seiner Tätigkeit.[36)] Er beschließt insbesondere über[37)]

1. den Haushaltsvoranschlag, vgl. § 8 Abs. 3 Satz 2 Nr. 1,
2. die Verwendung der Erträge des Grundstockvermögens und zum Verbrauch bestimmter Zuwendungen, vgl. § 8 Abs. 3 Satz 2 Nr. 2,
3. die Jahresrechnung und den Bericht über die Erfüllung des Stiftungszwecks, vgl. § 8 Abs. 3 Satz 2 Nr. 4,
4. die Bestellung eines Prüfungsverbands, eines Wirtschaftsprüfers oder eines vereidigten Buchprüfers, vgl. § 8 Abs. 4,
5. die Wahl/Bestellung* der Mitglieder des Stiftungsvorstands, vgl. § 7,
6. die Entlastung des Stiftungsvorstands,
7. Änderungen der Stiftungssatzung und Anträge auf Umwandlung oder Aufhebung der Stiftung, vgl. § 12.

(2) Der Vorsitzende des Stiftungsrats vertritt die Stiftung bei Rechtsgeschäften mit dem Stiftungsvorstand oder einzelnen Mitgliedern des Stiftungsvorstands.[38]

§ 11 Geschäftsgang des Stiftungsrats

(1) Der Stiftungsrat wird vom Vorsitzenden nach Bedarf, mindestens jedoch ... jährlich[39] unter Angabe der Tagesordnung und Einhaltung einer Frist von ... Tagen/Wochen*[40] zu einer Sitzung einberufen. Die Einberufung erfolgt schriftlich; die Schriftform gilt durch Telefax, E-Mail oder durch sonstige dokumentierbare Übermittlung in elektronischer Form als gewahrt. Sitzungen sind ferner einzuberufen, wenn ... Mitglied/Mitglieder*[41] oder der Stiftungsvorstand dies verlangt/verlangen.* Der Vorsitzende des Stiftungsvorstands/Der Stiftungsvorstand* kann an der Sitzung des Stiftungsrats teilnehmen, auf Verlangen des Stiftungsrats ist er dazu verpflichtet.

(2) Der Stiftungsrat ist beschlussfähig, wenn ordnungsgemäß geladen wurde und mindestens ... Mitglieder[42], unter ihnen der Vorsitzende oder der stellvertretende Vorsitzende anwesend sind. Ladungsfehler gelten als geheilt, wenn alle betroffenen Mitglieder anwesend sind und keines dieser Mitglieder Widerspruch erhebt.

(3) Der Stiftungsrat trifft seine Entscheidungen, soweit kein Fall des § 12 vorliegt, mit einfacher* Mehrheit[43] der abgegebenen Stimmen. Bei Stimmengleichheit gibt die Stimme des Vorsitzenden oder des stellvertretenden Vorsitzenden den Ausschlag.[44]

(4) Wenn kein Mitglied widerspricht, können Beschlüsse im schriftlichen Umlaufverfahren gefasst werden; die Schriftform gilt durch Telefax, E-Mail oder durch sonstige dokumentierbare Übermittlung der Stimmabgabe in elektronischer Form als gewahrt.[45] Dies gilt nicht für Entscheidungen nach § 12 dieser Satzung.

(5) Über die Ergebnisse der Sitzungen und der Beschlussfassungen im schriftlichen Verfahren sind Niederschriften zu fertigen und vom Vorsitzenden und dem Schriftführer zu unterzeichnen. Sie sind allen Mitgliedern der Stiftungsorgane zur Kenntnis zu bringen.

§ 12 Satzungsänderungen, Umwandlung und Aufhebung der Stiftung

(1) Satzungsänderungen sind zulässig, soweit sie zur Anpassung an veränderte Verhältnisse geboten erscheinen. Sie dürfen die Steuerbegünstigung der Stiftung nicht beeinträchtigen oder aufheben. Soweit sie sich auf die Steuerbegünstigung der Stiftung auswirken können, sind sie der zuständigen Finanzbehörde zur Stellungnahme vorzulegen.

(2) Änderungen des Stiftungszwecks sind nur zulässig, wenn seine Erfüllung unmöglich wird oder sich die Verhältnisse derart ändern, dass die Erfüllung des Stiftungszwecks nicht mehr sinnvoll erscheint. Umwandlung und Aufhebung der Stiftung richten sich nach den gesetzlichen Vorschriften.

(3) Beschlüsse nach Absatz 1 bedürfen der Zustimmung von ... Mitgliedern/der Mitglieder* des Stiftungsrats, Beschlüsse nach Abs. 2 der Zustimmung aller Mitglieder des Stiftungsrats.[46] Die Beschlüsse werden erst nach Genehmigung durch die Regierung (§ 14) wirksam.[47]

§ 13 Vermögensanfall

Bei Aufhebung oder Auflösung der Stiftung oder bei Wegfall ihrer steuerbegünstigten Zwecke fällt das Restvermögen an ...[48] Dieser/Diese/Dieses* hat es unter Beachtung des Stiftungszwecks unmittelbar und ausschließlich für gemeinnützige/mildtätige/gemeinnützige und mildtätige* Zwecke zu verwenden.[49]

§ 14 Stiftungsaufsicht

(1) Die Stiftung untersteht der Aufsicht der Regierung von/der* ...

(2) Der Stiftungsaufsichtsbehörde sind Änderungen der Anschrift, der Vertretungsberechtigung und der Zusammensetzung der Organe unverzüglich mitzuteilen.

§ 15 Inkrafttreten

Die Satzung tritt mit Anerkennung der Stiftung durch die Regierung von/der* ... in Kraft.

....

(Ort, Datum, Unterschriften)

---

6) Eine Präambel (Vorspruch) ist nicht notwendig; sie kann aber mit dazu dienen, später bei Bedarf den (mutmaßlichen) Stifterwillen festzustellen. In einer Präambel könnte insbesondere das Motiv bzw. der Anlass zur Errichtung der Stiftung dargestellt werden.

7) Vgl. Fußnoten 1 und 2.

8) Vgl. Fußnote 3.

9) Eine solche Bestimmung bietet sich an für Stiftungen, die ihren Zweck auch dadurch verwirklichen, dass sie Einrichtungen unterstützen, die denselben Zweck wie die Stiftung verfolgen.

10) Vgl. auch Fußnote 4. Die einzelnen Vermögensbestandteile und gegebenenfalls -werte des Grundstock- und gegebenenfalls sonstigen Vermögens der Stiftung sind, insbesondere wenn es umfangreich bzw. vielfältig ist, möglichst detailliert in einer Anlage zu § 4 (vgl. anliegendes Muster), ansonsten in der Satzung selbst anzugeben, und zwar jeweils zu einem möglichst aktuellen Stichtag (bei späteren Neufassungen jeweiliges Datum einsetzen).

11) Auch ohne solche Bestimmungen können Zustiftungen erfolgen. Der Hinweis kann aber dazu dienen, dass Zustiftungen, also Zuwendungen (des Stifters oder anderer Personen), die zur Aufstockung des Grundstockvermögens gedacht sind, beabsichtigt oder erwünscht sind. Unter bestimmten Voraussetzungen bedürfen Zustif-

tungen der Genehmigung durch die Stiftungsaufsichtsbehörde (Art. 19 Nr. 1 BayStG). Vgl. auch Fußnote 12.

12) Grundsätzlich sind Zuwendungen an die Stiftung (Spenden) ebenso wie die Stiftungserträge unmittelbar für die Verfolgung des satzungsgemäßen Stiftungszwecks nach den steuerrechtlichen Bestimmungen „zeitnah" einzusetzen. In bestimmten Fällen (ausdrückliche Bestimmung durch den Zuwendenden, Zuwendung von Todes wegen, Zuwendungen im Rahmen eines entsprechend formulierten Spendenaufrufs, Zuwendungen bestimmter Vermögensgegenstände, die ihrer Natur nach der Vermögensbildung dienen) können sie jedoch als Zustiftungen dem Grundstockvermögen zugeführt werden. Vgl. auch Fußnote 11.

13) Soweit der Stiftung noch andere Mittel zur Zweckerfüllung zur Verfügung stehen, sind diese ebenfalls anzugeben (z. B. gesetzlich begründete Zuschüsse, Einnahmen aus dem Betrieb bestimmter Einrichtungen, sonstiges Vermögen der Stiftung, soweit es unmittelbar eingesetzt werden kann).

14) Die Bildung von Rücklagen aus Stiftungserträgen oder Zuwendungen im Rahmen der steuerrechtlichen Vorschriften ist auch ohne ausdrückliche Satzungsbestimmung zulässig. Ein entsprechender Hinweis in der Satzung soll aber die Stiftungsorgane auf diese Möglichkeit hinweisen. Die Bildung einer Werterhaltungsrücklage ist insbesondere bei Kapitalstiftungen zur wertmäßigen Erhaltung des Grundstockvermögens in aller Regel notwendig (Art. 6 Abs. 2, Abs. 3 Satz 2 BayStG). Hierfür kommt steuerrechtlich nur die „freie Rücklage" in Betracht. Über die Voraussetzungen der Rücklagenbildung im Einzelnen geben die Finanzämter Auskunft.

15) Häufig werden für dieses Organ auch die Bezeichnungen „Stiftungsbeirat" oder „Kuratorium" verwendet.

16) (Fußnote derzeit nicht belegt)

17) Die Ehrenamtlichkeit stellt den Regelfall der Stiftungsverwaltung dar. Soll eine Zahlung von Sitzungsgeldern oder Aufwandspauschalen in angemessenem Umfang erfolgen, muss dies v. a. aus steuerlichen Gründen in der Satzung geregelt werden. In diesen Fällen oder wenn ausnahmsweise eine Vergütung für Mitglieder von Stiftungsorganen (i. d. R. nur des Stiftungsvorstands) gewährt werden soll, ist auch festzulegen, wer über die Höhe der Beträge entscheidet (i. d. R. der Stiftungsrat).

18) Der Formulierungsvorschlag gilt für die Bestellung/Wahl der Vorstandsmitglieder durch bestimmte Institutionen oder Personen („gekorene" Mitglieder). Möglich ist auch, die Mitgliedschaft an bestimmte, genau zu bezeichnende Funktionen oder Ämter zu knüpfen („geborene" Mitglieder) oder auch eine Kombination verschiedener Möglichkeiten (z. B. Bestimmung der ersten Mitglieder durch den Stifter, dann Wahl durch den Stiftungsrat).

19) Der Stiftungsvorstand als geschäftsführendes Vertretungsorgan (vgl. §§ 86, 26 BGB) wird – insbesondere wenn auch ein Stiftungsrat vorgesehen ist – im Interesse der Effizienz häufig nur mit zwei oder drei Mitgliedern besetzt; mehr als fünf Mitglieder sollte er möglichst nicht umfassen. Mit einer variablen Mitgliederzahl (z. B. „Der Stiftungsvorstand besteht aus zwei bis vier Mitgliedern") kann eine größere Flexi-

bilität erreicht werden. Ein einköpfiger Stiftungsvorstand ist wegen des Vertretungsproblems nicht zu empfehlen.

20) Entsendungs- bzw. benennungsberechtigt können z. B. eine oder mehrere Institutionen (die genau zu bezeichnen sind), bestimmte Personen (z. B. Mitglieder einer Familie) oder der Stiftungsrat sein. Erforderlichenfalls sind entsprechende Einverständniserklärungen einzuholen. Auch der Stifter selbst kann sich das Benennungsrecht vorbehalten; dies kommt v. a. bei der Bestellung der Mitglieder des ersten Vorstands in Betracht.

21) Meist wird eine Amtszeit zwischen drei und fünf Jahren bestimmt. Möglich ist die Festlegung unterschiedlicher Amtszeiten für die ersten Mitglieder (Staffelung), um ihr gleichzeitiges Ausscheiden zu vermeiden, ebenso die Festlegung einer Altersgrenze für Berufung und/oder Ausscheiden. Insbesondere wenn keine Amtszeit festgelegt wird, sollte (zusätzlich) eine Abberufungsmöglichkeit aus wichtigem Grund durch den Ernennungsberechtigten oder den Stiftungsrat (evtl. mit qualifizierter Mehrheit) vorgesehen werden.

22) Ein solcher Zusatz ist sinnvoll, wenn ein Auseinanderfallen der Amtszeiten nicht erwünscht ist.

23) Diese Bestimmung soll sicherstellen, dass der Stiftungsvorstand jederzeit handlungsfähig bleibt, wenn das neue Mitglied nach Ablauf der regulären Amtszeit oder im Fall einer Amtsniederlegung noch nicht gewählt/bestellt ist. Die Ergänzung „auf Ersuchen des Stiftungsrats“ erscheint sinnvoll zur Vermeidung von Problemen bei Ausscheiden wegen Krankheit oder „im Unfrieden“.

24) Vorsitz und Stellvertretung können auch von vornherein an bestimmte Funktionen, Personen, Ämter bzw. benennungsberechtigte Institutionen geknüpft sein. Bei entsprechender Ergänzung in Abs. 1 könnte Abs. 2 dann entfallen. Es ist auch möglich, dass der Stiftungsrat den Vorsitzenden bzw. den stellvertretenden Vorsitzenden bestimmt. Ebenso kann sich der Stifter selbst als Vorsitzenden des Stiftungsvorstands (unbefristet) einsetzen.

25) Statt Einzelvertretung kann auch die Vertretung durch den Vorsitzenden bzw. den stellvertretenden Vorsitzenden gemeinsam mit einem weiteren bzw. dem dritten Vorstandsmitglied vorgesehen werden.
Die vertretungsberechtigten Vorstandsmitglieder können Rechtsgeschäfte im Namen der Stiftung mit sich im eigenen Namen oder als Vertreter eines Dritten („In-Sich-Geschäfte“/Selbstkontrahierung) nur vornehmen, wenn das Rechtsgeschäft ausschließlich in der Erfüllung einer Verbindlichkeit besteht oder wenn in der Satzung eine Befreiung von diesem Verbot allgemein oder für den Einzelfall vorgesehen ist (Art. 14 BayStG). Folgender Satz könnte dann angefügt werden:
„Von den Beschränkungen des Art. 14 Abs. 1 Satz 1 BayStG ist der Stiftungsvorstand befreit.“ bzw. „Von den Beschränkungen des Art. 14 Abs. 1 Satz 1 BayStG kann der Stiftungsrat den Stiftungsvorstand im Einzelfall befreien.“
Besteht dagegen ein Verbot der Selbstkontrahierung, muss die Stiftungsaufsichtsbehörde einen besonderen Vertreter bestellen. Unter bestimmten Voraussetzungen bedürfen In-Sich-Geschäfte der stiftungsaufsichtlichen Genehmigung (Art. 19 Nr. 3 BayStG).

26) Bei einer Stiftung mit zwei Organen wird i. d. R. die Verwaltung dem Stiftungsvorstand, die Festlegung von Grundsätzen und Richtlinien für die Verwaltung und die Überwachung des Stiftungsvorstands dem Stiftungsrat zufallen. Der Stifter kann es bei der Regelung in Abs. 3 Satz 1 belassen. Soll das Überwachungsorgan außer der allgemeinen Überwachungsaufgabe weitere Rechte erhalten, muss der Stifter die beiderseitige Aufgabenabgrenzung festlegen. Abs. 3 Satz 2, der im Zusammenhang mit den Aufgaben des Stiftungsrats (vgl. § 10 Abs. 1 Satz 2) zu sehen ist, enthält hierfür Vorschläge, die erweitert oder gestrichen werden können.

27) Entfällt, sofern aus wichtigen sachlichen Gründen auf die Aufstellung eines Voranschlags verzichtet wird (z. B. bei kleinen, ehrenamtlich verwalteten Stiftungen mit regelmäßig gleichbleibenden Einnahmen und Ausgaben), vgl. Art. 16 Abs. 1 Satz 3 BayStG.

28) Die Stiftung ist zu einer ordnungsgemäßen Buchführung verpflichtet; die Art der Buchführung bestimmt sie im Rahmen der gesetzlichen Bestimmungen und entsprechend den jeweiligen Vermögensverhältnissen selbst (einfache Einnahmen- und Ausgabenrechnung oder kaufmannische Buchführung), vgl. Art. 16 Abs. 1 Satz 1 und 2 BayStG.
Der Stiftungsvorstand kann mit Zustimmung des Stiftungsrats einen Geschäftsführer bestellen. Er muss nicht Mitglied des Stiftungsvorstands sein. Ihm kann eine Vergütung gewährt werden, vgl. dazu auch Fußnote 17. Mit den in Nr. 3 und 4 genannten Pflichten kann der Stiftungsvorstand auch geeignete andere Stellen beauftragen (z. B. Buchhalter, Steuerberater); die Verantwortung bleibt aber beim Stiftungsvorstand.

29) Vgl. Art. 16 Abs. 1 Satz 4 BayStG, § 4 AVBayStG.

30) Eine solche externe Prüfung sollte insbesondere für Stiftungen mit umfangreichem bzw. komplexem Vermögen und vielfältigen Geschäftsvorgängen (z. B. bei wirtschaftlichem Geschäftsbetrieb) vorgesehen werden; sie kann von der Stiftungsaufsichtsbehörde auch verlangt werden. Die Stiftungsaufsichtsbehörde sieht dann von einer eigenen Prüfung ab (Art. 16 Abs. 3 und 4 BayStG). Die „externe“ Prüfung durch eine unabhängige Stelle entbindet den Stiftungsvorstand nicht von seinen eigenen Pflichten nach Abs. 3 Nr. 3 und 4 (vgl. Fußnote 28). Jedoch ist eine gesonderte Vorlage der ungeprüften Jahresrechnung und anschließende Vorlage des Prüfberichts nicht sinnvoll; der Stiftungsaufsicht soll nur die die bereits geprüfte Jahresrechnung rechtzeitig (innerhalb von sechs Monaten nach Ablauf des Geschäftsjahres) vorgelegt werden.

31) Falls das Geschäftsjahr nicht vom Kalenderjahr abweicht, kann auf diese Regelung verzichtet werden.

32) Der Stiftungsvorstand kann sich auch eine Geschäftsordnung geben (gegebenenfalls mit Zustimmung des Stiftungsrats); sinnvoll ist dies bei mindestens dreiköpfigen Gremien.

33) Die Fußnoten 18 und 20 bis 24 (zu § 7) gelten entsprechend.

34) Der Stiftungsrat ist i. d. R. größer als der Vorstand (z. B. fünf oder sieben Mitglieder). Empfehlenswert ist die Festlegung einer variablen Zahl (z. B. „besteht aus fünf bis acht Mitgliedern“), vgl. Fußnote 19.

35) Diese Regelung empfiehlt sich im Hinblick auf die Überwachungsfunktion des Stiftungsrats zur Vermeidung von Interessenkollisionen, vgl. auch Fußnote 26.

36) Der Stiftungsrat kann auch als ein ausschließlich den Stiftungsvorstand überwachendes, beratendes und unterstützendes Organ ohne eigene Entscheidungsbefugnisse gestaltet werden, vgl. auch Fußnote 26.

37) Als weiterer Punkt kommt z. B. die Entscheidung über die Höhe von Aufwandsentschädigungen oder Vergütungen für Vorstandsmitglieder in Betracht, vgl. Fußnote 17.

38) Der Vorsitzende des Stiftungsrats kann mit einer solchen Regelung in Fällen der Interessenkollision zum „Besonderen Vertreter“ nach § 86 Satz 1, § 30 BGB bestimmt werden; die Bestellung eines besonderen Vertreters durch die Stiftungsaufsichtsbehörde nach Art. 14 Abs. 1 Satz 2 BayStG entfällt. Falls der Vorsitzende des Stiftungsrats – abweichend von § 9 Abs. 2 dieses Musters – gleichzeitig Mitglied des Stiftungsvorstands ist, ist ein anderes Mitglied des Stiftungsrats zu bestimmen.

39) Der Stiftungsrat sollte i. d. R. mindestens einmal jährlich einberufen werden.

40) Üblicherweise beträgt die Ladungsfrist eine bis zwei Wochen.

41) Die Zahl hängt von der Größe des Stiftungsrats ab, sollte aber immer niedriger als die Hälfte der Mitgliederzahl sein.

42) In der Regel mehr als die Hälfte der Mitglieder.

43) Wenn der Stiftungsrat nur drei Mitglieder umfasst, ist das Wort „einfacher“ entbehrlich. Eine qualifizierte Mehrheit kommt außer im Fall des § 12 auch für andere gewichtige Entscheidungen in Betracht. Zulässig wäre auch eine Regelung, nach der sich ein abwesendes Mitglied aufgrund einer schriftlichen Erklärung, die zur Niederschrift zu nehmen ist, durch ein anwesendes Mitglied bei der Abstimmung vertreten lassen kann. Auf die Beschlussfähigkeit hätte eine Vollmacht keinen Einfluss. Möglich wäre auch eine Bestimmung, dass keine Beschlüsse gegen die Stimme des Stifters gefasst werden können, solange er Mitglied des Stiftungsrats ist.

44) Ohne eine solche Regelung wäre ein Beschluss bei Stimmengleichheit abgelehnt.

45) Das schriftliche Umlaufverfahren empfiehlt sich als Alternative oder zusätzlich zu einer Vertretungsregelung (vgl. Fußnote 43), insbesondere dann, wenn die Mitglieder aus weit voneinander entfernten Orten kommen oder sonst häufig verhindert sind.

46) Bei solchen Beschlüssen ist es in Abweichung der Regelung in § 11 Abs. 3 empfehlenswert, eine qualifizierte Mehrheit (z. B. zwei Drittel oder drei Viertel) bzw. bei kleinen Organen die Zustimmung aller Mitglieder zu fordern. Es sollte die konkrete Zahl der Mitglieder genannt werden, sofern in § 9 Abs. 1 nicht eine variable Mitgliederzahl vorgesehen ist. Zusätzlich kann die Zustimmung des Stiftungsvorstands

verlangt werden. Ferner kann sich der Stifter hier ein Vetorecht vorbehalten, auch wenn er nicht in den Stiftungsorganen vertreten ist. Siehe auch Fußnote 43.

47) Eine vorherige Abstimmung mit der Regierung ist dringend zu empfehlen.

48) Bezeichnung der anfallsberechtigten juristischen Person des öffentlichen Rechts oder einer anderen steuerbegünstigten Körperschaft. Von dieser ist erforderlichenfalls eine Zustimmungserklärung einzuholen. Ist kein Anfallsberechtigter bestimmt, fällt das restliche Vermögen an den Fiskus oder eine Gebietskörperschaft (vgl. Art. 9 BayStG).
Der Wegfall der steuerbegünstigten Zwecke führt - ungeachtet der steuerlichen Folgen - stiftungsrechtlich nicht unmittelbar zum Vermögensanfall. Vielmehr ist zunächst eine Umwandlung der Stiftung (andere Zweckbestimmung) zu prüfen. Erst wenn auch diese Möglichkeit ausscheidet, ist die Stiftung von der Anerkennungsbehörde aufzuheben und der Vermögensanfall tritt ein.

49) Alternativ zur Bezeichnung einer bestimmten Einrichtung (vgl. Fußnote 48) kann die Formulierung des § 13 auch wie folgt lauten:
„... fällt das Restvermögen an eine juristische Person des öffentlichen Rechts oder eine andere steuerbegünstigte Körperschaft zwecks Verwendung für ..." (Angabe eines bestimmten steuerbegünstigten Zwecks).

Anlage

zu § 4 Abs. 1 Satz 2 der Satzung der ...-Stiftung[50)]

Das Grundstockvermögen setzt sich wie folgt zusammen:

Art	Wert
1. Barvermögen	... Euro
2. Wertpapiere – Bezeichnung	Nennwert, bei Aktien auch Kurswert Im Übrigen möglichst auch Kurswert
3. Unternehmensbeteiligungen – Bezeichnung des Unternehmens	Art und Höhe (Wert der Anteile)
4. Rechtsansprüche/Forderungen	Wert
5. Grundstücke/Immobilien (Fl.-Nr. und Gemarkung)	Nutzungsart, gegebenenfalls geschätzter Verkehrswert
6. Bewegliches Vermögen	Art- und Schätzwert

(Ort, Datum, Unterschriften)

50) Vgl. Fußnote 10. Die Anlage enthält eine Aufzählung verschiedener Vermögenswerte, die im Einzelfall an die tatsächlichen Verhältnisse angepasst werden muss. Sonstiges Vermögen der Stiftung (z. B. Betriebsmittel) ist gegebenenfalls gesondert auszuweisen.

9. Gang an die Börse (Going Public)

Neben den in den vorangehenden Kapiteln dargestellten Möglichkeiten kommt zur Gestaltung einer Unternehmens- und Vermögensnachfolge grundsätzlich auch ein Börsengang (engl. *IPO – Initial Public Offering*) in Betracht. Der Gang an die Börse kann sicher nicht als Standardfall der Unternehmensnachfolge bezeichnet werden. Dennoch gibt es Konstellationen, in denen ein „*Going Public*" eine chancenreiche Alternative zu herkömmlichen Nachfolgegestaltungen sein kann.

9.1 Praxisfall

Praxisfall 1:
Als Beispiel sei ein in Familienbesitz befindliches großes mittelständisches Unternehmen, das in der Rechtsform der GmbH betrieben wird, genannt. Gründer und alleiniger Gesellschafter dieser GmbH ist der 65-jährige Unternehmer A, der sich aus dem operativen Geschäft zurückziehen möchte. A ist kinderlos und hat auch sonst keine infrage kommenden familieninternen Nachfolger. Unternehmensinterne Führungskräfte sind nicht bereit oder fähig, das Unternehmen zu erwerben und fortzuführen, sodass auch ein Management Buy Out nicht in Betracht kommt. Bei der Gestaltung der Nachfolge ist A daran gelegen, dass er einerseits über sein bislang überwiegend im Unternehmen gebundenes Vermögen teilweise frei verfügen kann, ihm andererseits das Unternehmen jedoch weiterhin als Einnahmequelle dient. Auch möchte er trotz seines geplanten Ausscheidens aus der operativen Verantwortung die weitere Entwicklung des Unternehmens noch eine gewisse Zeit begleiten. Dem hervorragend positionierten Unternehmen möchte A darüber hinaus neue Wachstumschancen eröffnen und es gleichzeitig von ihm als Person unabhängig machen. Das Unternehmen soll auch ohne ihn erfolgreich weitergeführt werden können.

Praxisfall 2:
Eine weitere typische Fallgestaltung könnte eine in Familienbesitz befindliche GmbH & Co. KG betreffen, an welcher Unternehmer B alle Anteile hält. B ist ebenfalls 65 Jahre alt und möchte sich aus dem operativen Geschäft zurückziehen. Im Unterschied zum Praxisfall 1 hat der Unternehmer B mehrere familieninterne Erben, die ihrerseits schon wieder eigene Kinder haben. Zum Leid von B streiten sich die einzelnen Familienstämme um die Nachfolge und die Vorherrschaft im Unternehmen. B weiß, dass keiner seiner Nachfolger die notwendige Qualifikation aufweist oder die notwendige Unterstützung aus dem Familienkreis vorweisen kann, um das Unternehmen zukünftig erfolgreich zu führen. Gleichzeitig kennt B die Wachstumspotenziale seines Unternehmens, die nach seiner Überzeugung jedoch nur von einer guten und erfahrenen Geschäftsführung ausgeschöpft werden können, die das Unternehmen eigenverantwortlich und unbeeinflusst von Familieninteressen führen kann.

Da B mit seiner Nachfolgeregelung den Grundstein für den erfolgreichen Fortbestand der Gesellschaft legen will, plant er, die Geschäftsführung in die Hand kompetenter externer Manager zu legen, alle Familienmitglieder gerecht am Unternehmen zu beteiligen und selbst für eine gewisse Zeit noch die Rolle als Kontrolleur der Geschäftsführung zu übernehmen.

9.2 Betriebswirtschaftliche, rechtliche und steuerliche Rahmenbedingungen

Ausgangsüberlegungen für den Gang an die Börse

Die vorstehend dargestellten Praxisfälle zeigen Konstellationen, in welchen es für einen Unternehmensinhaber Sinn machen kann, einen Börsengang zur Gestaltung und Durchführung seiner Unternehmensnachfolge in Betracht zu ziehen.

Zunächst stehen hier die typischen Fragen im Rahmen einer Unternehmensnachfolge im Raum, wie z. B. in Praxisfall 1 das Fehlen eines geeigneten Nachfolgers bzw. in Praxisfall 2 die fehlende Eignung und bestehende Uneinigkeit der nachfolgenden Generation. Die mit der Umwandlung in eine Aktiengesellschaft und dem Gang an die Börse verbundene Trennung von Management und Kapital (= Anteilsinhaberschaft) kann daher ebenso wie der Wunsch nach einer teilweisen Realisierung des geschaffenen Unternehmenswertes bei gleichzeitigem Erhalt einer langfristigen Einnahmequelle Motivation für einen Unternehmer sein, zum Zwecke der Unternehmensnachfolge einen Börsengang anzustreben.

Gleichzeitig zeigen vorstehende Praxisfälle, dass die Lösung der Nachfolgefrage in den seltensten Fällen alleiniges Motiv für einen Börsengang ist. Vielmehr müssen weitere Zielsetzungen und Voraussetzungen vorliegen, um sinnvoll den für ein Unternehmen sehr einschneidenden Schritt an die Börse als Instrument der Unternehmensnachfolge zu wählen.

Unternehmensfinanzierung kann verbessert werden

Ein Motiv, den Weg an die Börse zu beschreiten, können beispielsweise auch die erweiterten Möglichkeiten der Eigenkapitalbeschaffung sein. Denn zum einen kann dem Unternehmen durch den Börsengang je nach Ausgestaltung in erheblichem Umfang Eigenkapital zufließen. Zum anderen bieten sich dem Unternehmen auch in der Folge verbesserte, insbesondere bankenunabhängige Finanzierungsmöglichkeiten. So kann später beispielsweise durch eine Kapitalerhöhung und Ausgabe weiterer Aktien vergleichsweise einfach und schnell zusätzliches Eigenkapital eingeworben werden. Auch stehen börsennotierten Unternehmen weitere Finanzierungsinstrumente wie z. B. Options- und Wandelanleihen zur Verfügung. Aufgrund der hohen Verkehrsfähigkeit von Aktien, die am Kapitalmarkt gehandelt werden, kann die börsennotierte Gesellschaft die eigene Aktie bei Zukäufen von anderen Unternehmen auch als „Währung“ nutzen und diese gegen Anteile an anderen Unternehmen eintauschen. Unternehmenskäufe können auf diesem Weg (zumindest teilweise) liquiditätsschonend mit eigenen Aktien finanziert werden.

Durch den Börsengang wird die Unternehmensfinanzierung somit auf eine wesentlich breitere Grundlage gestellt. Die Stärkung der Eigenkapitalbasis sowie die Verbesserung von Liquidität und Bonität ermöglichen die Finanzierung von Investitionen und Akquisitionen oder den Ausbau der strategischen Geschäftsfelder. Gleichzeitig wird die Abhängigkeit des Unternehmens von Banken und anderen Fremdkapitalgebern verringert. Das Unternehmen kann so seine Kapitalkosten optimieren.

Dies setzt natürlich voraus, dass die Gesellschaft einen entsprechenden Eigenkapitalbedarf hat und diesen - auch nach Überzeugung potenzieller Anleger - zur Steigerung des Unternehmenswertes einsetzen kann.

Bekanntheitsgrad und Attraktivität als Arbeitgeber steigern

Ein Börsengang steigert aufgrund der damit verbundenen Publizität den Bekanntheitsgrad des Unternehmens signifikant. Dies kann nicht nur zur besseren Vermarktung der Produkte und Dienstleistungen des Unternehmens genutzt werden, sondern erhöht auch erheblich die Attraktivität des Unternehmens als Arbeitgeber. Dem Unternehmen eröffnet sich damit die Chance, qualifiziertere Mitarbeiter aus einem größeren Einzugsgebiet zu rekrutieren und langfristig an das Unternehmen zu binden. Gerade in Kombination mit der Möglichkeit börsennotierter Unternehmen, aktienbasierte Mitarbeiterbeteiligungsprogramme aufzulegen (sogenannte Stock-Options), können sich hieraus sehr positive Effekte auf die Entwicklung der Mitarbeiterstruktur ergeben.

Börsengang erleichtert Vermögensdiversifizierung

Nicht zuletzt ermöglichen die hohe Verkehrsfähigkeit von zum Börsenhandel zugelassenen Aktien und die mit der Rechtsform der Aktiengesellschaft verbundene Trennung von Kapital und Management dem Unternehmer erheblichen Gestaltungsspielraum im Rahmen seiner Vermögens- und Nachfolgeplanung. Die gerade im Mittelstand übliche, erhebliche Bindung des Unternehmervermögens im Unternehmen wird durch die Zulassung der Unternehmensanteile zum Handel an einer Börse gelöst. Der Unternehmer kann die von ihm geschaffenen Werte durch Abgabe von Anteilen über die Börse jederzeit reduzieren und sein unternehmerisches Risiko somit begrenzen sowie seine Vermögensstruktur diversifizieren. Die Abgabe von Anteilen kann dabei im Zuge des Börsengangs oder auch nachfolgend regulär über die Börse erfolgen.

9.2.1 Betriebswirtschaftliche Voraussetzungen für die Börsenreife

Eine Unternehmensnachfolge durch einen Börsengang und das Erreichen der vorgenannten Zielsetzungen kommt allerdings nur dann in Betracht, wenn das Unternehmen bestimmte Voraussetzungen mitbringt, insbesondere die betriebswirtschaftlichen Rahmenbedingungen aufweist, die das Unternehmen für Investoren interessant machen.

9.2.1.1 Marktposition und Wachstumsstrategie als wichtige Grundvoraussetzung

Um für potenzielle Investoren und Kapitalanleger, deren Interesse an dem Unternehmen für den Erfolg des Börsengangs von entscheidender Bedeutung ist, attraktiv zu sein, sollte das Unternehmen nach

Möglichkeit die nachfolgenden Voraussetzungen erfüllen beziehungsweise herstellen können.

Insbesondere sollte das Unternehmen über eine gute Markt- und Wettbewerbsposition verfügen und erhebliche Wachstumspotenziale sowie eine entsprechende Wachstumsstrategie vorweisen können, die den Anlegern ausreichende Renditeperspektiven bietet. Von zentraler Bedeutung ist hierbei auch ein transparentes und nachvollziehbares Konzept, wie der Kapitalzufluss aus dem Börsengang für Investitionen in die zukünftige Ertragskraft des Unternehmens genutzt werden soll.

Grundsätzlich steht bei der Beurteilung eines Börsenkandidaten die Ertragslage der Vergangenheit weniger im Focus als die plausibel prognostizierten Ertragsaussichten in der Zukunft. Nach den Erfahrungen der Vergangenheit, insbesondere mit Börsengängen sehr junger Unternehmen in den Zeiten des neuen Marktes, sind jedoch – zumindest außerhalb der Technologie- und Biotechnologiebranche – positive Vergangenheitsergebnisse wieder von größerer Bedeutung für eine positive Bewertung des Börsenaspiranten.

9.2.1.2 Unternehmensstruktur muss gegeben sein

Voraussetzung für einen Börsengang ist ein transparenter Unternehmensaufbau mit klar gegliederten Geschäftsbereichen, die nach Möglichkeit auch über entsprechende gesellschaftsrechtliche Strukturen abgebildet sind.

Von wesentlicher Bedeutung ist insbesondere die saubere Trennung zwischen Unternehmens- und Gesellschaftersphäre. Gerade bei mittelständigen Familienunternehmen bestehen häufig Verflechtungen zwischen der privaten Vermögenssphäre des Unternehmers und dem Unternehmen selbst, wie beispielsweise Verrechnungskonten, Gesellschafterdarlehen oder die Überlassung von betriebsnotwendigem Vermögen (Grundstücke, Betriebsgebäude, Marken, Patente o. Ä.). Diese Rechtsbeziehungen sind im Vorfeld eines Börsengangs möglichst vollständig zu bereinigen. Betriebsnotwendiges Vermögen sollte jedenfalls in das Eigentum der Gesellschaft überführt werden. Soweit im Einzelfall vertragliche Beziehungen zwischen dem Unternehmen und den Altgesellschaftern bestehen bleiben, müssen diese einem objektiven Fremdvergleich standhalten, rechtlich wirksam und eindeutig vereinbart sein und im Zuge des Börsengangs transparent offengelegt werden.

9.2.1.3 Corporate Compliance als Pflichtaufgabe

An die Bereinigung der strukturellen Defizite des Unternehmens schließt sich die Etablierung einer guten Corporate Compliance an, die sich an den Regelungen des Deutschen Corporate Governance Kodex als verbindliches Regelwerk für börsennotierte Unternehmen orientiert und den Erwartungen des Kapitalmarkts an eine gute, interessenkonfliktfreie Unternehmensführung gerecht wird. Hiermit kann teilweise ein erhöhter Verwaltungs- und Dokumentationsaufwand im Unternehmen verbunden sein.

9.2.1.4 Effizientes Rechnungswesen und Controlling ist ein Muss

Unabdingbar ist auch ein effizientes Rechnungswesen und ein ausgereiftes, funktionierendes Controlling, insbesondere um den hohen Publizitätsanforderungen börsennotierter Unternehmen, wie z. B. der Quartalsberichterstattung, zeitnah und qualitativ gerecht werden zu können.

9.2.1.5 Öffentlichkeitsarbeit, Managementwissen und ausreichende Kapitalbasis sind unverzichtbar

Für die im Zuge des Börsengangs und nachfolgend erforderliche Öffentlichkeitsarbeit sollten im Unternehmen - als Grundlage für die Einrichtung einer entsprechenden Investor Relations Abteilung - auch die Voraussetzungen für eine professionelle und offene Unternehmenskommunikation geschaffen sein.

Etabliert sein sollte vor dem Börsengang auch ein überzeugendes und kapitalmarkterfahrenes Management, das den Anforderungen des Kapitalmarktes sowie den Erwartungen auch internationaler Investoren gerecht werden kann. Dabei ist vorausschauend auch zu berücksichtigen, dass es im Rahmen des Börsengangs von entscheidender Bedeutung ist, dass das Management potenziellen Investoren die zukünftige Strategie des Unternehmens überzeugend darlegen und diese von der Zeichnung von Aktien zu einem möglichst hohen Emissionspreis überzeugen kann.

Nicht zuletzt sollte das Unternehmen über eine gute Kapitalbasis verfügen oder diese herstellen können, um im Zuge des Börsengangs Aktien in ausreichender Anzahl emittieren zu können. Nur mit einer ausreichenden Anzahl frei gehandelter Aktien kann die Liquidität der Aktie für einen funktionsfähigen Börsenhandel sichergestellt werden.

9.2.2 Rechtliche Voraussetzungen für die Börsenreife eines Unternehmens

Grundvoraussetzung für einen Börsengang ist, dass das Unternehmen über eine börsenfähige Rechtsform verfügt. Börsenfähige Rechtsformen nach deutschem Recht sind die Aktiengesellschaft sowie die Kommanditgesellschaft auf Aktien, wobei letztere in der Praxis kaum größere Bedeutung hat und nur vereinzelt an der Börse zu finden ist. In der Regel wird sich nur die Aktiengesellschaft als Rechtsform für den Gang an die Börse anbieten.

9.2.2.1 Rechtsnatur und Bedeutung der Aktiengesellschaft

Die Aktiengesellschaft (AG) ist ihrer Struktur nach die typische Rechtsform und Organisationsverfassung für Unternehmen und Konzerne mit großem Kapitalbedarf. Die wirtschaftliche Bedeutung der AG beruht in erster Linie auf der Möglichkeit, sich zur Beschaffung großer Kapitalbeträge auf dem Kapitalmarkt an ein breites Anlegerpublikum wenden zu können.

Die Zahl der Aktiengesellschaften in Deutschland beläuft sich auf über 16.000 (dem stehen über 1 Mio. GmbHen gegenüber), wobei davon lediglich ca. 1.000 börsennotiert sind. In Bezug auf die absolute Anzahl spielt die Rechtsform der AG zwar eine untergeordnete, in Bezug auf das bei der Summe aller Aktiengesellschaften konzentrierte Kapital aber eine überragende Rolle im Wirtschaftsleben.

a) Wesensmerkmale der Aktiengesellschaft

§ 1 des Aktiengesetzes (AktG) umschreibt das Wesen der AG; sie ist eine Gesellschaft mit eigener Rechtspersönlichkeit (juristische Person), für deren Verbindlichkeiten nicht die Gesellschafter (Aktionäre) mit ihrem Privatvermögen, sondern nur das Gesellschaftsvermögen haftet. Dies entspricht der Systematik bei der GmbH. Neben der beschränkten Haftung der Aktionäre ist die Zerlegung des Grundkapitals in Aktien das wesentliche Merkmal der AG als Kapitalgesellschaft.

Das Gesetz unterscheidet zwischen der börsennotierten und der nicht börsennotierten AG. Börsennotiert im Sinne des Aktiengesetzes bedeutet dabei, dass die Anteile an einem geregelten Markt zugelassen sind und gehandelt werden (vgl. § 3 Abs. 2 AktG sowie unten 9.3.3). Aktiengesellschaften, deren Aktien an einem nicht geregelten Markt gehandelt werden, sind demnach nicht „börsennotiert" im Sinne des Aktiengesetzes. Für börsenorientierte Aktiengesellschaften gelten neben den zwingenden Vorgaben des Aktienrechts auch die

Vorschriften des Kapitalmarktrechts (BörsG[1], WpPG[2], WpHG[3], WpÜG[4] etc.). Diese kommen bereits in der Phase der Vorbereitung des Börsengangs insbesondere bei der Zulassung der Wertpapiere zum Börsenhandel und der in diesem Zusammenhang erfolgenden Erstellung eines Wertpapier- bzw. Börsenzulassungsprospekts zum Tragen. Für börsenorientierte Aktiengesellschaften ist zudem der Deutsche Corporate Governance Kodex (**www.corporate-governance-code.de**) mit den national und international anerkannten Standards guter und verantwortlicher Unternehmensführung maßgeblich.

b) Grundkapital und Aktien

Bei der Gründung einer AG bzw. der Umwandlung einer Gesellschaft in die Rechtsform der AG müssen die Aktionäre mindestens ein Grundkapital in Höhe von 50.000 Euro aufbringen. Das Grundkapital ist zahlenmäßig als fester Bestandteil in der Satzung der AG anzugeben. Das Grundkapital ist in Aktien zerlegt, womit jede Aktie einen bestimmten Teil des Grundkapitals repräsentiert. Die Aktie ist aber nicht nur Bruchteil des Grundkapitals, sondern auch das Wertpapier, welches den Anteil an der Aktiengesellschaft verbrieft.

Aktien können entweder als Nennbetragsaktien oder als Stückaktien ausgegeben werden (§ 8 Abs. 1 AktG). Die Nennbetragsaktie lautet auf einen in Euro ausgedrückten Nennbetrag; ihr Anteil am Grundkapital ergibt sich aus dem Verhältnis ihres Nennbetrags zum gesamten Grundkapital. Stückaktien lauten auf keinen fixen Nennbetrag und auch nicht auf eine fixe Quote. Alle Stückaktien einer Gesellschaft sind gleich groß und verkörpern jeweils den gleichen Bruchteil des Grundkapitals. Emittiert eine Gesellschaft z. B. 1.000 Stückaktien bei einem Grundkapital von 100.000 Euro, entspricht eine Aktie einem Anteil von 1/1.000 (0,001 %) am Grundkapital und ihr theoretischer Nennwert wäre 100 Euro.

---

1) Börsengesetz.
2) Wertpapierprospektgesetz.
3) Wertpapierhandelsgesetz.
4) Wertpapiererwerbs- und Übernahmegesetz.

➜ Hinweis

Vom (Grund-)Kapital pro Aktie ist der Börsenkurs der Aktie zu unterscheiden, welcher den aktuellen wirtschaftlichen Wert der Aktie widerspiegelt, zu dem sie am Markt gehandelt wird. Der Börsenkurs sollte bei gesunden Unternehmen über dem (Grund-)Kapital pro Aktie liegen.

Aktien können mit unterschiedlichen Rechten ausgestaltet werden. Je nach Umfang der verbrieften Mitgliedschaftsrechte und Übertragbarkeit lassen sich folgende Aktiengattungen unterscheiden:

Stammaktien	Normalfall, allgemeines Stimmrecht, Dividendenbezug bzw. Liquidationsanteil
Vorzugsaktien	Stimmrechtsausschluss möglich, Anspruch auf Vorzugsdividende bzw. Vorzugserlös bei der Liquidation
Inhaberaktien	auf den Inhaber lautend, leicht handelbar, einfache Übertragung
Namensaktien	Orderpapier, auf den Namen lautend; der Aktionär ist im Unternehmensbuch verzeichnet, Übertragung durch Einigung, Übergabe und Indossament oder durch Abtretung
vinkulierte Namensaktien	auf dem Namen lautend, Übertragung nur mit Zustimmung der Gesellschaft

Abb.: Aktientypen

Welche Gattungen von Aktien ausgegeben werden, bestimmt die Satzung. Dabei ist es möglich, verschiedene Formen der Aktie zu mischen und beispielsweise Stammaktien als Namensaktien zu emittieren und gleichzeitig Vorzugsaktien in Form von Inhaberaktien auszugeben.

Durch eine adäquate Gestaltung der Zusammensetzung der Aktien kann den Interessen des Unternehmers bei der Nachfolgegestaltung und seinen Zukunftsplänen für das Unternehmen nach dem Börsengang Rechnung getragen werden. Durch die Ausgabe unterschiedlicher Aktiengattungen sollte gesteuert werden, welchen Einfluss der Unternehmer beibehalten möchte bzw. welchen er Dritten zukünftig zugestehen möchte. Bei der Ausgabe von Stammaktien geht der Einfluss der Familie z. T. verloren, während er bei der Ausgabe von stimmrechtslosen Vorzugsaktien erhalten bleibt. Die Ausgabe von stimmrechtslosen Vorzugsaktien ist aber auf 50 % des Grundkapitals beschränkt. Dabei ist jedoch stets auch zu berücksichtigen, wie potenzielle Investoren die gewählte Gestaltung bewerten, insbesondere ob damit Abschläge auf einen möglichen Emissionserlös oder den zukünftigen Börsenkurs hingenommen werden müssen.

c) Organe der Aktiengesellschaft

Um handlungsfähig zu sein, benötigt die AG als juristische Person zwingend natürliche Personen als Organe. Das Aktiengesetz regelt weitgehend zwingend die Zusammensetzung und den Aufgabenbereich der Organe **Vorstand** (leitendes Organ), **Aufsichtsrat** (kontrollierendes Organ) und **Hauptversammlung** (beschließendes Organ).

Abb.: Organe der Aktiengesellschaft

Die nachfolgende Aufstellung gibt einen Überblick über die Aufgaben, die Zusammenstellung und die Bestellung der einzelnen Organe:

	Vorstand	Aufsichtsrat	Hauptversammlung
Regelungsbereich	§§ 76–94 AktG	§§ 95–116 AktG	§§ 118–120 AktG
Aufgaben	- eigenverantwortliche Leitung - Geschäftsführung - Vertretung der Gesellschaft (nach außen unbeschränkt) - Prinzip der Gesamtgeschäftsführung und Vertretung (Einzelvertretung möglich)	- Kontrolle und Überwachung des Vorstands - Bestellung und Abberufung des Vorstands - Einsichts- und Prüfungsrechte - Prüfung von Jahresabschluss, Vorschlag zur Gewinnverteilung und Lagebericht	- Beschlussfassung über grundlegende Entscheidungen - Satzungsänderungen - Wahl Aufsichtsrat Entlastung Vorstand und Aufsichtsrat - Bestellung Abschlussprüfer - Maßnahmen der Kapitalbeschaffung und Kapitalherabsetzung
Zusammensetzung	- Grundsatz: eine oder mehrere Personen (Details können sich aus der Satzung ergeben) bei Grundkapital von mehr als 3 Mio. Euro mindestens 2 Personen	- mindestens 3 Mitglieder - Mitgliederzahl immer durch 3 teilbar - Begrenzung der Höchstzahl orientiert sich am Grundkapital	- Versammlung der Aktionäre - Ort der Ausübung von Aktionärsrechten: • Stimmrecht • Auskunftsrechte • Einsichtsrechte
Bestellung	- Bestellung durch den Aufsichtsrat auf max. 5 Jahre - Selbst- oder Fremdorganschaft	- Wahl durch die Hauptversammlung bzw. Belegschaft	

Abb.: Aufgaben, Zusammensetzung und Bestellung der einzelnen Organe

Vorstand

Die Geschäftsführung und Vertretung nach außen obliegt dem Vorstand, der die AG eigenverantwortlich und weisungsungebunden leitet. Das Management des Unternehmens ist damit vom Eigentum getrennt. Die Satzung bestimmt die Anzahl der Vorstandsmitglieder, wobei der Vorstand bei einem Grundkapital von mehr als 3 Mio. Euro aus mindestens zwei Personen bestehen muss. Im Rahmen der Geschäftsführung und Vertretung hat der Vorstand Organisations- und Sorgfaltspflichten. Bei unternehmerischen Entscheidungen steht ihm ein weiteren Ermessensspielraum zu.

Vorstandsmitglieder werden vom Aufsichtsrat für höchstens fünf Jahre bestellt und können vom Aufsichtsrat auch wieder abberufen werden. Von der Bestellung als Organ ist der im Innenverhältnis zur Gesellschaft geschlossene Anstellungsvertrag mit dem Vorstandsmitglied zu unterscheiden.

Aufsichtsrat

Die Mitglieder des Aufsichtsrats werden grundsätzlich von der Hauptversammlung jeweils auf eine Amtsdauer von höchstens vier Jahren gewählt. Unterliegt die Gesellschaft der Mitbestimmung, so wird ein Teil der Mitglieder des Aufsichtsrats von der Belegschaft gewählt. Der Aufsichtsrat besteht aus mindestens drei Mitgliedern.

Dem Aufsichtsrat obliegt die Überwachung des Vorstands, der im Gegenzug zur Berichterstattung an den Aufsichtsrat verpflichtet ist. Im Rahmen der Kontrolle der Geschäftsführung kommen dem Aufsichtsrat Einsichts- und Prüfungsrechte zu; er ist aber selbst weder zu Geschäftsführungshandlungen befugt noch kann er dem Vorstand Weisungen erteilen.

Mitglieder des Aufsichtsrats müssen nicht zugleich Aktionäre sein, sodass neben der Trennung von Eigentum und Management auch eine Trennung von Eigentum und Aufsicht möglich ist. Es ist jedoch z. B. auch denkbar, dass Gründer oder Familienmitglieder ein Aufsichtsratsmandat übernehmen und dadurch den Vorstand besetzen, überwachen und beraten können. Dies käme insbesondere bei Ausgangslagen in Betracht, die mit den eingangs genannten Praxisfällen vergleichbar sind.

Hauptversammlung und Stellung der Aktionäre

Die Hauptversammlung ist die Versammlung der Anteilseigner; sie ist das Organ, in dem die Aktionäre primär ihre Rechte, insbesondere das Stimmrecht und das Auskunftsrecht, ausüben. Der Hauptversammlung kommt Grundlagenkompetenz zu, d. h., sie ist für Satzungsänderungen wie z. B. Kapitalmaßnahmen zuständig. Außerdem obliegen ihr regelmäßig wiederkehrende Maßnahmen wie die Wahl des Aufsichtsrats, die Entlastung der Mitglieder des Vorstands und des Aufsichtsrats oder die Verteilung des Bilanzgewinns. Über Fragen der Geschäftsführung kann die Hauptversammlung bis auf Ausnahmefälle nicht entscheiden, sodass insoweit der unmittelbare Einfluss der Aktionäre auf die (eigenverantwortliche) Geschäftsleitung – wie im Praxisfall 2 ja gerade angestrebt – begrenzt ist.

Aktionäre verfolgen mit ihrer Beteiligung unterschiedliche Zwecke. Für den Kleinaktionär sind eher die Vermögensrechte als das Stimmrecht entscheidend. Dieser erhofft sich eine periodische Gewinnbeteiligung oder aber eine Kurssteigerung und einen einmaligen Spekulationsgewinn. Der Großaktionär ist nicht nur an einer adäquaten Gewinnbeteiligung interessiert, sondern er strebt mit seinem Aktienbesitz und der damit verbundenen Stimmrechtsmacht nach unternehmerischem Einfluss. Im Rahmen der Nachfolgegestaltung über einen Börsengang werden die Familienmitglieder regelmäßig zu Großaktionären der Gesellschaft.

d) Satzung

In der Satzung sind die maßgeblichen rechtlichen Rahmenbedingungen der Aktiengesellschaft geregelt. Die Satzung entspricht so dem Gesellschaftsvertrag bei einer GmbH oder einer Kommanditgesellschaft, wobei die erforderlichen Regelungen formeller und in einem weitaus höheren Maße durch das Aktiengesetz verbindlich vorgegeben sind (Prinzip der Satzungsstrenge).

9.2.2.2 Die Umwandlung des Unternehmens in eine Aktiengesellschaft

Wie vorher erwähnt, ist es für einen Börsengang zunächst erforderlich, dass das Unternehmen in einer kapitalmarktfähigen Rechtsform, i. d. R. also der Form einer Aktiengesellschaft, betrieben wird (vgl. oben 9.2.2). Da mittelständische Unternehmen in den seltensten Fällen die Rechtsform der Aktiengesellschaft aufweisen, ist zunächst die Umwandlung des Unternehmens in eine Aktiengesellschaft erforderlich. Dies ist rechtlich auf verschiedene Art und Weise möglich. Allen Arten der Umwandlung ist gemeinsam, dass die Identität des Unternehmens als solche im Grundsatz unberührt bleibt. Es wird lediglich der Unternehmensträger von der aktuellen Rechtsform (z. B. der GmbH oder der GmbH & Co. KG (vgl. Praxisfall 1 und 2) in eine Aktiengesellschaft überführt.

a) Formwechsel der GmbH in die AG

Beim Formwechsel erhält ein bestehender Rechtsträger unter Wahrung seiner Identität eine neue Rechtsform. Er ändert lediglich sein „Rechtskleid", d. h., alle Aktiva und Passiva werden vom selben Unternehmen nur in neuer Rechtsform fortgeführt. Das bisherige Stammkapital einer formwechselnden GmbH wird zum Grundkapital einer AG, die Geschäftsanteile zu Aktien und die GmbH-Gesellschafter zu

Aktionären. Der Formwechsel bedarf eines notariell zu beurkundenden Umwandlungsbeschlusses. Im Umwandlungsbeschluss ist die (neue) Satzung der AG festzustellen. Nach Eintragung im Handelsregister besteht die GmbH als AG fort. Die (ehemaligen) GmbH-Gesellschafter sind fortan Aktionäre.

Bei einer formwechselnden Umwandlung einer GmbH in eine AG sind überblicksmäßig folgende Schritte zu absolvieren:

Phasen und Einzelschritte der Umwandlung	
Vorbereitungsphase	Entwurf des Umwandlungsbeschlusses
	Erstattung des Umwandlungsberichts mit Vermögensaufstellung durch die Geschäftsführung
	Vorbereitung der Gesellschafterversammlung und des Umwandlungsbeschlusses durch Unterrichtungspflichten
Beschlussphase	Durchführung Gesellschafterversammlung:
	Beschluss über die formwechselnde Umwandlung (notarielle Beurkundung)
	eventuell Zustimmungserklärungen einzelner Gesellschafter (notariell beurkundet)
	konstituierende Sitzung des Aufsichtsrats – Beschlussfassung
	Gründungsbericht und Gründungsprüfung
Vollzugsphase	Anmeldung zur Eintragung beim zuständigen Registergericht
	Eintragung und Bekanntmachung der Umwandlung
	Wirksamwerden der Umwandlung

Abb.: Phasen und Einzelschritte der Umwandlung

Umwandlungsbericht

Die Geschäftsführung der umzuwandelnden GmbH hat einen ausführlichen schriftlichen Umwandlungsbericht zu erstellen, in dem der Formwechsel und insbesondere die künftige Beteiligung der Anteilsinhaber rechtlich und wirtschaftlich erläutert und begründet werden. Der Umwandlungsbericht muss einen Entwurf des zu fassenden Umwandlungsbeschlusses enthalten. Sofern alle Gesellschaften der GmbH zustimmen, kann auf den Bericht verzichtet werden.

Gesellschafterversammlung

Die Gesellschafterversammlung beschließt sodann den Formwechsel in die Aktiengesellschaft. Der Umwandlungsbeschluss bedarf mindestens einer Mehrheit von drei Viertel der abgegebenen Stimmen. Zudem wird in dem Beschluss die neue Satzung der Aktiengesellschaft festgestellt. In der Satzung kann dabei bereits berücksichtigt werden, dass die Aktiengesellschaft später börsennotiert sein soll.

Die Gesellschafterversammlung bestellt zudem die Mitglieder des ersten Aufsichtsrats. Im Rahmen der Unternehmensnachfolge bietet sich an, dass der Alteigentümer Mitglied des Aufsichtsrates wird und so, wie in den eingangs dargestellten Praxisfällen angestrebt, den Vorstand weiter beraten und dessen Arbeit überwachen kann.

Die Niederschrift über die Gesellschafterversammlung bedarf der notariellen Beurkundung. Beim Beurkundungstermin wird regelmäßig zugleich die Anmeldung zum Handelsregister notariell beglaubigt.

Konstituierende Sitzung des Aufsichtsrats

Es empfiehlt sich, dass unmittelbar im Anschluss der Aufsichtsrat zu seiner konstituierenden Sitzung zusammentritt und Folgendes beschließt:

- Wahl des Aufsichtsratsvorsitzenden und des Stellvertreters
- Bestellung des ersten Vorstands
- Erlass einer Geschäftsordnung des Vorstands
- Ermächtigung des Aufsichtsratsvorsitzenden zum Abschluss von Vorstandsanstellungsverträgen

Gründungsbericht und Gründungsprüfungsbericht

Die Gesellschafter sind verpflichtet, einen „Gründungsbericht“, d. h. einen Bericht über den Formwechsel zu erstellen. Der Vorstand und Aufsichtsrat der Aktiengesellschaft sind verpflichtet, eine „Gründungsprüfung“ durchzuführen. Zudem ist i. d. R. eine Bewertung des Unternehmens durch einen sachverständigen Dritten, z. B. einen Wirtschaftsprüfer, erforderlich, um sicherzustellen, dass das erforderliche Grundkapital aufgebracht wird.

Anmeldung des Formwechsels zum Handelsregister

Der Formwechsel sowie die weiteren Beschlüsse (Bestellung Vorstand etc.) sind zur Eintragung in das Handelsregister anzumelden. Mit der Handelsregisteranmeldung sind sämtliche Berichte beim Registergericht einzureichen. Der Formwechsel wird mit Eintragung ins Handelsregister wirksam und das Unternehmen besteht fortan in der Rechtsform der Aktiengesellschaft fort.

b) Formwechsel der GmbH & Co. KG in die AG

Möglich ist auch der Formwechsel eines Unternehmens in der Rechtsform der GmbH & Co. KG in eine Aktiengesellschaft. Dieser Formwechsel läuft im Grundsatz nach denselben Schritten ab, wie der oben beschriebene Formwechsel einer GmbH. Zu beachten ist allerdings, dass grundsätzlich alle Gesellschafter der Personengesellschaft dem Formwechsel zustimmen müssen, soweit der Gesellschaftsvertrag nichts Abweichendes regelt. In jedem Fall ist die Zustimmung von drei Vierteln der Gesellschafter erforderlich.

Mit dem Formwechsel bleibt auch die persönliche Haftung des persönlich haftenden Gesellschafters (i. d. R. nur die Geschäftsführungs-GmbH) bestehen. Die Haftung umfasst jedoch grundsätzlich nur die bis zum Formwechsel eingetretenen Ansprüche von Gesellschaftsgläubigern. Soweit nach dem Formwechsel Ansprüche von Gläubigern begründet werden, haftet hierfür nunmehr das Gesellschaftsvermögen der (neuen) Aktiengesellschaft. Die Haftung endet in jedem Fall fünf Jahre nach Eintragung des Formwechsels in das Handelsregister.

c) Weitere Möglichkeiten des Formwechsels

Neben dem Formwechsel bestehen auch andere rechtstechnische Möglichkeiten, das Unternehmen in die Rechtsform einer Aktiengesellschaft zu überführen. So ist es zum einen möglich, dass die zukünftigen Aktionäre in einem ersten Schritt eine neue (leere) Aktiengesellschaft gründen. In einem zweiten Schritt könnte dann das bestehende Unternehmen, welches z. B. in der Rechtsform einer GmbH betrieben wurde, auf die Aktiengesellschaft verschmolzen werden. Als Alternative zur Verschmelzung kommt auch in Betracht, das Unternehmen in die Aktiengesellschaft einzubringen. Bei den vorstehenden Umwandlungsmöglichkeiten sind zahlreiche Besonderheiten zu beachten, welche im Einzelfall mit kompetenten Beratern abgestimmt werden sollten.

9.2.3 Steuerliche Folgen des Formwechsels

Formwechsel der GmbH zur AG

In ertragsteuerlicher Hinsicht ergeben sich bei einem Formwechsel einer GmbH in eine AG keine besonderen steuerlichen Auswirkungen. Der Formwechsel ist steuerneutral möglich, da sich durch den Formwechsel nur das Rechtskleid, nicht aber die Identität des Unternehmensträgers und damit des Steuersubjekts ändert.

Formwechsel der Personengesellschaft zur AG

Anders ist dies jedoch bei einem Rechtsformwechsel von einer Personengesellschaft in die Aktiengesellschaft zu beurteilen. Hintergrund: Die Personengesellschaft unterliegt einem anderen Steuerregime als die AG als Kapitalgesellschaft. Die Umwandlung einer Personenhandelsgesellschaft (insbesondere OHG, KG) in eine AG wird steuerlich – anders als im Zivilrecht – nicht als identitätswahrende Umwandlung, sondern als sogenannte Einbringung angesehen. Es gelten die Vorschriften des Umwandlungssteuergesetzes (§§ 20 ff. UmwStG). Im Rahmen der Einbringung wird – untechnisch ausgedrückt – das Betriebsvermögen der Personengesellschaft in die AG eingebracht (Sacheinlage).

Beim Formwechsel von einer Personengesellschaft in eine AG ist – unter bestimmten, in §§ 20 ff. UmwStG näher bestimmten Voraussetzungen – auf Antrag grundsätzlich die sogenannte Buchwertverknüpfung zulässig.

Darunter versteht man die Übertragung der Vermögensgegenstände und Schulden der Personengesellschaft auf die AG zu unveränderten Werten (also ohne Auflösung stiller Reserven und den daraus resultierenden Steuerfolgen). In diesem Fall entsteht für den einbringenden Gesellschafter grundsätzlich kein Gewinn.

Die als Gegenleistung für die Einbringung gewährten Aktien bleiben allerdings steuerverhaftet. Ein Verkauf solcher Aktien führt innerhalb einer siebenjährigen Frist rückwirkend zur Aufdeckung und Versteuerung der im Einbringungszeitpunkt vorhandenen stillen Reserven.

Werden alle etwaigen stillen Reserven im Zuge der Einbringung aufgelöst, so ist der sich dabei ergebende Veräußerungsgewinn unter den Voraussetzungen der §§ 16, 34 EStG steuerlich begünstigt.

Zulässig ist auch ein Ansatz von Zwischenwerten bei der Einbringung.

Etwaige bei der Personengesellschaft bestehende Verlustvorträge gehen im Zuge des Formwechsels unter.

Weitere Fälle des Formwechsels

Sofern eine andere rechtliche Gestaltung des Formwechsels gewählt wird (vgl. 9.2.2.2 ➔ c)), so können sich hierdurch wiederum steuerliche Folgen wie z. B. die Aufdeckung von stillen Reserven ergeben. Details sollten anhand des jeweiligen Einzelfalls steuerlich geprüft werden.

Grunderwerbsteuer entfällt bei Umwandlung von GmbH und Personengesellschaft

Im Falle des Formwechsels einer GmbH oder Personengesellschaft in eine AG fällt grundsätzlich keine Grunderwerbsteuer an. Hintergrund: Es kommt hierdurch zu keinem zivilrechtlichen Rechtsträgerwechsel. Etwas anderes könnte je nach Fallgestaltung in den sonstigen Fällen des Formwechsels (vgl. 9.2.2.2 ➔ c)) gelten. Je nach Fallgestaltung ist es hier denkbar, dass Grunderwerbsteuer anfällt, sofern zum Unternehmen im Inland gelegene Grundstücke gehören.

9.3 Der Börsengang

9.3.1 Der Weg an die Börse

Nachdem das Unternehmen nun in die Rechtsform der Aktiengesellschaft gebracht wurde, kann in einer zweiten Phase der eigentliche Börsengang vorbereitet werden. Häufig laufen beide Phasen, also sowohl die gesellschaftsrechtliche Umwandlung als auch die Vorbereitung des Börsengangs, parallel ab.

9.3.1.1 Auswahl und Mandatierung verschiedener Berater

Die Vorbereitung und Durchführung eines Börsengangs bindet erhebliche Ressourcen im Unternehmen selbst und dort insbesondere in den Bereichen der Unternehmensführung. Zudem ist die Unterstützung und Begleitung durch professionelle und erfahrene externe Berater, insbesondere Rechtsanwälte, Steuerberater und Wirtschaftsprüfer sowie spezialisierte Emissionsberater - und in letzter Zeit auch häufiger durch PR-Agenturen - erforderlich beziehungsweise ratsam. Eine besonders wichtige Rolle spielt die Emissionsbank, welche den Börsengang begleitet und abwickelt. Bei größeren Emissionen wird die Emissionsbank das Aktienvolumen dabei auf mehrere Konsortialbanken verteilen wollen.

Der Auswahl der jeweils beteiligten Berater und Banken sollte ein hohes Augenmerk zukommen, da sie das Unternehmen und die Unternehmensinhaber in dieser wichtigen Phase begleiten und unterstützen. Nach der Auswahl der jeweiligen Berater und Banken sind mit diesen individuellen Mandatsverträge und Vertraulichkeitsvereinbarungen abzuschließen, welche insbesondere die Honorare und Vergütungen und damit die Kosten für das Unternehmen regeln. Bei der Ausgestaltung der Mandatsverträge ist auch darauf zu achten, dass der Börsengang (u. U. auch noch in letzter Minute) aus den verschiedensten Gründen auch abgesagt werden kann oder sich als nicht durchführbar herausstellt.

9.3.1.2 Hauptversammlungsbeschluss ist meist notwendig

Der Börsengang selbst und die in diesem Zusammenhang abzuschließenden Verträge und zu tätigenden Maßnahmen sind für die Aktiengesellschaft von so wesentlicher Bedeutung, dass hierfür ein Beschluss der Hauptversammlung erforderlich sein kann. Dieser sollte dementsprechend vor Einleitung der einzelnen Maßnahmen eingeholt werden.

9.3.1.3 Kapitalerhöhung und Emission „neuer" oder „alter" Aktien

Die Aktien, welche an die Börse gebracht werden sollen, können aus zweierlei Quellen resultieren: Zum einen kommt in Betracht, dass Altaktionäre (welche im Rahmen der Umwandlung zur Aktiengesellschaft zu Aktionären wurden) einen Teil ihrer Aktien über die Börse verkaufen. In diesem Fall fließt der Emissionserlös den Altaktionären zu. Auf diesem Weg können die Altaktionäre - wie beispielsweise im Praxisfall 1 angestrebt - einen Teil des Unternehmenswerts realisieren und hierdurch ihr unternehmerisches Risiko reduzieren. Zum anderen besteht die Möglichkeit, dass die Aktiengesellschaft eine Kapitalerhöhung durchführt und neue Aktien ausgibt. Die neuen Aktien können dann von Anlegern und Investoren gezeichnet werden. In diesem Fall fließt der Emissionserlös der Aktiengesellschaft selbst zu und steht hier z. B. für Investitionen zur Verfügung. Häufig werden auch Mischformen angetroffen, wobei ein Teil der emittierten Aktien von Altaktionären stammt und ein Teil zur Stärkung des Eigenkapitals der Gesellschaft neu ausgegeben wird.

Durchführung der Kapitalerhöhung

Soweit im Rahmen des Börsengangs eine Kapitalerhöhung durchgeführt wird, ist diese von der Hauptversammlung zu beschließen. Der

Beschluss bedarf mindestens einer Mehrheit von drei Vierteln des bei der Beschlussfassung anwesenden Grundkapitals. In dem Beschluss ist anzugeben, um welchen Betrag das Grundkapital der Aktiengesellschaft erhöht wird und welche Art von Aktien ausgegeben werden.

! Achtung

Der Beschluss zur Kapitalerhöhung ist notariell zu beurkunden und wird erst mit Eintragung in das Handelsregister wirksam.

Bei einem Börsengang werden die neu emittierten Aktien regelmäßig von einer Bank übernommen, welche den Börsengang begleitet und die Aktien dann im Rahmen der Notierung an die Investoren verkauft. Hierzu wird das Bezugsrecht der Aktionäre im Hauptversammlungsbeschluss zur Kapitalerhöhung ausgeschlossen. Sofern es sich um große Volumina handelt, ist es auch möglich, dass mehrere Banken den Börsengang in einem Konsortium begleiten. In diesem Fall bestimmt das Konsortium i. d. R. eine konsortialführende Bank, welche als Hauptansprechpartner dient.

Tipp

Die Übernahme durch die Bank erfolgt meistens zum Nennbetrag der Aktien, wobei sich die Bank gleichzeitig verpflichtet, den bei der Veräußerung der Aktien am Kapitalmarkt erzielten Mehrerlös (also die Differenz zwischen dem endgültigen Ausgabepreis und dem Nennbetrag) ebenfalls an die Aktiengesellschaft abzuführen.

9.3.1.4 Übernahmevertrag

Soweit die Aktien von einer Bank oder einem Bankenkonsortium übernommen werden, ist es üblich, die Details der Übernahme und der Emission vorab in einem Übernahmevertrag zu regeln. Dieser wird zwischen der Aktiengesellschaft und der Bank beziehungsweise dem Bankenkonsortium abgeschlossen. Der Übernahmevertrag einer Emission, bei welcher Aktien zumindest z. T. aus einer Kapitalerhöhung stammen, enthält regelmäßig folgende Bestandteile:

- Verpflichtung der Bank bzw. des Bankenkonsortiums, eine bestimmte Anzahl von Aktien zum Nennbetrag zu zeichnen und der Aktiengesellschaft einen entsprechenden Zeichnungsschein zu übergeben
- Verpflichtung der Bank, für die gezeichneten Aktien eine erste Einzahlung in Höhe von 25 % des Gegenwerts zu leisten und eine entsprechende Bankbestätigung zu überreichen, sodass eine Eintragung der Kapitalerhöhung in das Handelsregister möglich wird
- Verpflichtung der Aktiengesellschaft, die Kapitalerhöhung umgehend nach Übergabe der erforderlichen Unterlagen zum Handelsregister anzumelden und der Bank eine Kopie der Eintragungsbenachrichtigung des Handelsregisters zu übergeben
- Verpflichtung der Bank, den ausstehenden Teil des Nominalwerts sowie einen etwaigen Mehrerlös an die Aktiengesellschaft auszubezahlen oder einem Sonderkonto gutzuschreiben (sogenannte Mehrerlösabführungsklausel)
- Soweit ein Bankenkonsortium auftritt, enthält der Übernahmevertrag zudem die Verpflichtung der anderen Konsortialbanken, die neuen Aktien bis zur Höhe ihrer jeweiligen Quote von dem Konsortialführer zu kaufen.
- Verpflichtung der Aktiengesellschaft der konsortialführenden Bank, unverzüglich am Tag nach der Eintragung der Kapitalerhöhung Aktienglobalurkunden zu übergeben sowie weitere Verpflichtungen zur technischen Durchführung der Kapitalerhöhung
- Übernahmeverträge enthalten zudem regelmäßig Zusicherungen der Aktiengesellschaft im Hinblick auf die Erstellung des Börsenzulassungsprospekts (siehe unten 9.3.1.6). Zudem können Garantien in den Rücktrittsklauseln für den Fall einer Verschlechterung der wirtschaftlichen Verhältnisse der Aktiengesellschaft vorgesehen werden, die bis zur Erstnotierung eintreten können. Die Regelungen hier gleichen üblicherweise denjenigen in typischen Unter-

nehmenskaufverträgen. In diesem Zusammenhang hat die Aktiengesellschaft i. d. R. auch zu garantieren, dass der die Emission begleitenden Bank alle anlegerrelevanten Informationen erteilt wurden.
- Zudem können Übernahmeverträge Regelungen enthalten, wie genau die Platzierung der Aktien und die Preisbildung zu erfolgen hat. Für die Zeit nach der Börsennotierung können zudem Regelungen vorgesehen werden, welche es z. B. den Altaktionären untersagen, in einem gewissen Zeitraum weitere Aktien zu verkaufen, um eine Kursstabilisierung zu erreichen.

9.3.1.5 Auf Due Diligence kann nicht verzichtet werden

In der Regel wird das Bankenkonsortium vor Abschluss des Übernahmevertrags die Durchführung einer Due Diligence bei der Aktiengesellschaft fordern. In diesem Zusammenhang soll das Unternehmen durchleuchtet werden, um etwaige Schwachstellen und Risiken zu identifizieren, welche dem Kapitalmarkt offengelegt werden müssten. Im Rahmen der Due Diligence hat das Unternehmen alle wesentlichen Unterlagen, Dokumente und Informationen zusammenzutragen und in einem Datenraum systematisch aufzubereiten, um eine koordinierte Prüfung zu ermöglichen.

In der Regel wird bereits vor der Due Diligence der Banken von der Aktiengesellschaft selbst eine Due Diligence bei ihren eigenen Anwälten, Steuerberatern und Wirtschaftsprüfern in Auftrag gegeben, um bereits im Vorfeld etwaige Schwachstellen zu identifizieren und nach Möglichkeit rechtzeitig zu beseitigen. Gleichzeitig erhalten die Berater der Aktiengesellschaft so die erforderlichen Unterlagen, um anschließend den Börsenzulassungsprospekt entwerfen zu können.

Die Due Diligence ist ein sehr langwieriger und aufwendiger Prozess, welcher einige Zeit in Anspruch nimmt und mit erheblichen Kosten für die Unternehmen verbunden sein kann. Zudem werden durch die

Untersuchungsmaßnahmen der externen Berater meist erhebliche Managementkapazitäten im Unternehmen selbst gebunden. Von den durch die im Rahmen der Due Diligence gewonnenen Erkenntnissen profitiert das Unternehmen jedoch im Nachgang auch selbst, da zahlreiche interne Prozesse durchleuchtet und Schwachstellen identifiziert und beseitigt werden können.

Zur Due Dilligence siehe auch Kapitel 2.6.

9.3.1.6 Börsenzulassungsprospekt muss von der BaFin akzeptiert werden

Im Zuge der Vorbereitung des Börsengangs muss die Aktiengesellschaft als Emittent einen Börsenzulassungsprospekt erstellen, der von der Bundesanstalt für Finanzdienstleistungsaufsicht (BaFin) zu billigen und anschließend vom Emittenten zu veröffentlichen ist. Die Prospektvorbereitung liegt i. d. R. federführend beim Anwalt des Emittenten, der darin seine Erkenntnisse aus der vorab durchgeführten Due Diligence einfließen lassen kann.

Tipp

Soweit eine Platzierung von Aktien nicht im regulierten Markt, sondern im Freiverkehr (vgl. unten 9.3.3) geplant ist, wird der umfassende Börsenzulassungsprospekt durch ein wesentlich kürzeres Exposé ersetzt. Dies dürfte einer der Gründe sein, warum zahlreiche Unternehmen auf eine Notierung im regulierten Markt verzichten, da so die mit der Prospekterstellung einhergehenden organisatorischen, haftungsrechtlichen und finanziellen Belastungen vermieden oder doch zumindest reduziert werden können.

Das Wertpapierprospektgesetz (WpPG) ist die rechtliche Grundlage für die Erstellung, Billigung und Veröffentlichung von Prospekten für das öffentliche Angebot von Wertpapieren oder die Zulassung von Wertpapieren zum Handel an einem organisierten Markt. Darüber hinaus konkretisiert die europäische Prospektverordnung (EG 809/2004) den Inhalt und die Aufmachung von Prospekten.

Der Prospekt dient dazu, dem interessierten Anleger alle erforderlichen Informationen zu der Aktiengesellschaft und ihrem Unternehmen vollständig und richtig zur Verfügung zu stellen. Es handelt sich dabei um ein sehr umfassendes Dokument, welches in Zusammenarbeit zwischen der Aktiengesellschaft, den jeweiligen Beratern und den Emissionsbanken erstellt wird. Dies erfolgt i. d. R. in mehreren Abstimmungsrunden, welche von einem zentralen Organisationsteam koordiniert werden. Abschnitt 9.7.1 enthält einen Überblick über die Gliederung des Börsenprospekts sowie eine Auflistung des wesentlichen Inhalts.

Nach Erstellung und Überarbeitung des Prospekts ist dieser bei der BaFin einzureichen. Nach den Regelungen des WpPG prüft die BaFin den eingereichten Wertpapierprospekt auf Vollständigkeit, Widerspruchsfreiheit (Kohärenz) und Verständlichkeit und teilt dem Emittent bzw. Antragsteller innerhalb von zehn Werktagen nach Eingang des Prospekts die Entscheidung über die Billigung mit. Zu beachten ist jedoch, dass durch die BaFin keine inhaltliche Kontrolle des Prospekts erfolgt und somit Emittent und Emissionsbank selbst in der Verantwortung für die Vollständigkeit und Richtigkeit des Prospekts bleiben.

In der Regel erfolgt bereits vor der formellen Einreichung des Prospekts eine mehrstufige Vorabstimmung mit der BaFin. Dies ermöglicht der BaFin eine umfassende Prüfung und die Gesellschaft kann auf Anregungen und Anforderungen der BaFin reagieren, ohne im Hinblick auf einen bestimmten Emissionszeitpunkt unter Zeitdruck zu geraten.

9.3.1.7 Börsenzulassung und Notierungsaufnahme

Nach der Billigung des Prospekts durch die BaFin hat der Emittent zusammen mit einem Zulassungsantragsteller (z. B. ein Kreditinstitut) einen Antrag auf Zulassung der Wertpapiere zum regulierten Markt zu stellen. Für die Zulassung von Wertpapieren zum regulierten Markt ist die jeweilige Börse[5)] zuständig.

Im Anschluss daran wird der Zulassungsantrag zusammen mit dem Verkaufsangebot sowie den Börsenprospekten veröffentlicht und i. d. R. eine Pressekonferenz mit Präsentation und Bekanntgabe der Preisspanne sowie der sonstigen Details abgehalten.

In der nächsten Phase des Börsengangs ist der Emissionspreis, d. h. der Preis, zu welchem die neuen Aktionäre die Aktien erwerben können, festzulegen. Hier kommt zum einen in Betracht, die Aktien zu einem vorab festgelegten Preis anzubieten (sogenanntes Festpreisverfahren). Zum anderen besteht auch die Möglichkeit, über ein sogenanntes Book-building-Verfahren, welches ca. zwei Wochen dauert, herauszufinden, welchen Preis die Investoren bereit sind, für die Aktien zu bezahlen und dementsprechend einen marktgerechteren Preis festzulegen. Das Book-building-Verfahren wird üblicherweise durch eine Marketingphase und Roadshows des Managements bei interessierten Investoren, in welchen die Aktiengesellschaft für die von ihr ausgegebenen neuen Aktien wirbt, begleitet.

Nach Festlegung des Emissionspreises können die neu ausgegebenen Aktien den neuen Investoren zugeteilt werden. Mit Zuteilung ist der jeweilige Investor verpflichtet, den Konsortialbanken die Aktien zu dem vereinbarten Preis abzunehmen. Sind die Aktien zugeteilt, so findet das Börseneinführungsverfahren seinen Abschluss mit der Aufnahme der Börsennotierung und in der ersten Preisfeststellung an der Börse.

---

5) In Deutschland kommen die Börsen in Berlin, Düsseldorf, Frankfurt am Main, Hamburg, Hannover, München oder Stuttgart infrage.

9.3.1.8 Zeitplan

Die vorgenannten Schritte erfordern eine umfassende Vorbereitung des Börsengangs, welche erhebliche Zeit in Anspruch nimmt und viele Ressourcen bindet. Abschnitt 9.6 enthält das Beispiel eines Musterzeitplans, in welchem die einzelnen Schritte exemplarisch aufgelistet sind.

9.3.2 Steuerliche Auswirkungen des Börsengangs

9.3.2.1 Veräußerung von Aktien im Rahmen des Börsengangs

Für ab dem 01.01.2009 angeschaffte Anteile an Kapitalgesellschaften, die im Privatvermögen gehalten werden, gilt grundsätzlich die sogenannte Abgeltungsteuer. Sie belastet sämtliche Veräußerungsgewinne - unabhängig von einer Haltedauer - mit einem Steuersatz von 25 % zuzüglich Solidaritätszuschlag. Etwaige Freibeträge - wie der Sparerfreibetrag - sind zu berücksichtigen. Ein Abzug der tatsächlichen Werbungkosten ist grundsätzlich ausgeschlossen.

Wenn eine Beteiligung an der AG i. S. v. § 17 Einkommensteuergesetz (EStG) von mindestens 1 % vorliegt (maßgebend ist ein Zeitraum von fünf Jahren) und die Beteiligung steuerliches Privatvermögen darstellt, kommt das Teileinkünfteverfahren zur Anwendung. Dies bedeutet, dass 40 % des Veräußerungsgewinns steuerfrei sind und die übrigen 60 % in die Einkommensteuerbemessungsgrundlage eingestellt und mit dem persönlichen Steuersatz besteuert werden. Spiegelbildlich hierzu sind Aufwendungen zu 60 % steuerlich zu berücksichtigen. Dieselben Rechtsfolgen gelten grundsätzlich für im Betriebsvermögen gehaltene Aktien.

Verkauft der Unternehmer, der seine Personengesellschaft in eine AG „formgewechselt" hat, innerhalb von sieben Jahren nach dem Formwechsel Aktien, so hat er (insoweit) den Gewinn aus der Einbringung rückwirkend im Wirtschaftsjahr der Einbringung als Gewinn im Sinne des § 16 EStG zu versteuern.

Dieser sogenannte Einbringungsgewinn I ergibt sich in einem ersten Schritt aus dem gemeinen Wert des eingebrachten Betriebsvermögens im Zeitpunkt der Einbringung abzüglich der Kosten für den Vermögensübergang und abzüglich des Buchwerts, mit dem die übernehmende Gesellschaft das eingebrachte Betriebsvermögen angesetzt hatte. Dieser vorläufige Einbringungsgewinn mindert sich in einem zweiten Schritt noch um ein Siebtel für jedes seit dem Einbringungszeitpunkt abgelaufene Zeitjahr.

Die Steuervergünstigungen nach §§ 16, 34 EStG - und dies ist nachteilig - werden in diesem Fall nicht gewährt.

9.3.2.2 Ausschüttungen aus der AG

Werden die Anteile an der AG im Privatvermögen gehalten und schüttet die AG Dividenden aus, unterliegen diese der Abgeltungsteuer, sodass hierfür pauschal ein Steuersatz von 25 % zuzüglich Solidaritätszuschlag gilt. Ein Abzug der tatsächlichen Werbungskosten ist grundsätzlich ausgeschlossen.

Gehören die Anteile dagegen zu einem Betriebsvermögen, werden die Dividenden nach dem oben beschriebenen Teileinkünfteverfahren besteuert. Dies bedeutet, dass 40 % davon steuerfrei bleiben; gleichzeitig können 60 % der Aufwendungen abgezogen werden (vgl. §§ 3 Nr. 40, 3c Abs. 2 EStG).

9.3.2.3 Erbschaft- und schenkungsteuerliche Aspekte

Besonderheiten gelten bei der Bewertung von Aktien bei einer Börsennotierung im Zusammenhang mit der Erbschaft- und Schenkungsteuer.

Bei börsennotierten Aktiengesellschaften richtet sich die Bewertung nach dem niedrigsten für sie am Stichtag im regulierten Markt notierten Kurs. Liegt am Stichtag eine Notierung nicht vor, so ist der letzte innerhalb von 30 Tagen vor dem Stichtag im regulierten Markt notierte Kurs maßgebend (vgl. § 11 Abs. 1 Bewertungsgesetz (BewG)).

Nicht börsennotierte Gesellschaften werden hingegen nach bestimmten zulässigen Ertragswertverfahren für Zwecke der Erbschaft- und Schenkungsteuer bewertet (vgl. § 11 Abs. 2 BewG).

Die Bewertung von Aktien von börsennotierten Aktiengesellschaften mit dem Stichtagskurs ist vorteilhaft, wenn eine Bewertung nach den zugelassenen Ertragswertverfahren einen höheren Wert ergibt. Der Schenker bzw. Erblasser hat auf den Stichtagskurs jedoch keinen unmittelbaren Einfluss. Dennoch sollte dieser Gesichtspunkt bei der Steuerplanung berücksichtigt werden (z. B. Vornahme der Schenkung bei niedrigem Kursniveau).

Etwaige erbschaft- und schenkungsteuerliche Begünstigungen kommen in Betracht, wenn der Erblasser oder Schenker mehr als 25 % der Anteile hält.

9.3.3 Auswahl des Marktsegments

Im Rahmen der Vorbereitung eines Börsengangs muss auch die Entscheidung getroffen werden, in welchem Marktsegment die Börsenzulassung beantragt werden soll.

Das Gesetz gibt eine Aufteilung in zwei verschiedene Marktsegmente, den regulierten Markt (§ 32 ff. Börsengesetz (BörsG)) und den Freiverkehr (§ 48 BörsG), vor.

Während die Einbeziehung von Aktien in den Freiverkehr allein auf Grundlage der Regelwerke der Börsen, also auf rein privatrechtlicher Basis erfolgt, unterliegt der regulierte Markt den gesetzlichen Bestimmungen eines weitgehend vereinheitlichten EU-Rechts. Die regulatorischen Anforderungen sind daher im regulierten Markt auch deutlich höher als im Freiverkehr, was insbesondere im Erfordernis eines Börsenzulassungsprospekts zum Ausdruck kommt.

Die gesetzlich vorgegebenen Marktsegmente, auch die des regulierten Marktes, finden ihre konkrete rechtliche Ausgestaltung durch ergänzende Regelwerke und Marktsegmentierungen der Börsen. An der Frankfurter Wertpapierbörse (FWB) sind dies beispielsweise der sogenannte **„Entry Standard"** als Freiverkehrssegment sowie der **„General Standard"** und der **„Prime Standard"** als die Marktsegmente des regulierten Markts.

EU-regulierter Markt	börsenregulierter Markt
Prime Standard	Entry Standard
General Standard	Freiverkehr (Open Market)

Abb.: Marktsegmente der Frankfurter Wertpapierbörse

Der **Freiverkehr** (einschließlich des Teilsegments **Entry Standard**) weist dabei die geringste Regulierungsdichte und nur wenige Zulassungsfolgepflichten auf, während der Prime Standard die Erfüllung zahlreicher, über das Gesetz hinausgehender Zulassungsfolgepflichten verlangt. Die Aufnahme der Notierung im Freiverkehr eignet sich somit für Unternehmen, die vergleichsweise unkompliziert und kostengünstig eine Börsennotierung erlangen und sich den strengen formalen Pflichten des regulierten Marktes nicht unterwerfen wollen. In der Regel erreichen Aktienemissionen im Freiverkehr jedoch nicht die Publizität von Börsengängen im regulierten Markt und finden selten die Aufmerksamkeit von institutionellen oder internationalen Anlegern. Die Aufnahme des Börsenhandels im Freiverkehr eignet sich daher eher für kleinere Emissionen.

Für eine Notierung im regulierten Markt gelten hinsichtlich der Zulassungsfolgepflichten jedenfalls die gesetzlichen Mindestanforderungen, an welchen sich beispielsweise der **General Standard** orientiert. Geeignet ist der General Standard daher insbesondere für Unternehmen, die zwar einerseits die Notierung an einem regulierten Markt anstreben, sich andererseits jedoch keinen Folgepflichten unterwerfen wollen, die über die gesetzlichen Anforderungen des nationalen Gesetzgebers hinausgehen, sich also insbesondere keinen internationalen Anforderungen und Standards unterwerfen wollen. Entsprechend eignet sich die Aufnahme der Notierung im General Standard insbesondere für Unternehmen, die überwiegend nationale Investoren und Anleger ansprechen.

Premiumsegmente im regulierten Markt, wie z. B. der **Prime Standard** an der Frankfurter Wertpapierbörse (FWB), verlangen den Unternehmen zusätzlich zu den gesetzlichen Anforderungen zahlreiche weitere Zulassungsfolgepflichten ab, die internationalen Transparenzanforderungen genügen sollen. Insbesondere erfordern die Premiumsegmente eine (quartalsweise) Finanzberichterstattung und Erfüllung der gesetzlichen Mitteilungspflichten auch in englischer Sprache.

Die Aufnahme der Notierung in einem Premiumsegment des regulierten Marktes (z. B. Prime Standard) eignet sich daher insbesondere für Unternehmen, die große Emissionsvolumina anstreben und insoweit auch auf institutionelle und internationale Investoren angewiesen sind.

	EU-regulierter Markt		Freiverkehr	
	Prime Standard	**General Standard**	**Entry Standard**	**Open Market**
Regulierung	Europäisches Recht	Europäisches Recht	Privatrecht	Privatrecht
Alter des Unternehmens	grundsätzlich 3 Jahre	grundsätzlich 3 Jahre	mindestens 1 Jahresabschluss als AG bzw. GmbH	nein
Rechnungslegung	IFRS	IFRS	HGB	HGB
Zulassungsdokument	EU-Prospekt	EU-Prospekt	Exposé/ EU-Prospekt	Exposé/ EU-Prospekt
Börsengebühren (einmalig)	• Zulassung 3.000 Euro • Notierung 2.500 Euro	• Zulassung 3.000 Euro • Notierung 2.500 Euro	• Einbeziehung 750 Euro • zzgl. 750 Euro bei Exposé	• Einbeziehung 750 Euro

Abb.: Die wichtigsten Zulassungsvoraussetzungen für die Marktsegmente der FWB

9.3.4 Zulassungsfolgepflichten nicht unterschätzen

9.3.4.1 Zulassungsfolgepflichten im Allgemeinen

Die Zulassung der Aktien zum Handel an der Börse im Zuge des Börsengangs begründet für das jeweilige Unternehmen Zulassungsfolgepflichten, die sich aus gesetzlichen Vorschriften, insbesondere des Wertpapierhandelsgesetzes (WpHG) und des Wertpapierübernahmegesetzes (WpÜG) sowie den Regelwerken der Börsen ergeben.

Hauptziele der umfassenden Zulassungsfolgepflichten sind die Funktionsfähigkeit des Kapitalmarkts, die Kapitalmarkttransparenz, Gleichstellung aller Anleger sowie die umfassende Information der Marktteilnehmer.

9.3.4.2 Überblick über die wichtigsten Zulassungsfolgepflichten

Insiderregeln

Die §§ 12 ff. WpHG sehen für börsennotierte Unternehmen Regelungen vor, die verhindern sollen, dass Informationsungleichgewichte beim Handel mit börsennotierten Aktien ausgenutzt werden. § 15b WpHG legt börsennotierten Unternehmen zu diesem Zweck zunächst auf, Insiderverzeichnisse zu führen. Insider sind grundsätzlich alle Personen, die mit sogenannten Insiderinformationen im Sinne des § 13 WpHG, d. h. mit vertraulichen Informationen über das Unternehmen, die geeignet sind, deren Börsen- und Marktpreis zu beeinflussen, in Berührung kommen. Die missbräuchliche Verwendung derartiger Insiderinformationen, insbesondere für Insidergeschäfte, sanktioniert das WpHG als Ordnungswidrigkeit bzw. sogar als Straftat.

Ad-hoc-Publizität

Um sämtlichen Marktteilnehmern zeitnah Zugang zu allen wesentlichen Informationen, die Einfluss auf den Börsen- und Marktpreis eines Unternehmens haben können, zu verschaffen, verpflichtet § 15 WpHG börsennotierte Unternehmen, derartige Informationen unverzüglich zu veröffentlichen. Die Veröffentlichung hat in Form von sogenannten Ad-hoc-Mitteilungen über (auch elektronische) europaweite Verbreitungssysteme zu erfolgen. Beispiele für typischerweise ad-hoc-pflichtige Tatsachen sind wichtige Vertragsabschlüsse, Veränderungen kommunizierter Gewinn- oder Verlusterwartungen, wesentliche Umstrukturierungen, Rechtsstreitigkeiten von besonderer Bedeutung, wichtige Personalentscheidungen etc.

Directors' Dealings

Als Directors' Dealings bezeichnet man Wertpapiergeschäfte von Führungskräften börsennotierter Unternehmen (oder diesen nahestehender Personen oder Gesellschaften) mit Aktien des Unternehmens, für das sie selbst tätig sind. Gemäß § 15a WpHG müssen diese Geschäfte dem Unternehmen offengelegt und mitgeteilt werden. Das Unternehmen selbst hat die Information über die entsprechende Transaktion nachfolgend allen Marktteilnehmern über eine Veröffentlichung zugänglich zu machen.

Stimmrechtsmitteilungen

Ebenfalls unverzüglich dem Unternehmen mitzuteilen und von diesem zu veröffentlichen ist auch das Erreichen, Überschreiten oder Unterschreiten der Schwelle von 3, 5, 10, 15, 20, 25, 30, 50 sowie 75 % der Stimmrechte an einer börsennotierten Aktiengesellschaft (§ 21 ff. WpHG). Erreicht werden soll hierdurch ein hohes Maß an Transparenz hinsichtlich der Veränderung von Beteiligungsverhältnissen und der damit gegebenenfalls verbundenen Möglichkeit der Einflussnahme einzelner Marktteilnehmer.

Finanzberichterstattung

Börsennotierte Unternehmen sind verpflichtet, unterjährige Finanzberichte zu erstellen und zu veröffentlichen. Im regulierten Markt sind diese mindestens halbjährlich zu erstellen und zu veröffentlichen, im Teilsegment Prime Standard sogar quartalsweise sowohl in deutscher als auch in englischer Sprache.

Erklärung zum Corporate Governance Kodex

Vorstand und Aufsichtsrat von im regulierten Markt zugelassenen Unternehmen sind verpflichtet, einmal jährlich eine Erklärung abzugeben, inwieweit das Unternehmen den Empfehlungen des Deutschen Corporate Governance Kodex entsprochen hat bzw. davon abgewichen ist (§ 161 AktG).

Zusammenstellung nach Marktsegmenten

Die wesentlichen Zulassungsfolgepflichten und deren Geltung für die einzelnen Marktsegmente sind in einer tabellarischen Zusammenstellung im Abschnitt 9.7.1 dargestellt.

9.4 Risiken und Gefahren eines Börsengangs

Der Börsengang hat sowohl im Hinblick auf seine Durchführung als auch nach erfolgreicher Umsetzung zahlreiche Nachteile und Risiken für das Unternehmen, die im Folgenden nur exemplarisch dargestellt werden können.

Scheitern des Börsengangs

Mit der Entscheidung für einen Börsengang ist noch nicht sichergestellt, dass die Aktien des Unternehmens auch tatsächlich erfolgreich am Kapitalmarkt platziert werden können. So kann sich im Rahmen der Vorbereitung des Börsengangs herausstellen, dass das Unternehmen keine ausreichende Attraktivität für Investoren aufweist oder nicht über die erforderlichen betriebswirtschaftlichen oder strukturellen Voraussetzungen verfügt, um bei realistischer Betrachtung einen Börsengang erfolgreich umsetzen zu können. Des Weiteren können externe Faktoren, wie z. B. das konjunkturelle Marktumfeld, besondere Ereignisse, wie beispielsweise die Finanzkrise, oder sonstige unerwartete Umstände den erfolgreichen Gang eines Unternehmens an die Börse unmöglich machen, weil sich keine Investoren und Anleger finden, die die Aktie zeichnen.

Dennoch sind bis zu diesem Punkt häufig bereits erhebliche Vorarbeiten für den Börsengang geleistet und insbesondere erhebliche

Kosten für Berater, Umstrukturierungsmaßnahmen u. Ä. aufgewendet worden.

Kosten

Auch ein erfolgreicher Börsengang ist mit erheblichen Kosten verbunden. Soweit die Aufnahme der Börsennotierung in einem EU-regulierten Marktsegment erfolgt, belaufen sich die Gesamtkosten eines Börsengangs nach einer Faustregel auf ca. 5 bis 7 % des Emissionsvolumens. Deutlich geringer sind die Kosten – aufgrund der dort niedrigeren regulatorischen Anforderungen – bei Notierung einer Aktie im Freiverkehr (börsenregulierter Markt).

Zu den Kosten des Börsengangs selbst kommen darüber hinaus die laufenden Kosten der Börsennotierung. Hier sind insbesondere die internen Kosten für die benötigten Ressourcen zur Erfüllung der Publizitätsanforderungen und der Investor Relation-Aufgaben wie auch die externen Kosten für die laufende Beratung, Abschlussprüfungen, Durchführung von Hauptversammlungen etc. von erheblicher Relevanz.

Entsprechend sollte im Vorfeld der Entscheidung für einen Börsengang kritisch hinterfragt werden, inwieweit die verbesserten Möglichkeiten der Kapitalbeschaffung, die unmittelbar mit dem Börsengang verbundenen sowie die Folgekosten rechtfertigen.

Verlust der unmittelbaren Kontrolle über das Unternehmen

Aufgrund der Trennung von Management und Kapital in der Rechtsform der Aktiengesellschaft sowie der Beteiligung unternehmensfremder Dritter, der Aktionäre, an dem Unternehmen im Zuge des Börsengangs, verliert der Unternehmer seinen bisher umfassenden Einfluss auf das Unternehmen. Aktionäre können über die mit ihren Aktien verbundenen Stimmrechte im Rahmen der Hauptversammlungen Entscheidungen des Unternehmens in gewissem Umfang mitbeeinflussen bzw. wichtige Entscheidungen, wie z. B. die Verwendung der Gewinne, Kapitalerhöhungen oder größere Umstrukturierungen durch die Notwendigkeit der Zustimmung der Hauptversammlung, im Einzelfall sogar verhindern. Die Weisungsfreiheit des Vorstands einer Aktiengesellschaft schützt das Management auch vor bestimmender Einflussnahme durch den Aufsichtsrat, in welchem der Unternehmer gegebenenfalls noch vertreten ist.

Übernahmerisiken

Aufgrund der hohen Verkehrsfähigkeit börsennotierter Aktien kann nach einem Börsengang jeder Marktteilnehmer Anteile an dem Unternehmen über die Börse erwerben. Dies birgt die Gefahr, dass beispielsweise auch Mitbewerber nennenswerte Beteiligungen am Unternehmen erwerben oder durch öffentliche Übernahmeangebote die faktische oder tatsächliche Mehrheit des Unternehmens übernehmen und entsprechende Kontrolle ausüben.

Hohe Publizitätsanforderungen

Je nach gewähltem Marktsegment verlangt die Börse ein hohes Maß an Transparenz durch z. T. quartalsweise Finanzberichterstattungen und zeitnahe Mitteilung unternehmensrelevanter Informationen. Dies erfordert und bindet erhebliche Ressourcen im Unternehmen.

Kulturwandel im Unternehmen

Mit dem Börsengang steht das Unternehmen viel stärker im Licht der Öffentlichkeit als zuvor. Sowohl die Aktionäre als auch Analysten und Geschäftspartner oder Mitbewerber können – aufgrund der hohen Publizität – die Entwicklung des Unternehmens im Detail verfolgen. Schwächen des Unternehmens oder Fehler der Unternehmensleitung werden häufig in öffentlichen Foren wie Hauptversammlungen, Analystenkonferenzen, der Wirtschaftspresse oder sogenannten Online-Boards offen kommentiert und kritisiert.

Wesentlicher Gradmesser für den Erfolg eines Unternehmens sind nach dem Börsengang nicht mehr nur die Marktpositionierung oder die Ertragssituation, sondern insbesondere auch der Börsenwert. Vielfach besteht die Gefahr, dass das Management den Focus stärker auf die kurzfristige Kursentwicklung und die Pflege der Investoren richtet als auf die nachhaltige Entwicklung und das strategische Wachstum des operativen Geschäfts. Vielfach übersehen wird dabei, dass der Kurs der Aktie nur bedingt den tatsächlichen Wert des Unternehmens widerspiegelt, sondern auch von zahlreichen externen Faktoren wie beispielsweise dem jeweils aktuellen Kapitalmarktumfeld oder massenpsychologischen Phänomenen des Kapitalmarktes beeinflusst wird.

9.5 Fazit

Grundsätzlich kommt somit auch ein Börsengang als Instrument der Nachfolgegestaltung in Betracht und kann für viele typische Zielsetzungen gute Lösungen bieten, wie auch der jeweilige Vergleich mit den eingangs dargestellten Praxisfällen zeigt. Angesichts der hohen Anforderungen an die Börsenfähigkeit eines Unternehmens, der durch den Prozess entstehenden erheblichen internen und externen Kosten sowie der mit dem Börsengang verbundenen – einschneidenden – Veränderung der Unternehmenskultur dürfte diese Gestaltung nur in seltenen Fällen allein zur Gestaltung der Unternehmensnachfolge gewählt werden. Soweit ein Börsengang jedoch aus anderweitigen Gründen ohnehin angestrebt wird, bietet sich eine gute Gelegenheit, hiermit zugleich Nachfolgethemen elegant mit dem so zur Verfügung stehenden differenzierten Instrumentarium zu lösen.

9.6 Fahrplan – Eckdaten eines Zeitplans für den Börsengang

Aus Veranschaulichungsgründen wurde hier der Beginn willkürlich auf den August gesetzt. Selbstverständlich ist auch jeder andere Monat geeignet.

Datum	Meilenstein
August	• Auswahl der Emissionsbanken • Mandatierung der Banken und Abschluss einer Vertraulichkeitsvereinbarung • Auswahl und Mandatierung von Emissionsberatern und gegebenenfalls PR-Agenturen • Mandatierung der Anwälte, Steuerberater und Wirtschaftsprüfer • Kick-off-Meeting aller Beteiligten
September	• Vorbereitung der gesellschaftsrechtlichen Umstrukturierung und Umwandlung zur Aktiengesellschaft
September	• Beginn der Prospektarbeiten • Beginn der Gespräche mit dem Management und dem Unternehmensinhaber
Oktober	• Errichtung Datenraum und Durchführung Due Diligence
31. Dezember	• Abschluss aller gesellschaftsrechtlichen Schritte zur Umstrukturierung
Januar	• Verteilung interner Entwurf des Prospekts durch die Anwälte der Gesellschaft
Februar	• Feedback der Gesellschaft bezüglich des Prospekts • eventuell Treffen im kleinen Kreis zur Überarbeitung des Prospekts
Februar	• Verteilung erster Entwurf des Prospekts durch die Anwälte
Februar	• 1. Prospektsitzung zur gemeinsamen Überarbeitung des Prospekts

Datum	Meilenstein
März	• Verteilung zweiter Entwurf des Prospekts
März	• 2. Prospektsitzung zur gemeinsamen Überarbeitung des Prospekts
April	• Verteilung dritter Entwurf des Prospekts
April	• 3. Prospektsitzung zur gemeinsamen Überarbeitung des Prospekts
20. April	• morgens: 1. Prospekteinreichung bei der BaFin
April	• Analystenpräsentation – Termin von Banken und Gesellschaft festzulegen
Mai	• Verfügbarkeit Q1 – Zahlen zum 31.03. mit Vergleichszahlen für Vorjahr
08. Mai	• 1. Kommentare der BaFin zum Prospekt
12. Mai	• Morgens: 2. Prospekteinreichung bei BaFin (inkl. Q1-Zahlen)
18. Mai	• Verteilung Research Reports – Termin von Banken in Absprache mit der Gesellschaft festlegen
19. Mai	• Start black-out (00:01) • Start Pre-Marketing
28. Mai	• weitere Kommentare der BaFin zum Prospekt
1./2. Juni	• morgens: 3. Prospekteinreichung bei der BaFin (endgültige Fassung ohne angebotsbezogene Angaben)
3. Juni	• Ende Pre-Marketing (i. d. R. inkl. Festlegung indikativer, interner Preisspanne)
4. Juni	• abends: Festlegung Preisspanne und Ad-hoc-Mitteilung (gegebenenfalls am 05.06. morgens) • Unterzeichnung Übernahmevertrag
5. Juni	• Einreichung letzter angebotsbezogener Angaben im Prospekt bei der BaFin • Prospektbilligung durch BaFin • Veröffentlichung des Prospekts auf der Homepage

Datum	Meilenstein
6. Juni	• Veröffentlichung des Verkaufsangebots • Bekanntmachung des Prospekts
8. Juni	• Beginn des Angebots und der Management Roadshow • Beginn Bookbuilding
16. Juni	• Eintragung Durchführung Kapitalerhöhung • Ende des öffentlichen Angebots • Ende des Bookbuildings • Ende der Management Roadshow • Preisfestsetzung und Zuteilung • Börsenzulassung der Aktien
17. Juni	• Notierungsaufnahme

9.7 Übersichten

9.7.1 Inhalte eines Börsenzulassungsprospekts

Aus der nachstehenden Tabelle wird ersichtlich, in welche Teile der Börsenzulassungsprospekt zwingend gegliedert sein muss und welche Inhalte sich darin überblicksmäßig finden.

A. Inhaltsverzeichnis

B. Zusammenfassung

Merkmale und Inhalt der Zusammenfassung:

- o kurz, allgemein verständlich
- o Nennen der wesentlichen Merkmale und Risiken, die auf den Emittenten und die Aktien zutreffen
- o Warnhinweise, z. B. dass
  - die Zusammenfassung nur als Einführung zum Prospekt zu verstehen ist,

- für Entscheidungen des Anlegers der gesamte Prospekt relevant sein soll oder - die für die Zusammenfassung verantwortlichen Personen unter bestimmten Voraussetzungen haftbar gemacht werden können. Die Zusammenfassung sollte nicht mehr als 2.500 Wörter enthalten. In der Praxis toleriert die BaFin Zusammenfassungen bis zu 5.000 Wörter.
C. Angabe von Risikofaktoren, welche mit einem Investment in die Aktien verbunden sind. Hierunter sind insbesondere wirtschaftliche, rechtliche und steuerliche Risiken ausführlich zu beschreiben. In diesem Abschnitt finden sich regelmäßig die Ergebnisse der vorab durchgeführten Due Diligence wieder, soweit die dort identifizierten Themen nicht vorab gelöst werden konnten.
D. Angabe der sonstigen Informationsbestandteile **Zum Emittenten, z. B.:** o allgemeine Angaben zur Gesellschaft und ihrer Organisationsstruktur o detaillierte Angaben zu allen Personen, die Mitglied der Organe der Gesellschaft sind; Angabe von diesen nahestehenden Personen, Gesellschaften etc. o Beschreibung von möglichen Interessenkonflikten zwischen den Verwaltungs-, Management- und Aufsichtsorganen o Beschreibung der Geschäftstätigkeit der Aktiengesellschaft o Informationen zur Geschäfts- und Finanzlage sowie Gewinnprognosen und -schätzungen o Beschreibung und Diskussion der historischen Finanzinformationen o Prüfung der historischen jährlichen Finanzinformationen o Darstellung der Dividendenpolitik o getätigte und geplante Investitionen o Beschreibung der wesentlichen Verträge, welche das Unternehmen abgeschlossen hat, insbesondere solcher mit den (Alt-) Aktionären

- Darstellung der Bereiche Forschung und Entwicklung, Patente und Lizenzen
- Darstellung der Arbeitnehmer des Unternehmens
- Beschreibung anhängiger Rechtsstreitigkeiten des Unternehmens
- Darstellung des Geschäftskapitals und der Geschäftsaussichten
- Darstellung von Kapitalisierung und Verschuldung
- geprüfte historische Finanzinformationen der letzten drei Geschäftsjahre sowie gegebenenfalls Zwischenfinanzinformationen

Zum Wertpapier, z. B.:

- allgemeine Angaben zu den Aktien
- Gründe für das Angebot
- Verwendung des Emissionserlöses (z. B. für Investitionen) und Kosten der Emission
- Darstellung der Verwässerung der Altaktionäre durch die Kapitalerhöhung
- Zulassung zum Handel und Handelsregeln
- Plan für die Aufteilung der Wertpapiere und deren Zuteilung

Abb.: Inhalte eines Börsenzulassungsprospekts

Die im o. g. Gliederungspunkt „D. Angabe der sonstigen Informationsbestandteile" aufzuführenden Mindestangaben zum Emittenten und zum Wertpapier sind ausführlich in den Anhängen I und II der ProspektVO normiert.

9.7.2 Übersicht über die wichtigsten Zulassungsfolgepflichten in den Marktsegmenten der FWB

Zulassungs-folgepflichten	EU-regulierter Markt		Freiverkehr	
	Prime Standard	General Standard	Entry Standard	Open Market
Insiderregelungen §§ 12 ff. WpHG	ja	ja	ja	ja
Insiderverzeichnis § 15b WpHG	ja	ja	nein	nein
Ad-hoc-Publizität § 15 WpHG	ja, in Deutsch und Englisch	ja	nur eingeschränkt gemäß Regelwerk der FWB	nein
Directors' Dealings § 15a WpHG	ja	nein	nein	nein
Meldung von Beteiligungsschwellen §§ 21 ff. WpHG	ja	ja	Mitteilungspflicht nur nach §§ 20 ff. AktG	Mitteilungspflicht nur nach §§ 20 ff. AktG
Erklärung zum Corporate Governance Kodex § 161 AktG	ja	ja	nein	nein
WpÜG-Übernahmerecht §§ 1 Abs. 1, 2 WpÜG	ja	ja	nein	nein
Rechnungslegung	IFRS	IFRS	HGB oder IFRS	nur gesetzliche Anforderungen
elektronischer Jahresabschluss § 325 Abs. 1, 4 HGB	ja, spätestens 4 Monate nach Stichtag	ja, spätestens 4 Monate nach Stichtag	ja, spätestens 12 Monate nach Stichtag	ja, spätestens 12 Monate nach Stichtag
jährliches Dokument § 10 WpPG	ja	ja	nein	nein

Zulassungsfolgepflichten	EU-regulierter Markt		Freiverkehr	
	Prime Standard	General Standard	Entry Standard	Open Market
Halbjahresfinanzbericht §§ 37w WpHG	ja, in Deutsch und Englisch	ja	nein, nur Zwischenbericht gemäß Regelwerk der FWB	nein
Quartalsberichte § 48 BörsO (FWB)	ja, in Deutsch und Englisch	nein, aber Zwischenmitteilung (§ 37x WpHG)	nein	nein
jährliche Analystenkonferenz § 42 BörsG	ja	nein	nein	nein

Abb.: Zulassungsfolgepflichten in den Marktsegmenten der FWB